ABBA COMMUNICATION VISION

하늘사다리는 이땅에 하나님 나라의 확장을 위해 존재하며 천국의
소망을 이어주는 가교의 역할을 하고자 합니다.
사역의 비전은 예수문화를 중심으로 하는 출판, 광고, 디자인,
문구팬시, 음악, 이벤트, 유통 등으로 이를
아바 커뮤니케이션 (ABBA COMMUNICATION)으로
통칭하여 펼치고자 합니다.
주님 오실 그날까지 하늘사다리는 주님을 외칠 것입니다.

헌신을 위한 영적 성숙 시리즈 ❷

평신도 사역자의 성장을 위한
20가지 영적원리

J. 오스왈드 샌더스 지음 · 김성일 옮김

하늘사다리

평신도 사역자의 성장을 위한
20가지 영적원리

CONTEXT

차례

1. 하나님의 주권적인 섭리를 알라 9

2. 하나님의 비전을 품어라 23

3. 고난과 실패는 승리의 디딤돌 35

4. 하나님의 훈계를 인정하라 49

5. 하나님의 온전하신 능력을 신뢰하라 61

6. 하나님이 미워하시는 것을 행치 말라 71

7. 진정한 믿음을 소유하라 87

8. 주님의 비전을 보라 101

9. 그리스도의 탁월한 가치를 알라 113

10. 그리스도의 사역 127

Spiritual Maturity

Spiritual Maturity

평신도 사역자의 성장을 위한 **20** 가지 영적원리

11. 그리스도의 이상 139

12. 제자도의 조건 151

13. 그리스도와 교회 163

14. 그리스도와 성도의 삶 175

15. 성령:하나님의 호흡 189

16. 성령의 변화 능력 199

17. 성령:정화의 불 209

18. 성령의 역동적인 힘 223

19. 선교의 열정을 품으라 235

20. 영적 은사의 참된 의미를 알라 249

21. 에필로그 267

Spiritual Maturity
Spiritual Maturity

서문

이제 가라. 아이라 하지 말고 이제 가라.
(출 4:12, 렘 1:7)

성경은 모든 그리스도인에게 영적 유아에서 성장하여 제자의 길을 더 깊게 통찰할 것을 요구한다.

이제는 더 이상 몇몇 영향력 있는 리더나 목회자들 손에만 사역을 맡길 수 없다. 그리스도를 아는 모든 이들이 먼저 사역자로서 자라나야 한다.

우리 중 많은 이들은 평신도인 내가 감히 어떻게 사역을 할 수 있느냐고 되물을지도 모른다. 사역자로서 나는 너무나 부족하고 준비되어 있지 않다고 할지도 모른다. 그러나 "우리들이 생각하는 약함, 무력함에 관한 견해와 하나님이 생각하는 것 사이에는 큰 차이가 있다. 우리는 어려운 일을 회피하는 적당한 구실로 이것들을 생각하는 반면, 하나님은 어려운 일을 부딪혀 이길 수 있도록 이러한 자질의 필요성을 말씀하신다."

이 책은 하나님에 관한 우리 지식의 한계, 우리의 지혜의 부족함을 인식하는 것이 지혜의 첫걸음이라 말하며 그리스도의 참된 제자로서 갖추어야 할 영적 원리들을 언급하고 있다.

그리스도인으로서 나는 하나님을 만날 준비가 되어 있는가? 어느 날 갑자기 하나님의 거룩한 존전에 서게 된다면 그분께 드릴 말씀이 과연 내게 있는가? 이 질문에 확실한 대답대신 머뭇거리게 된다면 처음부터 다시 그리스도를 배워야 한다. 어떻게 하면 자신을 하나님 앞에 참되게 내놓을 수 있을까? 어떻게 하면 하나님과 끊임없이 교제할 수 있을까? 그분의 품안에서 치열하게 고민해야만 한다. 그리고는 하나님의 말씀의 다스림을 받는 자신을 삶을 그리스도를 잃어버린 사람들에게 전해야 한다. 그리스도의 탁월한 가치를 그분의 온전하신 능력을 온 세계에 알려야 한다.

> "형제들아 내가 너희에게 나아가 하나님의 증거를 전할 때에 말과 지혜의 아름다운 것으로 아니하였나니 내가 너희 중에서 예수 그리스도와 그의 십자가에 못 박히신 것 외에는 아무 것도 알지 아니하기로 작정하였음이라 내가 너희 가운데 거할 때에 약하며 두려워하며 심히 떨었노라 내 말과 내 전도함이 지혜의 권하는 말로 하지 아니하고 다만 성령의 나타남과 능력으로 하여"(고전 2:1-4).

하나님의 주권적인 섭리를 알라

"우리가 알거니와 하나님을 사랑하는 자
곧 그 뜻대로 부르심을 입은 자들에게는
모든 것이 합력하여 선을 이루느니라."

(롬 8:28)

묵상 : 로마서 8:26-30

본문은 고난 당하는 그리스도인들에게 한없는 위로와 용기를 준다. 바울도 이 말씀을 통해 깊은 확신을 얻었다. "우리가 알거니와 모든 것이 합력하여 선을 이루느니라." 바울은 주권적으로 다스리시는 하나님의 섭리에 흔들리지 않는 믿음으로 **"하나님은 모든 일을 가장 좋은 것이 되도록 역사하시는 분"**임을 믿었다. 이 확고한 신앙은 하나님께서 자기의 인생 전부를 계획하시고 허락하심에 대한 신앙고백이요, 감사였다. 바울이 견디기 힘든 환경 가운데 감사의 찬송을 드리며, "범사에 감사하라"는 하나님 명령을 온전하게 이룰 수 있었던 중심에는 이러한 확고한 신앙이 있었다. 신앙대로 행했을 때 탄식이 찬송으로 변하였다. 이방 선교의 꿈이 좌절되는 것 같았고, 옷이 찢기고, 심한 매질로 온 몸이 피투성이가 되어 지하 감옥에 갇힌 절망의 순간에도 바울과 실라가 하나님을 찬미할 수 있었던 것도 이 진리를 삶으로 붙잡고 있었기 때문이었다. 바울은 자신이 하나님을 사랑하고 하나님의 뜻대로 부름 받았음을 알았기 때문에 잠시의 고난을 능히 견딜 수 있었다. 바울은 환경이 유리하든 불리하든 모든 것을 합력하여 선을 이루시는 하나님을 확신하고 있었다. 중요한 문제는 우리도 과연 바울처럼 기쁨에 넘치는 확신을 가지고 있느냐는 것이다.

"하나님께서 합력하여 선을 이루신다"는 놀라운 말씀을 깨닫는 자는 결코 중립적 위치에 있을 수 없다. 바울이 이 구절을 교리적인 투로 말하지 않았다면 이 진리를 더 쉽게 받아들였을 것이라고 말하는 이도 있다. 견딜 수 없는 슬픔에 처하게 되고 힘든 상황에 직면하게 되었을 때 모든 것이 합력하여 선을 이룬다는 주장이 냉혹한 현실을 무시한 이상주의자의 넋두리라는 것이다. 정말 그런가? 바울의 확신에 찬 이 진술이 내밀한 회의주의 시각이란 말인가? 아니면 진리를 마음에 품고 고난의 배후에서 역사 하시는 하나님의 섭리에 대한 믿는 자의 기쁨의 함성인가? 문맥 속에서 단어 하나 하나에 주어진 온전한 의미를 살펴보라. 슬픔과 절망과 시련 속에 있는 당신에게 평온과 안정을 가져다 주는 것을 깨닫게 될 것이다.

본문 해석의 열쇠가 되는 중심 진술은 "모든 것이 합력하여 선을 이루느니라"이다. 이 구절은 전후 문맥을 연결해 주는 고리 역할을 함과 동시에 두 개의 조건절과도 연결되어 이 약속의 적용 범위를 결정짓고 있다. **아무런 조건 없이 모든 일이 세상 모든 사람을 위해 합력하여 선을 이루지 않는다.** 분명한 범위가 두 가지 사실을 전제로 하여 설정되어 있다. 첫째는 하나님과의 관계가 정당해야 된다. 하나님과의 관계가 바른 사람만이 하나님의 자녀로서 약속하신 은혜를 누리며, 서로 사랑을 베풀 수 있다. 자기 아들을 아끼지 아니하시고 주신 분께서 가장 궁극적인 선한 것을 주신다. 참된 사랑은 인간의 힘으로 분별할 수 없는 것까지 신뢰케 한다. 두 번째는 형제간에 합력해야 한다. 바울은 하나님의 영원하신 뜻에 따른 "부름"을 확신하며, 하나님의 계획에 자신을 맡기고 **하나님의 온전하신 섭리 아래서만이 자신의 계획이 열매를 맺게 된다**는 것을 확신했다. 그는 하나님의 온전한 계획이 절대로 자신을 어렵게 한다고 생각지 않는다. 하나님은 선을 이루기 위해 모든 것들을 합력하신다. 이러한 하나님을 믿는 자들에게는 결코 우연한 사고(cause)란 없으며, 고난은 변장하고 찾아오는 하나님의 축복이라는 것을 알게 된다. 하나님은 우리를 부르셨다. 우리는 그 부름에 사랑으로 응답을 하여야 한다. 이런 자들에게 하나님은 자신의 뜻을 나타내신다. 로마서 8장 28절의 약속은 하나님께 적대하며 부르신 뜻을 따르지 않는 사람에게는 유효하지 않다. 또한 차가운 마음을 가지고 있는 사람들에게 이 약속은 거침돌에 불과하다. 하나님을 향한 사랑으로 마음이 뜨거워질 때 이 약속은 더 큰 평안과 위로를 가져다 줄 것이다. 어떻게 해야 되는가? 바울이 제시하는 두 가지 영역 안에 우리가 해당이 되는가를 살펴야 한다.

"비극도 선하단 말인가? 병에 걸리고, 사랑하는 이와 헤어지는 것도 좋은 일이란 말인가? 좌절에 빠지는 것조차 선한 것이란 말인가? 하나님께서 우리에게 왜 이러한 불행을 겪게 하시는가?" 바울 시대에는 고난에 대해 서로 특이한 반응을 보이는 네 파가 있었다. 첫째는 에피크루스 학파로서 쾌락주의자들이다. 이들은 고난은 죄이기 때문에 철저하게 쾌락을 추구해야 한다고 주장한다. 둘째는 견유학파로서 운명론자들이다. 최악의 상황도 운명으로 받아들여야 한다고 주장한다. 셋째는 금욕주의자들인 스토아 학파이다. 이들은 신의 뜻을 받아들이기 위해 스스로 고행을 자처하고 자신을 단련 시켰다.

에픽테투스(Epicteus)라는 철학자는 다음과 같은 글을 남겼다.

용기를 가지고 하나님을 우러러 말하라. 이제부터 나를 당신의 뜻대로 하소서. 나는 당신에게 속했사오니 당신의 것입니다. 당신이 좋다고 생각하시면 어디라도 가겠습니다. 당신의 뜻대로 나를 인도하소서. 당신의 뜻대로 입혀 주시고, 인도해 주시옵소서. 머물게 하시겠습니까? 도망가게 하시겠습니까? 부자가 되게 하시겠습니까? 가난하게 하시겠습니까? 이 모든 것에 대해서 나는 만인 앞에서 당신을 변호할 것입니다.

바울이 본문에서 강조하는 그리스도인의 태도는 고난에 대해 반항하며, 무관심한 태도를 취한다거나 또는 모든 것을 체념하여 운명으로 받아들이는 숙명론적 태도가 아니다. 그리스도인은 주어진 환경에 반항하거나, 무관심해서는 안 되며, 또한 숙명론적 태도를 취해서는 안 된다. 그리스도인은 고난과 슬픔을 있는 그대로 기쁘게 받아들여야 된다. **자신에게 일어나는 일의 외적 형태가 어떠하든지 간에 합력하여 선을 이루시는 하나님을 믿고 의지해야 한다.**

이 구절은 우리에게 말로 다할 수 없는 위로와 격려가 가득한 네 가지 진리를 제시한다.

1. 하나님의 섭리는 은혜롭다

"모든 것이 합력하여 선을 이룬다."

이 말씀을 삶 속에서 실제 적용할 때 가장 핵심이 되는 문제는 "선"이라는 말을 어떻게 해석하는가 이다. 하나님의 지혜 가운데서 약속하신 선은 우리가 보기에 늘 좋은 모양을 하고 마음에 들도록 나타나는 것만은 아니다. 유물론적 관점으로 볼 때 하나님의 섭리는 불행의 모양을 가지고 나타날 때도 있다. 이는 **하나님께서 약속하신 선은 세속적인 것이 아니라 영적이기 때문이다.** 이 때문에 우리는 간혹 선이 주는 진정한 은혜를 분별하지 못하고 놓치는 수도 있다.

욥의 생애에서 하나님의 오묘하신 섭리가 분명하게 입증되기까지 수년이 걸렸다. 욥의 고난은 사단의 악의에 찬 참소로 시작되었지만 그는 자신의 고난을 운명론적 관점으로 보지도 않았고, 사단의 궤계로 돌리지도 않았다. 욥은 "주신 자도 여호와시요 취하신 자도 여호와시니 여호와 이름이 찬송을 받으실지어다"라고 신앙고백을 하며 그 고난을 기쁘게 받아들였다. 심지어 자기 아내까지 하나님을 저주하고 죽으라고 할 때도 하나님께 대한 흔들리지 않는 신뢰를 나타냈다. "우리가 하나님께 복을 받았은즉 재앙도 받지 않겠느냐." 아내를 제외한 자녀를 포함하여 모든 것을 잃는 가운데서도 욥은 한번도 하나님께 범죄하지 않았다. 그 결과 욥은 갑절의 축복을 받을 수 있었다. 하나님은 악의에 찬 사단의 도전을 욥의 신앙과 합력하여 물리침으로 선이 되게 하셨다.

벼논 그라운즈(Vernon Grounds)의 말은 고난에 대한 우리의 관점의 참된 변화를 요구한다.

우리는 선을 육체적 편안함이라는 잣대로 해석하려는 경향이 있다. 만일 질병에 걸리지 않고, 건강하며, 은행에는 돈이 예금되어 있고, 지갑에는 쓰기에 풍족할 정도의 돈이 들어 있고, 호화로운 주택에 살며, 멋진 옷을 입고, 아름다운 해변에서 휴가를 즐기는 것... 우리는 이것을 선이라 생각한다. 불행하게도 우리는 물질문명에 희생된 존재들이다. 이 때문에 기독교 신앙을 가졌음에도 불구하고 육체적 편안함을 하나님이 주시는 선과 동일시하며, 세상에서 성공을 하나님이 주시는 선과 동일시하고, 쾌락과 동일시한다. 그러나 이런 것들은 바울이 본문에서 가르치는 기본적 진리와는 너무도 거리가 먼 것들이다. 세상이 말하는 선의 개념과 하나님이 주시는 영적인 선의 개념을 부당하게 동일시하는 데서 생긴 오해에 불과하다. 이러한 동일시 때문에 로마서 8장 28절을 이해하는 데 어려움을 느낀다. 우리가 선에 대한 바울의 개념을 제대로 파악하지 못하면 참된 평안을 느낄 수 없다.

하나님이 정하신 것은 다 옳으니
나를 위해 생각하시사
치료자 되신 하나님이 허락하신 고통의 잔
한 모금의 독도 없고
양약이 되었사오니
하나님은 참되시옵니다
변함없는 진리 위에 나의 인생 세워졌으니
내 마음 가득하게 소망이 넘치옵니다.

1812년 3월 12일 인도의 세람포어에서 이 진리를 생생하게 예증하는 한 화재 사건이 일어났다. 윌리엄 케리(William Carey)와 그의 동료들이 수 년 동안 공을 들여 번역한 작품들이 불과 몇 분만에 재로 변하였다. 성경을 만들려고 준비한 종이도 전부 타 버렸다. 새롭게 조판한 타밀 활자와 중국의 금속활자도 모두 소실되었다. 땀이 배어 있던 원고 더미들, 애써 편집한 문법책과 사전들이 모두 재로 변하였다. 케리는 "인쇄기를 제외하고 아무 것도 건지지 못했다. 이것은 성경의 제작이 오랫동안 중단되는 것을 뜻한다. 그 손실은 이루 말할 수 없다. 일년 동안 열심히 일한다고 해도 원상 복구는 힘들 것 같다. 재산 피해도 피해지만 너무 귀한 자료들을 잃어버린 것이 안타까울 뿐이다"라고 말했다.

이 화재로 손실된 원고들은 인도어판 성경, 카나리어 신약성경, 산스크리트어 구약성경 2권, 벵갈어 사전, 텔루구어 문법 전집, 다량의 편집어 문법 사전, 그리고 언어 연구 생활의 걸작이라고 불려지는 산스크리트어 고급 사전 등이 포함되어 있었다.

영적 원리 1

이들이 낙심되어 있을 때 갑자기 케리의 마음속에서 하나님을 향한 확신이 생겼다. '하나님이 틀림없이 이 불행을 선으로 바꾸실 것이다. 그리고 그것을 우리에게 유익하도록 할 것이다.' 아직 화재의 기운이 식기도 전에 케리의 동료인 마쉬맨은 이렇게 말했다. "재난은 하나님의 섭리의 또 다른 길이다. 이것은 하나님 말씀에 대한 연단이요, 천국의 기둥들을 확실하게 붙잡는 첩경이다. 하나님을 사랑하는 자들에게는 모든 것이 합력하여 선을 이루게 된다. 그러므로 주 안에서 강건해야 한다. 하나님은 자신의 손으로 이루신 일을 결코 버리지 않으실 것이다."

절망의 나락에 서 있던 케리와 그의 동료들은 하나님의 이러한 진리를 깨닫게 되자 마음에 평화가 찾아옴을 느끼게 되었다. "우리는 모두 조용히 하나님의 뜻을 기쁨으로 받아들일 수 있게 되었다"라고 마쉬맨은 말했다. 케리는 이 절망에서 마음의 평온을 유지할 수 있었던 것은 "잠잠하라 내가 하나님인 것을 알라"는 말씀을 통해서였다고 고백하였다. 케리와 함께 일했던 와드(Ward)는 불꽃이 여전히 연기를 내며 타고 있는 가운데서 막연한 순종이 아닌 기쁨이 넘치는 표정으로 그 현장을 지켜볼 수 있었다고 말한다.

어떻게 이 불행이 합력하여 선으로 바뀌게 되었는가? 하나님의 선하심을 믿은 케리와 그의 동료들에게 이 진리가 입증되는 데는 그리 시간이 오래 걸리지 않았다. "화재 소식이 끊임없이 퍼지게 되자 마침내 영국 교계에서 알게 되었다. 타오르는 불길 속에서 그들은 하나님의 장대함을 볼 수 있었다. 화재 소식이 삽시간에 널리 퍼지게 되었고, 절망은 이제 선교의 작은 불꽃이 되어 선교의 열정을 품고 있던 많은 사람들의 가슴에 불을 지폈다. 선교회에 가입을 하는 사람들이 급격히 증가하는 역사가 일어났다."

이 화재 사건은 오히려 케리와 동료들에게 더 큰 명성을 가져다 주었다. "우리들은 이 화재로 인해 유명해졌다. 많은 사람들이 이들의 신앙에 깊은 감동을 보냈으며, 케리와 동료들은 팔백 기니의 돈을 기부 받을 수 있었다.

풀러(Fuller) 목사는 다음과 같이 신실한 권면을 한다.

고난을 하나님이 주시는 축복으로 받아들이면 하나님은 당신의 축복을 멈추지 않으신다.

바울이 말하는 선의 본질은 무엇인가? 우리는 그 답을 다음 말씀에서 찾을 수 있다. "하나님이 미리 아신 자들을 또한 그 아들의 형상을 본받게 하기 위하여 미리 정하셨으니"(29절). 바울은 그 자신이 그리스도를 닮아 가는 것을 바로 선의 본질이라고 생각하였다. 바울은 자신의 안일, 건강, 성공, 기쁨을 전혀 염두에 두지 않았다. 그리스도를 닮는다는 것은 물질적인 평안함 속에서 이루어지는 것이 아니다. 그리스도를 닮기를 원하는 많은 그리스도인들이 질병으로 고생을 하며, 사업에 성공한 많은 그리스도인들이 거룩함을 상실한 채 사망의 길을 걷고 있다. 이들은 영적인 선 대신 세상적인 선을 추구했기에 이것이 그리스도인의 삶의 목표를 상실케 하는 원인이 된 것이다.

2. 하나님의 섭리는 능동적이다

"모든 것이 합력하여 선을 이룬다."

하나님을 사랑하는 마음을 가지고 있는 사람은 비록 인생에서 가장 고통스럽고 원치 않는 일이 있다 할지라도 끊임없이 역사하시는 하나님을 깨닫는다. 고난과 절망 가운데서도 모든 것이 합력하여 선을 이루시는 하나님을 믿으며, 하나님께서 고난을 축복으로, 비극을 승리로 변화시킴을 믿는다. 하나님의 섭리는 우리의 눈으로 분명하게 구별하기가 어렵다. 하나님께서 아무 것도 행하지 않는 것처럼 보일 때가 많다. 인생의 풀 수 없는 문제를 놓고 묵상했던 카알라일 (Carlyle)은 마음에 번민이 찾아 올 때마다 "정말 하나님이 아무 것도 행하시지 않고 침묵하실 때가 가장 속상했다"고 했다. 그러나 **하나님은 만물이 침묵 속에 잠길 때 가장 역동적으로 역사하신다.** 하나님의 역사는 사람의 눈으로 볼 수 없지만 이 우주 속에서 가장 분명하게 작용하고 있다. 하나님의 보이지 않는 다스림 아래서 별들은 정해진 궤도를 운행하고, 저 흉흉한 바다는 정해진 한계를 넘지 않는다. 우리가 보기에 하나님이 침묵하고 계시다는 사실 때문에 우리 뜻대로 모든 것을 계획하고 행하게 될 때 거기서부터 실패가 시작된다.

매일 일어나는 슬프고 기쁜 일들을 자료로 삼아 하나님은 우리 인생의 거대한 계획을 짜신다. "가변적인 환경의 변화는 단지 우리의 영혼을 강건하게 만들어 주는 계기이다. 우리의 삶의 중심에 하나님을 모시게 되면 혼돈이 사라지고 질서가 드러나게 된다." "자비하신 하나님은 결코 잔인한 것을 행치 아니하시고 실수를 하지 않으신다." 도저히 이해할 수 없는 상황이 닥친다 해도 그것은 하나님의 계획을 더 선하게 이룰 수 있는 초석이 되며, 최고의 선을 이룰 수 있는 계기가 된다.

3. 하나님의 섭리는 포괄적이다

"모든 것이 합력하여 선을 이룬다."

"모든 것"이란 무엇을 말하는가? 이 말의 정확한 뜻은 현실에서 부정적인 모든 것이 하나님의 영원하신 목적을 수행하는 데 유익하게 사용된다는 의미이다. 이것은 **삶의 전 영역 안에 있는 모든 것은 하나님의 자비로운 섭리 아래 있다는** 것을 나타내는 놀라운 진술이다. 사랑하는 이와 헤어짐, 질병, 좌절, 조각난 희망, 신경성 질환, 자녀

문제, 보다 나은 삶을 영위하기 위해 부단히 노력하였으나 여전히 바닥에서 헤매는 삶, 이런 것들이 분명 합력하여 선을 이룬 모습은 아니다. 하지만 바울은 삶에서 빚어지는 이러한 모습들도 합력하여 선을 이룰 수가 있다고 주장한다. 우리들은 대체로 삶을 하나님이 다스리시는 섭리 하에 있다고 기꺼이 인정한다. 그러나 삶의 구체적인 부분까지 하나님이 사랑과 관심을 가지고 다스리신다고 고백하는 데는 망설인다. 비유를 통하여 말씀하시는 주님의 음성에 귀를 기울이라. "공중의 참새 한 마리조차 아버지의 허락 없이는 결코 땅에 떨어지지 않는다." 그리스도인이 처한 모든 환경은 하나님이 주신 것이다. 결코 우연히 일어난 것이 아니다. 사랑은 하나님이 우리들의 삶의 구체적 부분까지 관심을 가지고 계시다는 것을 입증하는 절대 요소이다. 모든 것은 하나님이 선하신 목적을 위해 계획되고 허락된 것이다. **하나님은 한 순간도 피조물을 향한 돌보심을 멈추지 않으신다.**

아무리 어려운 역경이라 할지라도 그것을 바르게 받아들인다면 선한 결과를 가져온다. 신체적 고통과 연약함은 우리들이 연약하다는 것을 깨닫게 해주며, 해결할 수 없는 일을 당했을 때는 우리가 얼마나 지혜가 부족한 존재인지 느끼게 한다. 경제적으로 궁핍할 때는 우리의 자원이 얼마나 제한적인지 알게 해주며, 되풀이되는 실수와 실패는 교만한 우리를 낮추어 주는 훌륭한 선생이다. 이러한 것들 전부 "선"이라는 말에 포함된다.

4. 하나님의 섭리는 조화롭다

"모든 것이 합력하여 선을 이룬다."

모든 일에는 시작과 과정과 끝이 있다. 인생에서 빚어지는 각종 일들도 서로 관련되어 있다. 의사는 환자를 진찰하고 이것에 따라 적절한 처방을 내리고 여러 가지 약들을 혼합해서 조제를 해준다. 만일 이 약들을 따로 사용했을 때 독이 되거나 해로운 것도 있다. 그렇지만 신중한 의사의 처방에 따라 조제된 약들은 환자에게 좋은 효과를 가져온다. 바클레이(Barclay)는 이 구절을 이렇게 설명한다. "우리는 하나님이 당신을 사랑하는 자들을 위해 모든 것을 선하게 혼합하심을 안다." 우리들의 삶에서 겪은 일들을 하나씩 따로 떼어놓고 보면 전혀 선하게 보이지 않지만 이것들을 하나님이 섞으셔서 내어놓으시면 선하다는 것을 알게 된다. 불신자들도 불행한 환경에 놓이게 되면 "어떻게 이것이 선을 이룰 수 있는가?"라고 반문한다. 이들에게 줄 수 있는 최선의 답은 "위대한 의사가 올바른 처방을 내릴 때까지 기다리라"이다. 지나온 인생을 돌이켜 볼 때 고난이라고 생각했던 것들이 궁극적으로 변장된 축복임을 깨닫지 못하는 사람이 있을까? 화가는 일반 사람들이 볼 때는 전혀 어울리지 않은 색을 이리저리 섞어 그림을 그린다. 다 그렸을 때는 모든 이들이 감탄을 하지 않는가?

인생은 흡사 베틀에서 아주 정교한 색실로 짠 주단과 같다. 아름다운 한 장의 주단이 나오려면 다양한 색실들이 서로 조화를 이루어야 한다. 밝고 아름다운 색도 있어야 되고, 어둡고 칙칙한 색도 있어야 한다. 이것들이 함께 섞여 조화를 이룰 때 아름다운 무늬가 수놓인 주단이 나오게 된다.

> 베틀이 침묵하고 북들이 움직이지 않을 때
> 하나님이 주단을 펼치시고 말씀하신다
> 장인의 손에는 어두운 색실도 필요하고
> 금색실, 은색실이 필요한 것처럼
> 인생을 짜시는 하나님에게 우리의 삶 전부가 필요하다.

가혹한 시련을 당할 때는 언제나 유혹이 있으며, 반면에 진리에 순응하면 고난과 유혹을 받지 않는다는 주장을 하는 이도 있다. 이 주장대로 라면 본문은 잘못되었으며, 인간사를 주권적으로 섭리하시는 하나님의 진리가 아무런 의미가 없다. 요셉은 형들의 시기로 집에서 쫓겨나 노예로 팔리게 되고, 보디발의 집에 종으로 있다가 그의 아내로 인하여 부당하게 옥에 갇히게 되었다. 이 연속적인 불행한 사건들이 합력하여 선을 이루는 것이라고 말할 수 있는가? 그러나 요셉은 옛일을 회상하며 형제들에게 이렇게 말했다. "당신들은 나를 해하려 했으나 하나님은 그것을 선으로 바꾸었습니다"(창 50:20).

인생의 수많은 사건들은 "하나님 자신에게 합당한 어떤 목적을 가지고 있으며, 비록 우리가 부분적으로 아는 데 그칠지라도 하나님은 우리의 온전한 찬성을 요구하신다." 그 고난이 사단이나 인간의 진노로 인한 공격일지라도 이것은 궁극적으로 하나님을 찬미하는 자료로 삼을 수 있다. 만일 역경 가운데 부딪힌 일이 하나님을 찬미하는 데 방해되는 요소가 있다면 우리가 할 수 있는 일은 거절하는 것뿐이다.

> 하나님이 정하신 것은 다 옳습니다
> 나의 빛이시며 생명이신 하나님
> 선한 길로 나를 인도하소서
> 기쁠 때에도, 적에게 둘러 쌓여 있을 때에도
> 당신을 아오니
> 내가 온전히 당신을 의뢰합니다
> 저 밝은 햇살처럼, 당신은 우리의 선한 목자입니다.

■ 토론문제 ■

1. 당신에게 일어난 불행한 일은 무엇이며, 하나님께서 그것을 그분의 목적을 위해 어떻게 사용하였는가?

2. "모든 것이 합력하여 선을 이룬다"는 말을 쉽게 믿지 못하는 이유는 무엇인가?

3. 삶을 되돌아보라. 하나님이 선하다고 허락한 것을 다른 이들이 악하다고 생각하는 이유는 무엇인가?

4. 당신의 삶에서 불행한 일이 일어났을 때 하나님에게 감사하는 것은 옳은 태도인가? 아니면 잘못된 태도인가?

하나님의 비전을 품어라

"원컨대 주의 영광을 내게 보이소서."
(출 33:18)

묵상 : 출애굽기 33:11-23

출애굽기 33장에 기록된 모세의 기도는 시대를 초월하여 많은 신앙인들의 사랑을 받았다. 많은 그리스도인들이 종종 모세의 기도에 담긴 실행 가능한 함축적 의미를 깨닫지 못한 채 무조건 하나님의 비전을 구하기도 한다. 이러한 사람들은 설령 기도가 응답이 되어도 알지 못하고 기도한 내용조차 잊어버리는 경우가 허다하다.

노예 상인이었다가 회심한 존 뉴톤(John Newton)도 한때 변화된 비전을 열정적으로 간구하였다. 그러나 절박한 심정으로 드린 그의 기도에 대한 응답은 그를 깜짝 놀라게 했으며 충격을 줄 정도로 생각하지도 못한 것이었다.

나의 주님에게 간절히 구하였다. 믿음과 사랑과 은혜 안에서 크고 놀라운 구원을 깨닫게 해 달라고 내 주님 앞에서 더욱 열심히 구하였다. 내 주님께서 기도하도록 가르쳐 주셨고 나는 믿고 답을 구하였다. 하지만 내가 받은 것은 절망뿐이었다.

주님, 생각하오니 당신이 원하는 때에 응답하소서
강권적인 사랑의 능력으로
내 죄를 씻겨 주시고 평안을 허락하소서
오 하나님, 내 마음의 깊은 죄를 드러나게 하시고
저 지옥의 불꽃이 나를 사르지 않게 하소서
원수의 공격에서 나를 지켜 주시고
당신의 손으로 원수를 압제하소서
내가 계획한 모든 것들을 십자가 아래 감추시고
작은 교만의 열매까지 훑으사 나를 겸손케 하셨나이다
주여, 이 무슨 연고니이까? 떨며 통곡하며 부르짖나이다
벌레 같은 내가 무엇이관대 이토록 쫓으시나이까?
당신이 말씀하시기를
이것이 길이요, 은혜요, 믿음에 대한 기도의 응답이니라
이 시련이 네게 가함은
자아와 죄에서 너를 자유케 할 것이니라
세상에서 너의 기쁨과 꿈을 어긋나게 하여
내 안에서 모든 것을 발견되게 함이라.

하나님의 비전을 구할 때 무엇을 기대해야 되는가? 저 하늘에서 찬란하게 빛나는 가운데 임하는 묵시인가? 다시스로 가는 사울을 압도하여 눈을 멀게 한 빛나는 섬광인가? 온 몸을 떨게 만들고 꼼짝 못하게 만드는 영적인 능력인가? 성경에 기록된 하나님의 비전을 연구해 보면, 우리가 생각하는 것과는 전혀 다른 모습을 하고 있다. 성경에 나타난 **비전은 결코 인간을 교만에 빠트리거나 황홀경에 사로잡히게 하지 않는다.** 창세기부터 계시록까지 하나님의 비전을 만난 자

들은 하나같이 겸손하였다. 이들은 하나님의 비전을 만났을 때 두려워하였으며, 그 비전이 강렬하면 할수록 하나님 앞에서 엎드려 자복하였다.

이것이 사실이라면 우리도 하나님의 비전을 구하기 전에 어떤 결론을 준비해야 한다. 아무리 깨끗한 세마포도 눈부신 흰눈과 비교하면 더러워 보이듯이 흠 없으시고 순결하시며 거룩하신 하나님 앞에서 이 땅의 모든 것들은 오염되고 더러운 모양으로 나타날 수밖에 없다. 대제사장 여호수아도 하나님 앞에서는 "더러운 의복을 걸친 것" 같은 모습 때문에 대제사장 직에 부적합한 인물로 나타났다(슥 3:1). 우리도 다 하나님 앞에서 죄인이요, 더러운 존재에 불과하다.

이 비전은 어떠한 형태로 우리들 앞에 임하는가? 사도 바울은 우리의 이러한 물음에 분명한 해답을 준다. "하나님께서 예수 그리스도의 얼굴에 있는 하나님의 영광을 아는 빛을 우리 마음에 비춰셨느니라"(고후 4:6). 성령님은 성경이라는 캔버스 위에 생생한 색을 가지고 대가의 솜씨로 예수 그리스도의 모습을 그리셨다. 이것은 보이지 아니하시는 하나님의 모습이었다. 동일하신 영이 하나님의 영광을 갈망하는 자들에게 예수 그리스도의 모습을 조명한다. 말씀에 기록되어진 그대로 그리스도에 대한 사실을 받아들이고 이것을 하나님의 영광으로 드러낼 때 성령은 기뻐한다.

아브라함과 동시대 인물로 추정되는 욥은 영적 쇠퇴기에 살았음에도 불구하고 하나님께 대한 놀라운 생각과 삶에 대한 완벽한 기준을 가지고 있었다. 욥의 성품은 자신 스스로 고백대로 흠이 없었다. "나는 깨끗하여 죄가 없고 허물이 없으며 불의도 없거늘"(욥 33:9). 욥의 이 고백은 경건의 모양을 세우기 위한 위선이 아니라 하나님을 향한 부끄러움 없는 고백이었다. 욥의 성품은 하나님 보시기에도 흠이 없고 완전하였다. 하늘의 회의에서 하나님은 사단에게 말씀하시기를 "네가 내 종 욥을 유의하여 보았느냐 그와 같이 순전하고 정직하여 하나님을 경외하며 악에서 떠난 자가 세상에 없느니라"(욥 1:8). 이 시대에 과연 자신의 양심으로부터 인정받고 하나님으로부터 칭찬 받을 수 있는 사람이 있을까? 아마 극히 소수일 것이다.

욥은 하나님께서 "완전한 자"라고 인정한 몇 안 되는 사람이다. 그의 순전성과 성실성은 하나님으로부터 인정받을 정도였다. 이 온전한 사람이 엄청난 시련을 이기고 하나님의 비전을 대면했을 때 어떻게 반응하였는가? "내가 주께 대하여 귀로 듣기만 하였삽더니 이제는 눈으로 주를 뵈옵나이다 그러므로 내가 스스로 한하고 티끌과 재 가운데서 회개하나이다"(욥 42:5-6). 세상에서 가장 온전한 자라 할지라도 하나님의 비전에 직면하게 되면 속에 감추인 죄의 실상 때문에 비천한 자기 혐오의 모습을 나타낸다.

하나님의 비전은 얍복 강가에 홀로 앉아 있던 야곱에게도 나타났다. "어떤 사람이 날이 새도록 야곱과 씨름하다가"(창 32:24). 야곱은 그 사람과 씨름한 곳을 브니엘이라 칭하고 두려움에 사로잡혀 고백하였다. "내가 하나님과 대면하여 보았으나 내 생명이 보전되었다"(창 32:30). 이 비전이 야곱에게 어떠한 영향을 미쳤는가? 하나님의 비전을 대면한 야곱은 자기 이름과 부끄러웠던 성품을 버리고 새 이름을 얻었다. "그 사람이 그에게 이르되 네 이름이 무엇이냐 그가 가로되 야곱이니이다"(창 32:27). 번역하면 계략꾼, 사기꾼, 협잡꾼이란 뜻이다. 야곱이 진정으로 자기 모습을 고백하였을 때 하나님께서 주시는 축복을 받을 수 있었다. 야곱은 죽기까지 하나님을 대면한 표시로 얻게 된 위골된 환도뼈로 인하여 절게 되었다. 하나님의 비전을 대한 사람은 비록 모든 사람들을 속여 왔을지라도 자신만의 내밀한 부끄러움을 인정한다.

바로의 왕자로 많은 지식과 부를 자랑하는 자리에 있던 모세에게도 하나님의 비전이 임했다. 바로의 딸의 아들이었던 모세는 신분에 걸맞은 특권을 누릴 수 있었으나 조국에 대한 사랑과 인간적 조급함으로 인해 하나님께서 계획을 펼치시기도 전에 조국을 구하려고 시도하였다. 그 결과 모세는 왕의 분노를 사게 되어 미디안 광야로 도망을 갈 수밖에 없었다. 사막 생활의 연단을 통해 모세는 조급한 성품을 겸손한 성품으로 바꾸었다. 이는 하나님의 비전이 모세를 사로잡았기 때문이다. "여호와의 사자가 떨기나무 불꽃 가운데서 그에게 나타나시니라 그가 보니 떨기나무에 불이 붙었으나 사라지지 아니하는지라 이에 가로되 내가 돌이켜 가서 이 큰 광경을 보리라 떨기나무가 어찌하여 타지 아니하는고 하는 동시에 여호와께서 그가 보려고 돌이켜 오는 것을 보신 지라 하나님이 떨기나무 가운데서 그를 불러 가라사대 모세야 모세야 하시매 그가 가로되 내가 여기 있나이다 하나님 가라사대 이리로 가까이하지 말라 너의 선 곳은 거룩한 땅이니 네 발에서 신을 벗으라... 모세가 하나님 뵈옵기를 두려워하여 얼굴을 가리우매"(출 3:2-6). 하나님의 백성을 구원하도록 사명을 받은 모세도 하나님의 비전과 대면했을 때 두려워 얼굴을 돌리지 않을 수 없었다.

엘리야는 이스라엘 역사상 가장 고상하며 낭만적 성품을 소유한 선지자로 알려져 있다. 그는 갈멜산에서 아합 왕과 대결한 이스라엘 최고의 선지자였다. 그는 위대한 하나님의 능력을 소유하였으며 하늘을 마음대로 열고 닫을 수 있었던 인물이었다. 사람보다는 하나님을 두려워하였으며, 우상 숭배에 빠져 하나님을 멀리한 왕과 국민들을 향해 감연히 도전한 용감한 선지자였다. 또한 그는 에녹과 함께 죽음의 문을 통과하지 않고 하늘로 올라간 인물이기도 하다. 이처럼 용감하고 담대한 하나님의 사람에게 비전이 임했을 때 그는 어떻게 되었나? "여호와께서 지나가시는데 여호와의 앞에 크고 강한 바람이 산을 가르고... 또 지진 후에 불이 있으나 불 가운데도 여호와께서 계시지 아니하더니 불 후에 세미한 소리가 있는지라 엘리야가 듣고 겉옷으로 얼굴을 가리우고"(왕상 19:11-13). 하나님의 광대하신 능력에 직면한 엘리야는 조급하면서도 교만한 성품을 가지고 있었지만 하나님의 부드럽고 세미한 음성과 숨기운 얼굴에 의해 여지없이 깨어졌다.

복음의 진리를 가장 명확하게 예언한 선지자 이사야는 다른 사람에게 결코 뒤질 것이 없다는 생각을 가지고 있었다. 그는 자기 조국을 향하여 하나님의 예언에 통렬한 비난을 섞어 선포하였다. 이사야는 백성들이 상당한 보응이 있어야 된다고 생각하였다(사 3:9, 11, 5:8, 11, 20). 이러한 이사야도 하나님의 비전을 보았을 때 속에 감추었던 교만까지 버리고 진실한 고백을 할 수밖에 없었다. "내가 본즉 주께서 높이 들린 보좌에 앉으셨는데 그 옷자락은 성전에 가득하였고 스랍들은 모셔 섰는데... 서로 창화하여 가로되 거룩하다 거룩하다 거룩하다 만군의 여호와여 그 영광이 온 땅에 충만하도다 이같이 창화하는 소리로 인하여 문지방의 터가 요동하며 집에 연기가 충만한지라"(사 6:1-4). 이 특별한 비전을 본 후 이사야는 자신에 대해 무엇이라고 고백을 하였는가? "화로다 나여 망하게 되었도다 나는 입술이 부정한 사람이요 부정한 백성 중에 거하면서 만군의 여호와이신 왕을 뵈었음이로다"(사 6:5). 하나님의 말씀을 전했던 입술도 하나님의 거룩하신 빛 앞에서는 추하고 더러운 입술이라고 고백할 수밖에 없었다.

하나님의 비전이 바벨론 포로 생활로 인하여 절망 가운데 있던 백성들을 인도하던 에스겔 선지자에게 나타났다. "내가 그발 강가 사로잡힌 자 중에 있더니 하늘이 열리며 하나님의 이상을 내게 보이시니"(겔 1:1). 장엄하고 시대와 장소를 무론하고 존재하는 하나님의 비전, 곧 무지개처럼 둥근 영광의 보좌에서 언제나 역사하시는 하나님의 비전을 에스겔은 보았다(겔 1:26-28). 정말 두려움 없고 신실한 선지자였지만 하나님의 영광의 보좌 위에서 비추는 경이로운 사면 광채에 도저히 견디지 못하고 무릎을 꿇고 엎드리어 음성을 청종할 수밖에 없었다.

성경의 믿음의 사람들 중에서 다니엘만큼 경건을 유지한 인물도 드물다. 다니엘은 동방의 전제군주 5명 아래서 국무총리 직을 수행하였으며, 바벨론의 모든 박사들의 어른의 위치에 있을 정도로 지혜와 성실함을 인정받았다. 그를 미워하고 시기하던 적들도 다니엘에게서 흠을 발견하려고 노력했지만 열심히 기도하는 것 외에는 아무런 흠도 찾을 수 없었다. 다니엘이 큰 이상을 보고 거의 혼절했을 때 주의 사자가 그를 어루만지며 하나님의 은총을 받은 사람이라고 말하였다. 다니엘이 이 장엄한 하나님의 비전을 목도하고 흠이 없는 모습으로 서 있었는가?

"이 이상은 나 다니엘이 홀로 보았고 나와 함께 한 사람들은 이 이상은 보지 못하였어도 그들이 크게 떨며 도망하여 숨었었느니라 그러므로 나만 홀로 있어서 이 큰 이상을 볼 때에 내 몸에 힘이 빠졌고 나의 아름다운 빛이 변하여 썩은 듯 하였고 나의 힘이 다 없어졌으나... 내가 얼굴을 땅에 대고 깊이 잠들었었느니라"(단 10:7-9). 가장 흠 없고 거룩한 사람일지라도 하나님의 영광을 대면했을 때 경건의 모양 깊숙한 곳에 있던 부패함 때문에 얼굴을 땅에 대고 잠들을 수밖에 없었다.

자신의 깊은 곳에 감추어졌던 것들이 표출되는 것을 경험한 젊은 이가 다음과 같은 진솔한 고백을 하였다. "내 자신이 가장 정직하다고 생각했던 것들, 남보다 조금은 낫다고 생각했던 것들이 그렇게 부끄러울 수가 없었다. 진작 이 부끄러움을 알았다면 나 자신을 내세우지 않았을 것이다. 그러나 이 일을 통해 나는 분명한 교훈을 얻을 수 있었다. 그것은 그 어떤 경우에도 자신을 믿지 말라는 것이다. 스스로 경건하다고 생각했을 때 가장 사악한 교만이 손을 벌린다. 이것이야말로 악의 입구에 서서 손짓하는 것과 진배없다."

밤이 새도록 고기 한 마리 잡지 못한 베드로에게도 하나님의 비전이 나타났다. 베드로가 그리스도의 명령을 따랐을 때 그물이 찢어질 정도로 많은 고기를 잡을 수 있었다. 그때 베드로는 물고기가 있는 곳으로 인도해 주시고, 많은 물고기를 잡게 해 주신 분이 전능자라는 사실을 깨닫게 되었다. 베드로가 예수 그리스도의 모습에서 하나님의 영광을 희미하게 보았을 때 그는 자신의 더럽고 무익함을 발견하고는 엎드려 고백을 하였다. "이를 보고 예수의 무릎 아래 엎드려 가로되 주여 나를 떠나소서 나는 죄인이로소이다"(눅 5:8). 이것은 베드로가 원한 것이 아니다. 하지만 유대인과 이방인들에게 하나님 나라를 전할 사명을 위해 하나님이 쓰실 사람도 하나님의 비전을 보았을 때 '나를 떠나소서. 나는 죄인입니다'라는 고백 외에는 다른 것은 생각할 수가 없었다.

하나님을 향한 그릇된 열정으로 가득 차 있어 그리스도인을 미워하여 죽이기까지 한 다시스의 사울도 다메섹으로 가는 동산에서 하나님의 비전을 만났다. 히브리인 중에 히브리인으로 가장 엄격한 바리새파라는 사실에 자부심을 가지고 있던 그는 하나님을 섬기는 자신의 열정에 아주 만족해하였다. "사울이 행하여 다메섹에 가까이 가더니 홀연히 하늘로서 빛이 저를 둘러 비추는지라 땅에 엎드려 들으매 소리 있어 가라사대 사울아 사울아 네가 어찌하여 나를 핍박하느냐 하시거늘 대답하되 주여 뉘시오니이까 가라사대 나는 네가 핍박하는 예수라... "(행 9:3-5). 승천하신 그리스도의 모습에 나타난 하나님의 영광이 그 누구보다도 행위로 의롭게 될 수 있다고 주장한 그에게 비추자 눈이 멀게 되고 굴복을 할 수밖에 없었다.

예수님의 사랑하는 제자였던 요한은 성숙된 신앙을 소유한 사랑받는 자였다. 세상적 통념의 사랑이 아니라 다른 어느 제자보다도 주님의 사랑을 받기에 합당한 자였다. 주님이 재판을 받으시는 법정에서도 그는 믿음을 지킨 유일한 사람이었다. 그의 주님을 향한 순수한 헌신과 고귀한 성품은 성경 여러 곳에서 증언되고 있다. 이런 요한에게 주님의 최고의 비전이 찾아왔다. "촛대 사이에 인자 같은 이가...

그 머리와 털의 희기가 흰 양털 같고 눈 같으며 그의 눈은 불꽃같고... 그의 음성은 많은 물소리와 같으며... 그 얼굴은 해가 힘있게 비취는 것 같더라"(계 1:13-17). 그리스도의 품에 안기며 가슴에 머리를 기댈 정도로 그리스도를 사랑했던 요한도 하나님의 비전을 대면했을 때 "내가 볼 때에 그 발 앞에 엎드려져 죽은 자같이 되매"라고 고백했다. 지상에서 가장 온화하고 자비로운 사람도 하나님의 초월적인 위엄과 거룩함 앞에서는 죽은 자와 진배없었다.

욥부터 사랑하는 제자인 요한에 이르기까지 비전을 대면했을 때 이들은 일관된 양상을 보였다. 먼저 비전이 나타나고, 그 다음에 자기 혐오, 자기 비하, 얼굴을 돌림, 부정한 자기 모습, 무지, 몸을 엎드림, 아름다움이 부패함으로 변함, 자아겸비, 죽은 자처럼 굴복함 등이 나타났다. 여전히 하나님의 비전을 보여 달라고 기도하고 싶은가?

하나님의 비전을 본 자들의 모습은 이것만이 아니다. 하나님은 당신의 자녀들이 불의함 속에 거하는 것을 기뻐하지 않으신다. 그래서 하나님은 당신의 자녀들을 겸손케 하시고 낮추신다. 적절한 때가 되면 하나님은 당신의 자녀들을 높여 주실 것이다. 결코 겸손해지는 것이 목적이 아니다. 겸손은 축복의 길을 예비하는 것에 지나지 않는다. 이러한 비전을 통하여 하나님은 우리의 자아가 철저하게 깨어지기까지는 그 어떤 축복이나 영적인 사명을 맡기지 않으신다는 것을 가르치고 계신다.

욥은 자신의 의가 무너졌을 때 갑절의 축복을 받았다. 욥의 친구들 또한 욥의 중보로 말미암아 자유를 얻었으며, 얍복 강가에서 하나님과 씨름한 야곱은 하나님으로부터 새로운 능력을 받아 성품이 변하였고, 자기 힘과 혈기가 넘쳤던 모세는 끊임없는 자기 확신의 실패 과정을 통하여 하나님의 백성을 구원하는 중대한 임무를 준비할 수 있었다. 좌절 속에 있던 엘리야도 하나님께서 힘을 주시므로 전보다 더욱 많은 일을 감당할 수 있었으며, 부정한 입술을 가지고 있었던 이사야도 하나님의 비전을 목도함으로 인해 그 입술이 정결케 되고, 더 많은 사명을 감당할 수 있었다. 경건의 모양 속에 은밀하게 숨어 있던 부패함을 발견하고 혼절하였던 다니엘도 하나님의 계시를 전달한 자의 어루만짐을 통해 기쁨을 얻게 되었다. 베드로도 하나님의 비전을 통해 자신의 무가치함을 깨달음으로 말미암아 오순절의 능력 있는 설교자가 될 수 있었으며, 바울은 하나님의 비전을 통하여 왕과 이방인에게 하나님의 이름을 증거하는 도구로 선택되었고, 죽은 자처럼 쓰러졌던 요한을 일으키신 하나님은 그에게 요한 계시록을 쓸 수 있도록 영감을 주셨으며 그 결과 이 책은 이천 년의 박해 속에서도 교회에 남아 있게 되었다. **하나님의 택하신 자들이 받은 이 비전은 개인적으로 거룩함의 열매를 맺게 하는 촉매제인 동시에, 더 많은 곳에서 봉사할 수 있도록 그 영역을 확대케 하였다.**

하나님의 비전은 우리의 모든 것을 드러나게 하고 고백하게 하지만 언제나 유익한 것을 가져온다. 하나님은 단지 우리를 낮추시는 데 목적이 있으신 것은 아니다. "자아의 종말이 하나님의 시작이므로" 그것이 우리 자신에 대한 끝을 가져온다 할지라도 두려워할 필요가 없다. 하나님의 거룩함으로 나아가기를 원하는가? 하나님의 도구로 크게 쓰임 받기를 원하는가? 마음 깊은 곳으로부터 하나님의 비전을 환영하라. 하나님의 비전을 진실로 원하며, 그 비전이 수반하는 것을 기꺼이 따르려고 할 때 그 비전을 소유할 수 있을 것이다. 결코 억지로 자신을 혐오하거나 비하할 필요가 없다. 머리를 땅에 박고, 굴복하는 시늉을 할 필요도 없다. 하나님의 존재의 광채로 드러나는 잘못된 것들을 진심으로 회개할 때 이사야에게 하셨던 그 말씀을 우리들 또한 들을 수 있을 것이다. "네 악이 정하여졌고 네 죄가 사하여 졌느니라... 가서 이 백성에게 이르기를..."

■ 토론 문제 ■

1. 다음의 신앙의 위인들의 응답 중에서 가장 당신이 동일시 할 수 있는 것은 어느 것인가? 모세, 욥, 야곱, 엘리야, 이사야, 에스겔, 다니엘, 베드로, 사울, 요한.

2. 이 모범들에 나타난 응답 중에서 가장 의미 있는 것은 무엇인가?

3. 왜 사람들이 하나님의 비전을 위해 기도하는가?

4. 당신을 쫓는 "천국의 문지기"에 대해 체험을 한 적이 있는가?

고난과 실패는 승리의 디딤돌

"야곱의 하나님"
(시 46:7)
"지렁이 같은 너 야곱아"
(사 41:14)

묵상 : 창세기 32:1-32

하나님을 나타내는 많은 표현들 중 "야곱의 하나님"이란 말보다 우리를 놀라게 하는 것은 없다. 거룩하신 하나님과 간교한 인물의 대명사인 야곱은 잘 어울리지 않기 때문이다. 하지만 이 말은 끝까지 참으시는 하나님을 설명하는 최상의 표현이다.

성도의 견인 교리를 말할 때면 우리는 의례 칼빈주의 신학을 떠올린다. 사람에게서 보완되었다는 이유로 이 진리는 그 가치를 인정받지 못했다. 성도의 견인은 하나님께서 끝까지 참으시므로 인해 가능하였다. 하나님이 오래 참지 않으셨다면 그 누구도 그리스도의 터 위에 있지 못했을 것이다. 바울은 오래 참으시는 하나님 향한 흔들리지 않는 확신을 가지고 있었다. **"너희 속에 착한 일을 시작하신 이가 그리스도 예수의 날까지 이루실 줄을 우리가 확신하노라"**(빌 1:6). 바울은 보잘것없고 미약한 인간의 실상에 고정된 우리의 눈을 변화시켜 하나님의 강하고 위대하심을 볼 수 있도록 했을 뿐만 아니라 인간의 제한된 영역에 있는 우리에게 실족하지 않도록 하나님의 장엄한 목적을 깨닫게 하였다.

하나님에게는 미완성의 일이란 결코 없다. 시작하신 것은 언제나 완성하신다. 이스라엘은 수없이 하나님의 뜻을 거스르고 넘어졌지만 하나님은 자신의 뜻이 이루어질 때까지 이들에게 자비로운 훈계를 계속 하시어 이들로 말미암아 열방이 복을 받게 하셨다. 한 사람이 실패하면 또 다른 사람을 택하시고, 한 세대가 하나님의 뜻을 거역하면 다음 세대에 그 일을 다시 시작하셨다. 이스라엘이 계속해서 우상 숭배를 하자 하나님은 이들을 징계하사 바벨론의 포로가 되어 자기들의 무지함과 어리석음을 깨닫게 하셨다.

오래 참으심은 주님이 지상에 계시면서 보여 주신 삶의 독특한 모습이었다. 이러한 주님의 성품은 성경에서 미리 예언한 것이었다. "그는 쇠하지 아니하며 낙담하지 아니하고 세상에 공의를 세우기에 이르리니 섬들이 그 교훈을 앙망하리라"(사 42:4). 주님과 같으신 이가 또 어디 있을까? 사랑하는 제자들이 실망시켰을 때에도, 제자들의 연약함과 이기적 욕망으로 인해 주님의 사랑을 거부했을 때에도, 제자들이 가장 필요했을 때 모두다 주님을 버리고 도망했을 때에도, 가장 가까웠던 제자 중 한 명이 원수의 손에 당신을 넘겨줄 때에도 주님은 실망하거나 좌절하지 않고 이들을 통하여 당신의 뜻을 이루셨다. 이러한 고난 중에도 흔들리지 않는 확신으로 선한 일을 시작하신 아버지께서 그것을 이루실 줄을 아셨다. 하나님의 뜻은 반드시 이루어진다. 우리도 이 확신을 공유하고 있다. 하나님께서 자신의 일을 끝까지 이루실 것이다.

우리는 성경과 그분을 사랑하는 많은 그리스도인들의 삶을 통해서 하나님의 끝없는 사랑과 오래 참으심을 목도할 수 있다. 하나님을 떠나 런던 테임즈 강 언덕에서 부랑자 생활을 하며 수년을 보낸 프란시스 톰슨(Francis Thompson)의 고백은 이러한 하나님의 모습을 잘 확인시켜 준다. 톰슨에게 하나님의 사랑이 강권적으로 그를 감싸게 되었을 때 그는 "천국의 문지기"(The Hound of Heaven)라는 영감 어린 시를 지어 오래 참으시는 하나님을 찬양하였다.

> 낮과 밤을 가리지 않고 그를 피해 도망쳤습니다
> 수년을 그렇게 도망쳤습니다
> 눈물을 흘리며 마음의 미로 속으로 도망쳤습니다
> 아름다운 물위를 흐르던 웃음 속으로 그를 피해 숨었습니다
> 홀연히 찬란한 광선이 나를 에워싸게 되었을 때
> 내 뒤를 쫓으신 강한 자의 발 아래로
> 내 모든 공포와 슬픔을 묻게 되었습니다

1. 야곱의 하나님

이 진리를 가장 명백하게 설명해 주는 것은 야곱을 선택하시고 일생을 함께 하신 하나님의 이야기 속에서 찾아 볼 수 있다. "야곱의 하나님"라는 이 어울리지 않는 표제에는 우리들을 끝까지 사랑하시는 하나님의 사랑이 짙게 배어 있다. 믿음의 조상인 아브라함의 하나님, 친구로서 다정하게 말씀하신 모세의 하나님, 혼절한 다니엘을 어루만지신 다니엘의 하나님, 이들처럼 야곱의 하나님도 정직하지 않고, 욕심 많고, 간교하고, 사기꾼이었던 그런 야곱의 하나님인가? 그렇지 않다. 하나님은 야곱의 성품이 변하도록 일생을 함께 하시면서

말씀하셨다. "내 사랑하는 야곱... 야곱의 하나님은 나의 피난처이시며... 지렁이 같은 너 야곱아 두려워 말라." 지렁이보다 더 약하고 쓸모 없는 것은 무엇인가? 지렁이 같은 야곱, **무가치한 야곱이 끊임없는 하나님의 사랑을 받아 마침내 하나님과 사람의 능력을 가진 왕자가 되었다.**

2. 하나님의 주권적 선택

하나님의 거룩한 목적을 성취하고, 열방이 복을 받게 하며, 나라를 인도할 지도자를 찾는다면 야곱은 아마 우리가 선택하는 제일 마지막 사람이 될 것이다. 관대한 마음을 가지고 있었던 에서는 야곱보다도 더 서열이 높았다. 하나님 외에 누가 야곱처럼 비열한 사람을 택하겠는가? 탐욕적이고, 교활하며, 책략가인 야곱을 누가 좋아하겠는가? 그는 부모의 상속을 받기 위해서, 아버지의 뒤를 이어 한 지파의 영적 족장의 자리에 오를 형 에서의 영적인 권위를 훔치기 위해 형의 곤경을 이용한 비열한 인물이다.

우리가 야곱을 공정하게 평가하기 위해서는 먼저 그의 부모들이 야곱에게 고상한 인품을 보여주지 못했다는 사실에 주목해야 한다. "이삭은 그가 에서의 별미를 먹음으로 에서를 사랑하였다." 이삭은 자기 마음의 정욕대로 행하여 자녀들에게 하나님의 공의를 나타내지 못한 성숙되지 않은 아버지였다. 어머니 리브가 역시 편애함으로 야곱을 돌보았다. 리브가는 오직 자기 아들을 축복 받게 하려는 그릇된 열망을 가지고, 아들의 책략을 부추기고 선동하였다. 리브가는 아들을 향한 편협한 사랑으로 내적 욕망의 지배를 받아 행동한 덕스럽지 못한 어머니였다. 에서는 영적인 것을 경홀히 여겨 자신의 영적 특권을 가볍게 포기한 인물이다. 야곱 자신도 간교하고 교활하여 쌍둥이 형마저 자신의 유익에 이용한 간교하고 비열한 인물의 전형이다. 하지만 야곱은 하나님의 은혜를 나타내기 위해 선택된 하나님의 자녀였다.

부모에게서 물려받은 유전 형질로만 보면 야곱은 하나님의 자녀로서 자격이 없을지 모른다. 하지만 하나님은 인간의 유전 법칙에 제한을 받지 않으신다. 제자들이 소경에 관하여 물었을 때 "뉘 죄로 인함이오니까?" 예수께서 대답하시되 "이 사람이나 그 부모가 죄를 범한 것이 아니라 그 사람에게서 하나님의 일을 나타내고자 하심이니라" (요 9:2-3). 하나님이 야곱을 선택하신 열쇠가 바로 이 말씀에 있다. 하나님은 야곱을 왕자로 변화시키기 위해 지렁이 같은 그를 선택하신 것이다.

야곱의 편협하고 비열한 성품들은 비할 데 없는 하나님의 자비와 연약한 자녀들에 대한 하나님의 사랑을 깨닫게 해주는 배경 역할을 하고 있다. 하나님께서 세상에서 강하고, 고상한 인품을 소유하고, 뛰어난 사람만을 택하셔서 당신의 목적을 성취하신다면 대다수의 그리스도인들이 하나님의 기준에 미달하여 불합격 판정을 받을 것이다. 바울은 야곱을 선택하신 하나님의 섭리를 고린도 교회에 보낸 편지를 통해 다음과 같이 찬양을 한다.

> "형제들아 너희를 부르심을 보라 육체를 따라 지혜 있는 자가 많지 아니하며 능한 자가 많지 아니하며 문벌 좋은 자가 많지 아니하도다 그러나 하나님께서 세상의 미련한 것들을 택하사 지혜 있는 자들을 부끄럽게 하려 하시고 세상의 약한 것들을 택하사 강한 것들을 부끄럽게 하려 하시며 하나님께서 세상의 천한 것들과 멸시받는 것들과 없는 것들을 택하사 있는 것들을 폐하려 하시나니 이는 아무 육체라도 하나님 앞에서 자랑하지 못하게 하려 하심이라" (고전 1:26-29).

야곱이 허기에 지친 에서에게 팥죽 한 그릇으로 장자권을 훔치다시피 하였을 때는 70세의 중년이었으며, 형의 축복을 가로챘을 때는

80세의 성숙한(?) 나이였다. 결코 혈기 왕성한 청년 시기가 아니었다. 야곱이 147세에 하나님의 부름을 받았으니까 그는 거의 반평생을 아름답지 못한 일과 씨름하며 살았다. 야곱은 자신의 삶을 책임질 수 있는 중년이었음에도 불구하고 자신의 이익만을 쫓았다. 심리학자들은 사람의 습관이 일단 고정되면 결코 변화될 수 없다고 주장한다. 특히 야곱처럼 인생의 후반을 향해 달려가는 사람들에게는 변화라는 것이 거의 불가능하다고 말을 한다. 그러나 하나님은 심리학의 법칙에 제약을 받지 않으신다. 우리들은 자신에 대해 실망하고 포기할 수 있어도 하나님은 우리를 버리지 않으신다. 하나님은 마르지 않는 은혜를 가지고 오래 참으사 우리를 통해서 자신의 뜻을 이루신다.

3. 하나님의 깊으신 통찰력

하나님은 아주 가망이 없어 보이는 사람에게서 숨겨진 가능성을 통찰하시는 세밀하신 분이다. 예리한 눈으로, 좋은 평판을 얻지 못하고 살아가는 사람들에게서 감추어진 고상한 요소를 찾아내신다. 하나님은 까탈스러운 성격을 가진 자의 하나님이시며, 편협하고 왜곡된 성격을 가진 자의 하나님도 되신다. 도저히 하나님 앞에 설 수 없는 사람까지도 사랑하신다. 많은 사람들이 야곱을 경멸했지만 오직 하나님만이 야곱 속에 있는 왕자다운 면을 통찰하셨으며, 야곱의 성격과 기질 상의 문제에 대한 해답을 가지고 계신 분께서 그와 함께 하셨을 때 불가능이 가능으로 변하였다. 우리의 삶을 온전히 그분의 손에 맡길 때 하나님은 무한하신 사랑과 자비를 베푸신다.

"내가 야곱은 사랑하고 에서는 미워하였다"(말 1:3, 롬 9:13). 참으로 이해하기가 힘든 구절이다. 적어도 이 구절에 나타난 하나님은 종잡을 수 없어 보인다. 하나님의 깊은 사랑을 알기 위해서는 두 가지 사실을 명심해야 한다. 첫째는 "미워하다"라는 말이 오늘날 우리들이 상식적으로 사용하는 적대적 개념이 아니라는 것이다. 둘째는 말라기와 바울의 이 진술은 주로 야곱과 에서의 후손인 이스라엘과 에돔 두 민족을 언급하고 있다는 것이다. 하나님이 야곱을 선택하신 것은 그의 장점이나 성품이 훌륭해서가 아니었다. 하나님은 이들이 태어나기 전에 이미 선택하셨다(창 25:23). 바울은 하나님의 섭리에 대해 이렇게 말한다. "하나님께서 가족간의 윤리인 장자권이나 뛰어난 자질 때문에 선택하신 것이 아니라 부자간의 믿음을 보시고 주권적 원리에 따라 선택하셨다. 그 당시 민족적인 영역까지 영향을 미친 '사랑'과 '미움'이라는 말은 지금 우리가 생각하고 있는 그러한 개념이 아니다. 하나님께서 마음 내키는 대로 편애하는 마음을 가지고 선택하신 것이 아니다. 이 말씀은 오히려 민족적 기능과 운명을 가리킨다. 에돔이 아닌 유다가 하나님의 섭리 가운데 역사 속에서 번창하도록 선택된 것이다."

이러한 구속사적 관점과 더불어 개인적으로 이 말씀을 적용할 수 있다. 하나님이 에서를 거부하시고 야곱을 택하신 것은 당신의 깊은 통찰의 결과에 의한 것이지 결코 변덕의 소산이 아니다. 야곱의 비열함과 표리부동함 이면에는 영적인 것을 갈망하는 깊은 능력이 있었다. 몇 번이고 이기적 욕망이 영적 갈망을 앞섰지만 야곱은 결코 그것을 포기하지 않았다. 에서는 너그러운 마음을 가지고 있었지만 그 이면에는 영적인 것을 경시하는 마음이 잠재되어 있었다. 에서는 영적 사역보다 육적인 욕망을 만족시키는 것을 더 좋아하는 부류의 좋은 표본이다.

야곱은 수없이 실패를 거듭하고 온갖 약함을 보였지만 그 가운데서도 영적인 것에 대하여 끊임없이 갈망하였다. 야곱의 이러한 영적 열망이 하나님께서 그를 다루시고 관계를 끝까지 지속시키는 근거를 제공하였다. 이 사실은 실패를 두려워하는 이 땅의 많은 그리스도인들에게 깊은 위로와 소망을 준다. 우리들은 다른 사람의 장점보다 단점을 먼저 발견하는 좋지 않은 습성을 가지고 있지만 하나님은 우리 속에 있는 가장 좋은 것만 보신다. 우리 마음속에 있는 영적인 갈망을 통찰하시고 이것이 이루어질 수 있도록 우리를 다루신다. **하나님의 징계는 모두 분명한 목적을 가지고 있다.** 하나님은 야곱의 일생 동안 다섯 번 나타나시어 야곱의 모난 모습을 조금씩 고치시고 매번 새로운 기회를 주셨다.

4. 하나님의 오래 참으심

"야곱"이라는 말뜻은 쫓아내는 자이다. "야곱"이라는 말의 이면에는 냉혹하게 적을 쫓고, 기습하고, 심지어 자기 자신까지 내던지는 잔인한 추적자의 개념이 들어 있다. 이러한 야곱이 얍복 강가에서 하나님의 철저한 사랑과 부딪히고 여지없이 굴복하였다. 그러므로 야곱이라는 말 한마디에 야곱의 일대기가 들어 있다. 하나님께서 야곱을 쫓는 것을 포기하셨다면 오늘의 우리에게 깊은 소망을 주는 하나님의 왕자 야곱은 없었을 것이다. 아마 교활한 인물로, 지탄의 대상으로 구약의 한 페이지를 장식하고 있었을 것이다. 하나님의 자비로운 사랑이 벧엘에서 처음 그를 감싼 후 30년만에 같은 장소에서 다시 만날 때까지 하나님은 철저하게 그를 감찰하시고 동행하셨기 때문에 야곱이 아닌 이스라엘이 있을 수 있었다. 야곱이 일생 동안 만난 네 번의 위기 때마다 하나님의 이 사랑은 야곱을 구원한 빛이었다.

야곱이 첫 위기는 형 에서의 축복을 가로챘을 때 일어났다. 에서는 허기가 가시자 자기 아우의 행동 뒤에 감춰진 야비한 목적을 알았다. 이를 알고 야곱은 도망을 하였으며, 분노한 에서는 그 뒤를 쫓았다. 도망 중에 야곱은 처음으로 하나님을 대면하였다. 야곱이 돌 베개를 하고 잠을 자다가 꿈을 꾸기를. "꿈에 본즉 사닥다리가 땅위에 섰는데 그 꼭대기가 하늘에 닿았고 하나님의 사자가 그 위에서 오르락내리락 하고" 하나님은 야곱에게 네가 크게 번영할 것이며, 그 어떠한 적의 위협에서 보호해 주실 것과 야곱의 씨로 말미암아 모든 백성들이 복을 받게 될 것을 말씀하셨다. 하나님을 대면한 후 야곱은 두려워 떨며 서원하였다. "두렵도다 이곳이여 다른 것이 아니라 이는 하나님의 전이요 이는 하늘의 문이로다... 야곱이 서원하여 가로되"(창 28:17, 20).

두 번째 위기는 브드엘에서 야곱이 백 세가 되었을 때 일어났다. 야곱은 자기 뺨칠 정도로 야비한 외삼촌 라반 밑에서 20년 동안 일하였다. 하나님께서 자신의 목적을 이루시려고 야곱을 다루시며 훈계하는 것을 살펴보면 큰 교훈이 된다. 하나님은 야곱보다 더 비열하고 욕심 많았던 삼촌과 함께 있도록 하셨다. 27년 동안 야곱은 삼촌으로부터 속임을 당하고, 야곱도 삼촌을 속이면서 지냈다. 쫓아다니는 자가 쫓김을 당하고 속이던 자가 속임을 당하는 기묘한 상황의 연속이었다. 그렇지만 이것은 궁극적으로 야곱을 변화시키기 위한 가혹한 훈계였다. 야곱이 당하는 이러한 고난은 그가 좋지 못한 가정 환경에서 자랐고 환경이 나쁜 곳에서 일했기 때문인가? 불편한 관계에 있는 동료와 헤어지지 않고 함께 일하고 있는 선교사들을 볼 수 있다. 왜 헤어지지 않고 함께 일하고 있는가? 사람들은 언제나 마음이 맞는 사람들과 일하며 살아가기를 원한다. 그러나 하나님은 이런 우리들과는 근본적으로 다르다. **하나님은 우리의 일시적 편안함보다는 영적으로 성장하는 데 더 깊은 관심을 가지고 계신다.**

야곱이 일생 동안 겪은 모든 경험과 그가 받은 모든 복의 근원에는 하나님이 계셨다. 라반이 야곱을 추적할 때 하나님은 라반이 야곱을 해치지 못하도록 하신 것처럼(창 31:7, 24, 29), 현대판 라반도 우리를 해치지 못할 것이다. 야곱의 장점 중 하나는 그가 하나님의 때가 이르기까지 시련을 피해 현실 도피를 하지 않았다는 점이다. 우리는 고난에 처하게 되면 고난 자체에만 매달리거나 아예 현실에서 도피함으로 그 배후에서 역사하시는 하나님을 보지 못할 때가 많다. 만일 우리가 고난 당할 때 하나님의 연단을 무시해 버린다면 엄청난 영적 손실을 가져올 것이다. 하나님이 정하신 목적을 이루시게 되면 우리를 억눌렀던 잠시 동안의 고난도 사라진다. 고난에 처함으로 인하여 우리의 성품이 더욱 온전해지며 풍성해지는 것도 바로 여기에 있다.

라반의 곁을 떠나 고향으로 가는 도중에 야곱은 형 에서가 그를 만나려고 온다는 소식을 들었다. 즉시 형에 대한 지난날 잘못한 것들이 생각났고, 이내 야곱은 공포감에 사로잡혔다. 하나님께 도움을 청하고, 약속하신 보호를 구하는 대신 야곱은 마음의 정욕에서 나오는 생각대로 많은 선물을 형 에서에게 보냈다. 이러한 야곱을 감찰하신 하나님이 야곱을 찾아 오셨다. "야곱이 홀로 남았더니 어떤 사람이 날이 새도록 야곱과 씨름하다가."

그 씨름을 시작하신 분은 바로 하나님이었다. 야곱은 전에 하던 대로 도망갈 수 있으리라고 생각했을지도 모르겠지만 어쨌든 물러서지 않고 힘을 다해 그 사람과 맞서 싸웠다. 그렇지만 도저히 피할 수 없었다. 하나님께서 야곱에게 복을 주시려고 그의 속에 남아 있는 것까지 무너뜨리려고 하셨기 때문이다. 야곱이 항복하지 않는 것을 아신 하나님께서 그의 환도뼈를 위골 시키자 그는 남은 일생 동안 두려운 대결의 표시로 다리를 절게 되었다. 더 이상 야곱은 싸울 힘이 없게 되자 하나님을 붙잡고 축복해 주기 전에는 절대로 놓지 않겠다고 고집을 부렸다. 비록 이것이 하나님의 보편적인 섭리 방식은 아니었지만 하나님은 그를 이스라엘로 세우셨다.

영적 원리 3

볼 수 없지만 여전히 나를 붙잡고 계신
미지의 여행자인 주님!
내 벗들도 다 사라지고
나만 홀로 남았사오니
온 밤을 지새며
동이 틀 때까지 당신과 씨름하렵니다.
  - 웨슬리(C. Wesley)

　야곱이 축복을 받으려면 먼저 자기 중심적인 가치관이 무너져야
했다. 그 싸움을 통하여 야곱은 자신의 모난 성격과 온갖 죄에 부딪
혔다. "너의 이름이 무엇이냐?" 하나님이 물으시자 "내 이름은 야곱
(대신 들어앉은 자, 사기꾼, 속이는 자)이니이다." 야곱은 죄를 깊이
뉘우치는 심정으로 고백을 하였다. 이 고백은 야곱을 평생 따라다녔
던 더러운 불순물을 제거하는 정화제가 되었다. 성실함은 축복의 선
구자이다. 이제 야곱은 하나님 앞에서 진실된 태도를 취할 수 있었
다. 브니엘에서 대면한 "하나님의 얼굴"은 야곱이 철저하게 죄를 고
백하고 전적으로 무능한 자신을 깨달았다는 것을 예증한다. "내가 하
나님과 대면하여 보았으나 내 생명이 보전되었다"라고 야곱은 두려
워 떨며 고백하였다. 브니엘에서 야곱은 더 많은 축복의 약속을 받을
수 있었다. "네 이름을 다시는 야곱이라 부를 것이 아니요 이스라엘
이라 부를 것이니 이는 네가 하나님과 사람으로 더불어 겨루어 이기
었음이니라"(창 32:28). 야곱은 철저하게 무너짐으로 승리할 수 있었
다. 야곱을 이토록 철저하게 무너뜨리신 분이 바로 하나님 자신이다.
"천사와 힘을 겨루어 이기고 울며 그에게 간구하였으며"(호 12:4).
　하나님께서 야곱의 수치의 표상이었던 옛 이름을 제하여 주셨기
때문에 야곱은 새 이름에 합당하게 살았는가? 그렇지 않다. 그는 여
전히 의심이 많았으며, 교활했다. 타고난 성격이 완전히 없어진다는
것은 어려운 일이다. 결국 야곱의 이러한 성품으로 말미암아 세겜에

서 씻지 못할 부끄러운 위기를 자초하였다. 에서가 두려워 야곱은 고향으로 돌아가는 것을 중단하고 세겜 근처에서 장막을 쳤다. 마치 소돔에서 어리석은 행동으로 인하여 범죄 했던 친척 롯처럼 야곱도 불신앙적 안목으로 선택을 한 것이다. 자기에게 두 번이나 나타나셨던 하나님을 의뢰하는 대신 곤경을 모면키 위해 자신의 뜻대로 행동한 결과, 비극이 그의 전 가족에게 덮쳤다. 강간과 살인과 공포가 야곱의 가족에게 연이어 나타났다. 이처럼 **하나님의 약속을 잊어버리거나 하나님이 명하신 것을 불순종했을 때는 큰 희생이 따른다.**

하나님은 30년 동안 비열하고 고집세고 반항적인 한 사람을 붙드시고 강권하셨다. 차라리 포기하는 것이 옳았다고 생각하는 사람이 있을 것이다. 그러나 하나님은 식언치 아니하시는 분이다. 하나님의 사랑은 절대로 뜨겁거나 차지 않다. 야곱을 버리는 대신 하나님은 자비로 그를 붙드셨다. "일어나 벧엘로 올라가서 거기 거하며... 네게 나타났던 하나님께 거기서 단을 쌓으라 하신지라"(창 35:1).

하나님은 30년 이상 야곱을 훈계하셨다. 하나님의 훈계에 야곱은 망설이지 않고 가족을 모아서 벧엘로 올라갔다. "하나님은 야곱에게 다시 나타나시고... 그를 축복하셨다." 자기 백성에게 복 주기를 원하시는 하나님은 야곱을 다시 찾으셨고, 야곱은 한 번 더 하나님의 음성을 들을 수 있었다. "네 이름을 다시는 야곱이라 부르지 않겠고 이스라엘이 네 이름이 되리라 하시고 그가 그의 이름을 이스라엘이라 부르시고"(창 35:9-10). 이제 야곱은 새로운 이름에 어울리게 생활하였다. 이전의 교활하고 다른 사람을 속였던 모습으로 돌아가지 않은 것이다. 하나님 말씀이 야곱을 붙들어 그를 이스라엘로 살게 하신 것이다. 지렁이 같은 야곱이 히브리서 11장에 나오는 믿음의 사람들의 반열에 들어갈 수 있었던 것도 끝까지 포기하지 않은 하나님의 사랑때문이었다. "죄가 더한 곳에 은혜가 넘쳤나니."

하나님이 창조하신 사람 사이에는 근본적인 차이란 없다. 단지 유혹을 받는 범위가 다를 뿐이다. 질투심, 교만, 성공에 대한 욕망, 돈, 섹스와 같은 일반적인 유혹에서 많은 사람들이 넘어진다. 일단 이러한 공격에 넘어지게 되면 쉽게 극복하기 어렵다. 지난날의 죄가 다시 꿈틀거리며 소생하여 이들을 지배하기 때문이다. 일생 동안 이러한 실패와 성격적 결함이 사냥개처럼 따라 다니며 괴롭힌다. 그 결과 삶은 실패와 장애물로 인하여 소망이 절망으로 바뀌게 되고 인생은 점점 절름발이로 변해 간다.

사단은 인간에게 절망으로 가득 찬 메시지를 보낸다. 그러나 하나님은 야곱의 삶을 통해 회복의 복음을 선포하셨다. 유전 법칙이 인간을 지배하고 있을지라도, 넘어지고 또 넘어지는 그리스도인을 향하여 야곱의 하나님은 이들을 일으켜 세우사 다시 한번 기회를 주신다. 다시 주어진 기회가 실패 이전으로 돌려놓지는 못 하겠지만 하나님은 이 실패조차도 새로운 승리의 디딤돌로 이용하신다. 하나님에게 자녀들의 실패는 중요한 것이 아니다. 하나님은 인간의 실패조차도 버리지 않으시고 자녀들의 유익을 위해 사용하시기 때문이다.

야곱의 삶이 우리에게 주는 참된 교훈은 그리스도인의 실패는 마지막이 아니라는 것이다. 우리들의 모난 성격이나 기질도 야곱의 하나님과 함께 하면 소망으로 변하게 된다. 결코 과거의 실패가 미래의 승리를 빼앗지 못한다. 하나님이 인간을 구원하시고 붙드셨을 때 그를 축복하시려고 지칠 줄 모르는 인내로 통찰하신다. 하나님은 지난날 실패하였으나 진정으로 회개하는 자들을 왕의 반열에서 제외시키지 않으신다. 베드로가 실패하였을 때 하나님이 그를 버리셨다면 위대한 오순절의 설교자는 없었을 것이다. 하나님은 우리들의 패배를 재료 삼아 이전보다 더 위대한 사역에 열매를 맺도록 하신다. 이 얼마나 멋진 마귀에 대한 반격인가?

■ 토론 문제 ■

1. 그리스도인의 삶의 실패가 어떻게 우리에게 유익함이 되는가?

2. 하나님의 주권, 거룩 그리고 견인이 영적 성숙에 어떠한 영향을 미치는가?

3. 하나님은 역경이나 혹은 다루기 힘든 사람들을 사용해서 당신의 삶의 영적 성숙을 어떻게 발전시키는가?

하나님의 훈계를 인정하라

"어찌 끊이지 않고 갈기만 하겠느냐."

(사 28:24)

묵상 : 이사야 28:23-29

"경작을 시켜라 그러면 곡식을 얻게 될 것이다." 고난 당할 때 사무엘 루더포드(Samuel Rutherford)가 한 이 말은 하나님의 훈계에 대한 참된 통찰력과 그 훈계에서 유익을 얻기 위한 태도는 어떠해야 되는지를 알려 주고 있다. 인생에 있어 훈계란 그 당시에는 고통스러워 보이지만 그 속에는 귀한 목적을 담고 있다. "무릇 징계가 당시에는 즐거워 보이지 않고 슬퍼 보이나 후에 그로 말미암아 연달한 자에게는 의의 평강한 열매를 맺나니"(히 12:11). **삶에서 열매를 맺기 원한다면 훈계를 기쁘게 받아들여야만 한다.**

우리가 알고자 하는 이 단락은 이사야의 가장 위대한 예언 중 하나이다. "이 예언은 이사야를 히브리 선지자 중에서 으뜸에 놓을 정도로 왕적 지혜와 비유가 돋보인다. 인물의 예리한 분석, 죄와 심판에 대한 실제적인 묘사, 명쾌한 반박과 풍자들, 쏟아지는 조롱과 심판들... 그 가운데서도 결말은 신선한 비유를 도입하여 잔잔한 시냇물과 같은 논조로 끝을 맺는다" G. A. 스미스(G. A. Smith). 이 "신선한 비유"는 농부의 농법을 비유해서 일차적으로 자기 민족을, 그리고 부차적으로 하나님의 교회와 성도들에게 적용하고 있다.

이사야는 자기 백성을 지혜롭게 다루시는 하나님의 속성을 이 예언을 통하여 강조한다. "이는 그의 하나님이 그에게 적당한 방법으로 보이사 가르치셨음이며"(사 28:26). "이도 만군의 여호와께로서 난 것이라 그의 모략은 기묘하며 지혜는 광대하니라"(29절). 하나님은 인생을 실험하는 분은 아니다. 또한 변덕스럽지도, 편견에 의해 흔들리지도 않으신다. 하나님의 행하시는 일마다 귀한 지혜와 깊은 사랑이 배여 있다. 깊은 명철과 날카로운 분별력으로 이 모든 것을 가장 좋게 행하신다. 하나님의 방법은 목적하신 것을 얻기에 가장 적합하다. 우리가 바르게 받아들이면 풍성한 열매를 맺을 수 있을 것이다.

파종하고, 씨 뿌리고, 추수하는 세 가지 경작 과정에 나타난 농부의 기술은 하나님의 지혜와 솜씨를 반영한다. 농부가 깊은 통찰력으로 신중하게 농작물을 돌보듯이, 농부에게 온갖 지혜를 주시는 하나님은 농작물보다 더 귀중한 우리 삶의 열매에 더 깊은 관심을 가지고 있다.

1. 지혜로우신 하나님의 훈계

하늘의 농부이신 하나님은 자녀들의 삶에서 슬픔과 괴로움을 보습(plowshare)하고 일굴 수 있도록 허락하신다. 하지만 이 모든 것은 주권자이신 하나님의 지혜로운 손길로 인도되고 다스려진다. 하나님의 궁극적 목적은 추수에 있다. 이사야는 농사의 세 가지 과정을 통하여 택하신 백성을 훈련시키시며, 영적으로 단련시키시는 하나님의 지혜를 설명하고 있다.

인생의 훈련 과정에도 농사와 마찬가지로 갈고, 파종하고, 탈곡하는 일련의 과정이 있음을 조망해 볼 때 세 가지 진리가 이 비유에 나타난다.

첫째 **하나님은 인생의 전 과정을 통찰하신다.** "파종하려고 가는 자가 어찌 끊이지 않고 갈기만 하겠느냐 그 땅을 개간하며 고르게만 하겠느냐"(사 28:24). 물론 이렇게 하는 농부는 없다. "이는 그의 하나님이 그에게 적당한 방법으로 보이사 가르치셨음이며"(사 28:26). 파종하는 것은 수확이라는 목적에 대한 수단에 지나지 않는다. 이 목적이 성취되어야 모든 일이 끝이 난다. 이스라엘 역사를 고찰하면 이러한 하나님의 통찰력을 깨닫게 된다. 430년 동안 히브리 민족을 애굽의 압제에서 종살이를 허락하신 것은 이 민족이 가지고 있던 메마르고 거친 황무지가 옥토로 변하여 풍성한 수확의 가능성이 있음을 보셨기 때문이었다. 그러나 파종하지 않고 수확할 길이 없기에 애굽의 간역자들의 채찍을 들어 뜻하신 바를 이루시고, 이제 그 간역자들의 손에서 백성을 구원하셨다. 하나님은 이 민족을 통한 구원 사역을 이루시기 위해 애굽의 손에 이들을 붙이시고 고난을 받게 하셨다. 때가 차고 구원의 준비가 되었을 때 하나님은 젖과 꿀이 흐르는 가나안 땅으로 이들을 인도하셨다. 그러나 이들이 그 땅에 들어가기까지는 수많은 고난이 따랐다.

경험이 많고 지혜로운 농부는 좋은 땅과 나쁜 땅을 구별한다. 무르고 모래가 섞인 땅은 별 힘 안들이고 쟁기질을 할 수 있지만 굳고 거친 땅은 깊게 쟁기질을 해서 흙을 갈아엎어야 한다. 몇 번이고 땅을 갈고 고르게 하여 흙덩이를 일구어 씨가 싹트고 자라기에 적합한 땅으로 만든다. 농부는 파종할 때도 소홀히 하지 않는다. 땅을 갈아 일구어 놓았다면 각종 씨 뿌리기에 적합한 땅을 구별해야 한다. 이 과정은 각자의 삶에서 겪게 되는 고통스럽고 슬픈 사건을 설명한다. 하늘의 농부이신 하나님의 사랑을 온전히 받을 수 있도록 훈계의 기간과 시기와 그 의미를 잘 구별해야 한다. 하늘의 농부이신 그분의 손 안에 있을 때 우리는 절대 안전하다.

훈계는 축복을 가져오는 전조이다. 그러나 올바르게 받을 때만 그 축복을 향유할 수 있다. 훈계를 바르게 받아들이는 것이 바로 우리 책임이고 할 일이다. 소화시키지 못하는 음식은 결코 몸에 유익하지 않은 것처럼 훈계도 바르게 받아들이지 않으면 오히려 성격이 황폐케 된다. 하나님에게 징계를 받을 때 "왜"라고 불만 가득해서 반문한다면 그 속에 담긴 하나님의 지혜와 사랑을 일순간에 허물어뜨리게 된다. 이는 하나님을 변덕쟁이로 만드는 것이며, 자신의 잘못까지도 하나님에게 전가시키는 것이다. 하나님이 우리를 연단시키는 목적은 자신의 능력과 권위를 나타내려 함이 아니라 더욱 풍성한 열매를 맺게 하시려고 우리를 준비시키는 것이다. 이 때문에 하나님은 때에 따라 가지도 치시고, 약도 뿌리시며 우리를 돌보신다. 하나님이 주시는 훈계에는 목적이 있다. 문제는 우리의 반응이다. 훈계가 우리를 부드럽게도 하고 절제케도 하며 강건하게도 한다. 하지만 반대로 우리 마음을 강퍅하게도 하고, 완악하게 하며, 하나님의 뜻에 반항하게도 만든다.

가족에 문제가 생기고, 재정적으로 힘이 들며, 고통과 좌절이 엄습할 때, 인생의 야망이 무너져 내리고, 기대가 좌절될 때 우리는 어떻게 반응하는가? 우리가 이것에 굴복하든지, 반항을 하든지 아무런 유익이 없다는 것을 느낀다면 이것은 계속 해서 반항하는 것보다는 낫다. 이것들을 기쁨으로 받아들이지는 못하지만 하나님의 손길을 인정한다면 이것은 조금 높은 경지에 속한다. 그러나 하나님께서 큰 영광 받으시고 우리를 축복으로 이끄는 태도는 설명할 수 없는 하나님의 섭리를 찬송하며 받아들일 때이다. 루더포드가 에버딘(Aberdeen) 감옥에 투옥되었을 적에 그는 편지 서두에 언제나 "하나님의 궁전 에버딘"이라고 썼다. 프랑스 귀족의 신분으로 학식과 교양을 겸비했던 귀용(Guyon)여사는 자신의 신앙 때문에 1695년부터 10년 동안 투옥되었다. 그녀는 감옥 생활을 불평하는 대신 이것을 하나님의 뜻으로 알고 기쁘게 받아들였다. "내가 빈센(Vincennes)의 죄수로 있을 때 참으로 평화로웠다. 시중들던 하녀와 함께 '나의 하나님을 찬양하라'로 기쁨의 찬송을 드릴 때 감옥의 벽돌이 마치 보석처럼 빛이 났다. 견디기 힘들 정도의 시련을 이길 수 있었던 것도 주님을 사랑하는 자들에게 주시는 기쁨이 내 마음에 충만해 있었기 때문이다.

> 나는 한 마리 작은 새
> 내 집에서 쫓겨나 새장에 갇혀 노래부르네
> 이곳은 기쁨이 넘치는 곳 아버지께서 보내신 곳
> 종일토록 찬양만 하네
> 내 찬양을 기쁘게 받으신 당신께
> 내 날개를 접게 하시고
> 내 찬양에 귀기울이시는 당신께 감사를 드리오니
> 갇힌 몸이 되어 마음껏 날 수 없어도 마음은 자유하나니
> 내 영혼의 자유를 향한 비상은 사면의 벽도 내 비상의 디딤돌
> 이 넘치는 기쁨이 창살을 가르고 벽을 파하여
> 내 사랑하는 당신의 오묘하신 섭리
> 그 능력 속에서 내 마음의 기쁨과 자유를 찾으리.

아내를 제외한 모든 것을 잃어버리는 큰 고난을 체험하면서도 욥은 마음과 생각과 입으로 범죄하지 않으므로 그의 실패를 이용하여 하나님께 도전한 대적을 잠잠케 하였다. 욥의 신실한 응답이 사단의

계획을 허용치 않았다. "주신 자도 여호와시요 취하신 자도 여호와시니 여호와의 이름이 찬송을 받으실지어다." 욥을 신뢰하신 하나님의 정당성은 이렇게 입증되었다.

"우리의 잠시 받는 환난의 경한 것이 지극히 크고 영원한 영광의 중한 것을 우리에게 이루게 함이니 우리의 돌아보는 것은 보이는 것이 아니요 보이지 않는 것이니 보이는 것은 잠간이요 보이지 않는 것은 영원함이니라"(고후 4:17-18). 우리가 훈계하려고 주시는 삶의 체험을 바르게 해석하려면 우리의 시선을 잠시 있다 사라지는 것에서 돌려 영원하고 궁극적인 것에 붙잡아 두어야 한다.

둘째 **하나님의 선택은 아주 세밀하다.** "지면을 이미 평평하게 하였으면 소회향을 뿌리며 대회향을 뿌리며 소맥을 줄줄이 심으며 대맥을 정한 곳에 심으며 귀리를 그 가에 심지 않겠느냐 이는 그의 하나님이 그에게 적당한 방법으로 보이사 가르치셨음이며"(사 28:25-26). 지혜로운 농부는 파종할 씨를 자세히 살펴서 가장 상태가 좋은 씨만 골라서 기름지고 비옥한 땅에 파종한다. 이보다 덜한 종자는 좀 메마르고 모퉁이 땅에 파종을 할 것이다. 일종의 향신료로 이용되는 소회향과 대회향은 작은 씨로서 대맥과 소맥보다는 덜 중요한 것들이다. 농부는 어떠한 씨가 최대한의 이익을 가져다주며, 어떻게 해야 자신의 땅에서 최대의 수확을 거둘 수 있는지 생각하여 농사를 짓는다.

하나님도 농부와 같다. 하나님의 훈계는 결코 버릴 것이 없다. 가장 풍성한 수확을 가져오는 것을 아시는 하나님은 무한하신 지혜로 조심스럽게 파종할 씨를 선택하신다. 하늘의 농부이신 하나님에게 우리의 삶은 영원한 땅이다. 하나님은 농부로서 씨와 땅 모두에 관심을 가지고 계신다. 하나님께서 땅을 갈고, 파종하고, 수확하는 시기를 정하신다. 이 때는 아주 정확하다. 농부를 가르치시고 지도하신 하나님께서 최상의 지혜로 인간의 마음을 경작하신다. 하나님이 고르신 것은 지연되거나 거부되든지, 보류 혹은 취소되든지, 역경에 처하든지, 번영하든지, 기쁘거나 슬픔에 상관없이 한 치의 오차도 없이 이루신다. 하나님은 한 순간도 멈추지 않으시고 곡식을 돌보신다.

우리는 상대적 가치를 정하고 우선 순위를 결정하는 데 있어 농부보다 더 신중한가? 세상에서의 성공과 영적 승리가 다 여기에 달려 있다. 모든 것은 심은 대로 거두는 법, 우리의 삶의 토양에 무가치한 육적인 것을 심는다면 뿌린 대로 쓸모 없는 것만 거두게 될 것이다. 그렇지 않고 우선 순위에 따라 본질적이고 영적인 것을 심는다면 거룩함과 기쁨의 열매를 풍성히 거두게 될 것이다.

셋째 **하나님은 모든 과정을 살피신다.** "소회향은 도리깨로 떨지 아니하고 대회향에는 수레바퀴를 굴리지 아니하고 소회향은 작대기로 떨고 대회향은 막대기로 떨며 곡식은 부수는가, 아니라 늘 떨기만 하지 아니하고 그것에 수레바퀴를 굴리고 그것을 말굽으로 밟게 할지라도 부수지는 아니하나니 이도 만군의 여호와께로서 난 것이라 그의 모략은 기묘하며 지혜는 광대하니라"(사 28:27-29).

만일 농부가 지혜롭다면 더 많은 수확을 거두기 위해 씨의 성질에 따라 탈곡 방법도 다르게 해야 한다. 추수할 곡식 전부를 같은 방법으로 탈곡한다면 어떤 것은 너무 손상되어서 버려야 할 경우도 생길 것이다. 또 어떤 것은 껍질이 벗겨져 쉽게 썩게 될지도 모른다. 그러므로 농부는 풍성한 수확을 거두기 위해 탈곡의 시간을 정하고, 적절한 방법을 선택해야 한다. 소회향은 가볍게 두드리기만 해도 추수할 수 있지만 소맥은 힘차게 도리깨질을 해야 한다. 경험이 많은 농부는 탈곡을 하는 데 있어서도 절대 지나치게 하지 않는다. 소회향이든 대맥이든 씨가 껍질에서 분리되면 더 이상 도리깨질을 할 필요가 없다.

하나님도 자녀들의 인생의 과정을 조절하시고 적절한 방법을 사용해서 삶에서 열매를 거두신다. 결코 자신의 목적을 이루시기 위해 견딜 수 없는 시련을 자녀들에게 허락하지 않는다. 곡식을 으깨고 분쇄하는 데 목적이 있는 것이 아니라 그것들을 정제하고 보존하는 데 그

복적이 있다. 만일 하나님이 강한 도리깨질(시련)을 허락하신다면 그
것은 이 방법 외에는 다른 길이 없기 때문이다. 참된 영적인 삶은 환
난을 받아들이고, 이를 통해 풍성한 수확을 하나님께 돌릴 때 비로소
가능하다. "나는 고난 가운데서 기뻐하노라." 참으로 바울은 자기가
말한 것의 진정한 의미를 알고 자신의 모든 것을 버리면서까지 고난
의 길을 걸었던 하나님의 종이다.

2. 하나님 훈계의 목적

하나님이 우리를 다루시는 방법은 아주 다양하다. 하나님은 각 사
람의 성격과 기질에 따라 가장 적절하게 다루시며, 각자의 개성을 인
정하시고, 훈계하실 때 이것을 반영한다.

하나님이 우리를 다루시는 목적은 크게 세 가지가 있다.

첫째는 개인적으로 영혼을 정화시키기 위해서이다. 우리에게 중요
한 것은 우리가 누구인지 아는 것이다. 이것은 우리가 무엇을 하느냐
보다 더 중요하다. 우리의 인격이 그리스도를 닮아 가며, 그리스도인
들마다 아들의 형상에 합당한 그릇이 되는 것이 하나님의 목적이다.
예수님도 말로 다할 수 없는 고통을 겪으시므로 대제사장의 직무에
합당한 자리에 오르실 수 있었다. 다른 길은 없다. 연단을 피하고, 두
려워하며, 무시하는 한 결단코 거룩한 삶의 열매도 맺지 못할뿐더러
그리스도를 닮지 못할 것이다.

하나님은 택하신 백성들에게 은혜 가운데 한없는 사랑을 쏟으셨지
만 이 백성의 응답은 감사가 아닌 반역이었다. "여호와께서 그로 땅
의 높은 곳을 타고 다니게 하시며... 반석에서 꿀을, 굳은 반석에서 기
름을 빨게 하시며 소의 젖 기름과 양의 젖과... 지극히 아름다운 밀을
먹이시며... 그러한데 여수룬이 살찌매 발로 찼도다"(신 32:13-15).

인간만큼 변덕스러운 존재도 드물다. 호세아는 "에브라임은 뒤집지 않은 전병이로다"라고 당시의 변덕스러운 하나님 자녀들을 빗대어 말했다. 한 쪽은 잘 익었지만 다른 쪽은 설익은 우리 모습에 얼마나 적절한 비유인가? 하나님은 어느 한 쪽만 정결한 것을 원치 않으시며, 기형적으로 성숙한 그리스도인도 원치 않으신다. 우리들의 불균형을 온전케 하기 위해 하나님은 부족한 우리의 성품을 불로 연단하시는 것이다.

둘째는 **관계성을 고양시키기 위해서이다.** 흠정역에 보면 "으깨진 빵가루"라는 말이 있다. 이 말속에 깊은 진리가 숨어 있다. 으깨진 가루는 탈곡하는 과정에서 그렇게 된 것도 아니며, 가루가 되었다고 해서 밀로서 가치를 잃은 것도 아니다. 미국 표준역(A. S. V)은 이 말을 더 정확하게 번역하였다. "곡식은 부수는가, 아니라 늘 떨기만 아니하고"(사 28:28). 지혜로운 농부는 지나치게 도리깨질을 해서 곡식을 상하게 하지 않는다. 탈곡을 하지 않은 곡식은 인간이 사용할 수 없다. 바로 이것이 탈곡의 목적이다. 사용하기 편리하도록 껍질을 벗기는 것, 이것이 탈곡의 목적이다. 탈곡된 곡식만이 짓찧고 으깨어져 가루로 만들어 질 수 있기 때문이다.

> 알곡들이 떨고 부수어진다
> 내 영혼아 두려워 말아라
> 이 땅에서 뽑히고 묶일지라도
> 깨어지고 으깨어져 가루로 될지라도
> 마음을 깨뜨리시는 분은 하나님이시니
> 그가 우리를 온전케 하실 것이다
> 깨어지고 으깨어져 가루가 되지 아니하면 버리워지나니
> 버리워지면 아무 곳에도 쓸 데가 없느니라.

예수님이 불의를 위해 십자가에 달리신 것은 우리에게 생명의 떡

이 되어 우리를 당신의 자녀로 삼기 위함이다. "제자가 그 선생보다 또는 종이 그 상전보다 높지 못하나니 제자가 그 선생 같고 종이 그 상전 같으면 족하도다"(마 10:24-25). 으깨어져서 원래의 모습을 잃어버릴 때 비로소 영적 사명을 수행할 수 있다.

셋째 궁극적으로 **천국을 준비하기 위해서이다.** 으깨어져 원래의 모습을 잃어버리는 삶은 천국의 초보적 삶에 불과하다. 하나님께서 우리에게 가르쳐 주시는 가장 근본적인 영적 교훈은 십자가가 없는 곳에는 영광도 없다는 것이다. 멍에가 없는 곳에는 안식도 없다. 이 것을 우리 마음의 심지에 새겨질 수 있을 때까지 배우고 또 배워야 한다.

우리는 하나님이 인간의 성품을 취하시는 데 큰 관심을 가지고 계시고, 또 합당한 대가를 지불하셨으며, 이것이 영원히 지속될 유일한 일 이라는 것에 대해 의심하지 않는다. 덧없는 것이 영원한 것을 향하여 일하고, 세상의 시간이 영원을 향해 달린다. 이 세상에 있는 모든 것들이 이 세상을 존속케 하는 근원으로 보일지라도 우리가 이 땅에서 추구하고 소유한 모든 것들은 시들어 사라져 버리지만 오직 우리의 도덕적 품성만이 남는다. 부와 명예, 온갖 소유물과 쾌락도 사라져 버리고, 그렇게 갖기 원했던 모든 것들로부터 격리되어 시체로 싼 흰 보자기와 관 앞에 벌거숭이가 될 것이다.

- 알렉산더 화이트(Alexander Whyte)

1. 당신이 자라면서 잊혀지지 않는 순간이나 혹은 무엇인가 심었던 것이 있다면 묘사해 보라. 채소, 꽃, 나무, 정원, 곡식 등. 그 경험을 긍정적으로 만든 것은 무엇이며, 부정적으로 만든 것은 무엇인가?

2. 하나님께서 훈계하실 때 우리가 어떻게 보다 낳은 태도를 가질 수 있는가?

3. 영적으로 성숙하기 위해 왜 상처라는 대가를 지불하는 것이 필요한가?

하나님의 온전하신 능력을 신뢰하라

"내 능력이 약한 데서 온전하여짐이라."
(고후 12:9)

묵상 : 고린도전서 1:25-2:5, 고린도후서 12:9

우리들이 생각하는 약함, 무력함에 관한 견해와 하나님이 생각하는 것 사이에는 큰 차이가 있다. 우리는 어려운 일을 회피하는 적당한 구실로 이것들을 생각하는 반면, 하나님은 어려운 일과 부딪혀 이길 수 있도록 이러한 자질의 필요성을 말씀하신다. 우리들은 흔히 스스로 연약하고 무력하다고 말을 한다. 그러나 하나님은 우리들이 약하기 때문에 택하셨다. 하나님의 군대 맨 앞에 서는 사람들은 세상에서 지혜롭고, 힘이 세며, 고상한 사람들이 아니다. 하나님은 세상에서 어리석고, 약하고, 멸시받으며, 보잘것없는 사람들을 선택하여 군대 선두에 세우신다. 하나님이 이렇게 하신 이유가 무엇인가? 이는 하나님 앞에서 자랑할 만한 인간이 한 명도 없으며, 하나님의 능력이 우리의 약함 속에서 온전해지기 때문이다. "형제들아 너희를 부르심을 보라 육체를 따라 지혜 있는 자가 많지 아니하며 능한 자가 많지 아니하며 문벌 좋은 자가 많지 아니하도다 그러나 하나님께서 세상의 미련한 것들을 택하사 지혜 있는 자들을 부끄럽게 하려 하시고 세상의 약한 것들을 택하사 강한 것들을 부끄럽게 하려 하시며 하나님께서 세상의 천한 것들과 멸시받는 것들과 없는 것들을 택하사 있는 것들을 폐하려 하시나니"(고전 1:26-28).

1. 역설적인 하나님의 원리

하나님을 위해 최선을 다하는 삶을 영위하기 원하는가? 이러한 열정을 지니고 있다면 숙지해야 할 중요한 영적 원리가 있다. 하나님은 자신의 목적을 이루시기 위해 반드시 재능이 뛰어나거나 아주 비범한 사람만 사용하지 않으신다. 타고난 자연적인 능력 그 이상을 의지할 수 있는 사람을 하나님은 찾으신다. **성경의 전체 역사를 통해 하나님은 보잘것없는 사람을 선택하시고 사용하셔서 하나님의 능력이 온전히 드러나게 하셨다.** 우리가 스스로 무력하다고 고백할 때 하나님은 비로소 우리를 통해 모든 것을 가능케 하신다. 물론 재능이 뛰어난 사람을 사용하신 것은 이들이 자신의 재능과 방법보다 하나님의 능력을 우선 순위에 놓을 때이다.

물론 하나님이 열정과 소질을 무시하고 아무 능력도 없는 자들을 선택해서 자신의 일을 이루지는 않으신다. 그러나 하나님은 아주 신중하게 사람을 선택하신다. 그리고 어떠한 재능을 가지고 있든지 **영적인 목적을 이루기 위해 하나님을 먼저 의지하는 자를 찾으신다.** 지혜 있고, 강하며, 문벌 좋은 자라 할지라도 자기들의 재능과 자질보다 우선적으로 하나님을 의지하지 않는다면 하나님을 이들을 내버려

두신다. 얼마나 도전적이고 혁신적인 생각인가? 우리도 하나님을 우선 순위로 신뢰하지 않는다면 약하고 무력함에도 불구하고 하나님은 우리를 사용하지 않으실 것이다. 우리가 아무리 뛰어난 재질과 능력을 가지고 있다고 해도 이것들의 의존을 포기하지 않는 한 하나님은 우리를 선택하지 않으신다. 우리의 약함은 하나님의 능력을 나타내는 가장 훌륭한 배경막을 제공한다. 자신의 재능과 자질만 지나치게 믿고 과시하다가 잘못하면 하나님이 주시고자 하는 사명조차 잃어버릴 수가 있다.

리올(L. T. Lyall)의 말은 이 점을 잘 설명해 준다.

그들은 가지고 있는 재능을 마음껏 발휘할 수 있도록 보장된 사회에서 봉사하게 될 것이다. 무엇보다도 자기 가족과 친구들에게 자신이 가지고 있는 자질을 끌어내기 위해 장기간 훈련을 받는 것은 결코 낭비가 아니라는 것을 납득시킬 필요가 있다. 하나님은 이들이 가지고 있는 자질들을 현장에서 활용할 수 있도록 훈련을 허락하신다. 아브라함도 자신의 상황을 그대로 수용하였고, 바울도 그랬다. 바울의 시대나 우리의 시대 사이에 있었던 수많은 훌륭한 선교사들 중 그 누구도 자신들이 처한 상황을 버리지 않았다. 비록 자신들의 재능이 땅에 떨어져 썩었지만 대신 그들은 풍성한 열매를 맺을 수 있었다. 주님은 전적으로 순종하는 제자의 자세를 원하신다. 모든 그리스도인은 이 명령에 순종해야 한다. 제자인 우리들이 취할 바른 길은 주님께 전적으로 순종하는 제자도를 삶의 출발점으로 삼는 것이다. 이것이 전능하신 주님께 순종하는 것이며, 우리의 재능을 가장 적재적소에 사용될 것을 아시는 주님께 우리를 맡기는 것이다. 오늘날 곳곳에서 잠재된 인간의 능력까지 발휘하기를 요구한다. 그러나 이러한 태도는 이 시대가 그리스도의 주권에 완전히 복종하고 있지 않다는 것을 예증하고 있는 것이다. 만일 하나님이 우리에게 어떤 특별한 사명을 감당하도록 훈련을 받게 하시고, 그 재능을 잠시 동안 아니 영원히 사장시키기를 요구하신다면 그래도 하나님을 계속 신뢰하겠는가?

바울은 다음과 같이 고백을 하였다. "내 능력이 약한 데서 온전하여짐이라... 내가 약할 그때에 곧 강함이니라"(고후 12:9-10). 기록된 바 "연약한 가운데서 강하게 되기도 하며"(히 11:34).

스튜어트(J. S. Stewart)는 이것을 이렇게 설명했다.

하나님이 당신의 나라를 세우시기 위해 인간의 능력과 자신감이 아닌 약함과 겸손을 선택하신다는 것은 참으로 놀랍다. 하나님은 우리가 평범하고, 무력하고, 결점이 많기 때문에 사용하지 않는 것이 아니라 바로 이것들 때문에 우리를 사용한다. 교회와 영혼을 이길 수 있는 것은 아무것도 없다. 결코 이들이 강해서가 아니다. 세상에서 가장 약한 것이 교회와 영혼이다. 하나님은 이들의 약함을 무기로 사용하여 세상에서 가장 강한 것으로 이들을 만드셨다. 프란시스 재비어, 윌리엄 케리, 그리고 사도 바울까지 하나님의 훌륭한 도구로 만드신 것도 바로 이 방법이다. '주님, 여기 나의 인간적 약함이 있습니다. 당신의 영광을 위하여 이것을 바치옵니다.' 이보다 더 좋은 전략이 있는가? 이것이 바로 세계를 정복하는 승리의 비결이다.

2. 예증된 하나님의 원리

우리가 하나님을 섬기는 데 진정 문제가 되는 것은 우리의 약함이 아니라 하나님 앞에서 지나치게 강하다는 데 있다. 웃시야 왕을 보라. "저가 강성하여지매 그 마음이 교만하여 악을 행하여"(대하 26:15-16). 야곱은 얍복 강가에서 하나님과 씨름한 후 능력을 지닌 하나님의 왕자가 되었다. 이사야의 역설적인 말을 들어 보라. "저는 자도 그 재물을 취할 것이며"(사 33:23). 삶에서 부딪히는 장애물은 우리의 성숙을 돕는 도구들이다. 하나님은 견디기 힘들 정도의 고난을 우리에게 허락하시고, 이를 통하여 위대한 기회를 허락하신다.

무디(Dwight L. Moody)는 정규적인 교육은 받지 못한 목사로 잘 알려져 있다. 그가 남긴 글은 문법적으로 오류가 많으며, 그의 외모는 그다지 인상적이지 못했고, 음성 또한 고음과 비음이 섞인 소리를 냈다. 이러한 결점에도 불구하고 무디는 두 대륙을 뒤흔든 영적인 설교 자가 되었다. 영국의 한 신문사는 무디의 능력의 비밀을 찾기 위해 취재라는 명목으로 한 명의 기자를 보냈다. 어떻게 그 많은 귀족들, 공장의 직공들이 한 사람으로 하나님께로 돌아올 수 있었는가? 그 기 자는 무디를 따라 다니며 취재한 결과 다음과 같은 기사를 송고하였다. "나는 무디에게서 이 놀라운 일을 설명할 아무런 것도 발견할 수 없었다." 무디는 이 기사를 읽고서 껄껄 웃으면서 "바로 그것이 이 운동의 비밀입니다. 하나님의 능력 외에는 그것을 설명할 방법이 없 습니다. 이 운동은 하나님의 일이지 나의 일이 아닙니다."

하나님은 이 세상에서 무디와 케리 같은 사람만 선택하시는가? 결 코 그렇지 않다. 사도 바울이 어떻게 선택되었는가? 그는 로마 시민 이요, 가말리엘 문하생이요, 히브리인 중의 히브리인이었으며, 지적 능력, 열정적인 성격, 논리적 사고, 불같은 정열 등 모든 것을 소유한 엘리트 중의 엘리트였다. 이런 그도 주님을 만나고 나서 이들 중 어 느 것도 의지하지 않았다. "형제들아 내가 너희에게 나아가 하나님의 증거를 전할 때에 말과 지혜의 아름다운 것으로 아니 하였나니 내가 너희 중에서 예수 그리스도와 그의 십자가에 못 박히신 것 외에는 아 무 것도 알지 아니하기로 작정하였음이라 내가 너희 가운데 거할 때 에 약하며 두려워하며 심히 떨었노라 내 말과 내 전도함이 지혜의 권 하는 말로 하지 아니하고 다만 성령의 나타남과 능력으로 하여"(고전 2:1-4). 그는 모든 것을 가졌음에도 불구하고 결코 자신의 능력이나 힘에 의존하지 않고 하나님만 전적으로 의존하였다.

우리는 모세를 통하여서도 이 원리를 확인할 수 있다. 애굽에서 교 육받은 왕자로서 그는 대단한 자부심을 가지고 있었다. 그는 압제 당 하고 있는 형제를 보자 성급하게 뛰어들어 그를 구하려고 시도하였다. 하나님을 의존하지 않고 자신의 힘으로 이것을 이루려고 한 결과 그는 바로의 분노를 피해 애굽에서 도망쳐 사막에서 40년 동안 연단을 받아야만 했다. 이러한 연단의 과정을 통해 모세는 자신보다 하나님을 의지하는 법을 깨닫게 되고, 하나님의 구원을 이룰 준비가 되자 하나님의 부르심이 그에게 임했다. 하나님의 부르심에 모세가 어떻게 응답하였는가? 자신 있는 모습을 보이는 대신 모세는 뒷걸음치며 하나님의 명령을 이행할 수 없는 일곱 가지 이유를 제시하였다. 이러한 모세의 반응 이면에는 자신의 연약함과 무력함이 짙게 배여 있었다.

모세가 제시한 일곱 가지 이유는 다음과 같다. 능력이 부족함(출 3:11), 메시지의 부족(3:13), 권위가 없음(4:1), 말재주가 없음(4:10), 그 일에 적합하지 않음(4:13), 과거의 실패(5:23), 자신의 말이 거부됨(6:12). 생각하기조차 어려운 것을 변명의 이유로 내세워 하나님의 뜻을 거역하려 한 모세의 태도는 결코 겸손이 아니다. 그래서 하나님은 기뻐하는 대신 모세의 표면상 겸손과 꺼려하는 것에 대해 노를 발하셨다. "여호와께서 모세를 향하여 노를 발하시고"(4:14). 모세가 내세운 일곱 가지 이유 때문에 하나님께서 히브리 민족을 해방시킬 지도자로 모세를 택하셨다. 이제 모세는 철저하게 자기를 믿고, 의지하던 태도를 버리고 하나님만 의지할 수 있게 되었다.

모세는 자신의 무력함에 대한 그럴듯한 이유를 변명 거리로 내세웠지만 하나님은 이것들에 대하여 만족할 만한 답과 적절한 대응책을 가지고 계셨다. **하나님이 우리를 부르실 때는 맡기실 일에 합당하도록 모든 준비를 갖추고 계심을 잊어서는 안 된다.** 모세의 약함이 하나님의 무한하신 자원으로 되돌려질 때 하나님의 무기가 된 것처럼 우리도 신앙에서 나오는 답을 해야 한다. "이 일을 감당할 자가 누구입니까?"라는 의문은 단지 불신앙적 삶에서 나오는 절망감의 소산에 불과하다. 기쁨에 넘친 응답은 "이 일을 능히 할 수 있음은 오직 하나님 안에서" 이다.

기드온의 승전 기사는 다른 각도에서 이 원리를 조명해 준다. 기드
온은 용사 삼백 명을 가지고 미디안의 대군을 물리친 이스라엘 최고
의 사사 중 한 명이다. 하나님이 기드온을 부르셨을 때 기드온의 응
답은 자신이 무력하다는 것을 자각한 자의 완벽한 본보기를 제시해
준다. "주여 내가 무엇으로 이스라엘을 구원하리이까 보소서 나의 집
은 므낫세 중에 극히 약하고 나는 내 아비 집에서 제일 작은 자이니
이다"(삿 6:15). 하나님은 기드온의 자각에 찬 응답에 승리를 약속하
시고, 이에 대한 확증의 표시로 이적을 보여 주셨다. 기드온의 군사
는 삼만 이천 명이었고, 미디안 군사는 십 삼만 오천 명이었다. 숫자
상으로 도저히 상대가 안되어 보였지만 하나님에게는 삼만 이천 명
조차 필요하지 않았다(삿 7:2). 하나님은 이들의 용기를 시험하여 이
만 이천 명을 떨어뜨리시고, 남게 된 만 명조차 하나님에게는 많은
수였다(삿 7:4). 하나님은 물 마시는 방법을 통해 준비된 자 삼백 명
을 선택하셨다. 기드온의 군사와 미디안 군사의 수를 비율로 따지면
450:1 이었다. 하나님은 아주 강력한 무기로 이들을 무장시킨 것이 아
니라 깨지기 쉬운 항아리와 횃불과 나팔을 무기로 주셨다. 얼마나 전
투의 상식을 벗어난 불합리한 전략인가? 그러나 하나님께서 선택한
삼백 명의 용사들은 하나님께 순종하므로 미디안 대군을 물리치고
대승을 거두었다. "온 적군이 달음질하고 부르짖으며 도망하였는데"
(삿 7:21). 도저히 승산이 없었던 싸움은 적은 숫자와 불합리한 무기
를 가지고도 전능하신 하나님으로 말미암아 넘치게 보상되었다. 기
드온 군대의 약함이 하나님의 승리의 무기가 되었다. 이것이 나약했
던 기드온의 인적 자원을 빼앗은 이유라고 생각하는가? "이스라엘이
나를 거스려 자긍하기를 내 손이 나를 구원하였다 할까 함이니라"(삿
7:2). 바울에게도 이런 이유가 있었다. "이는 아무 육체라도 하나님
앞에서 자랑하지 못하게 하려 하심이라"(고전 1:29).

이것이 하나님의 전략이다. 그리스도인의 삶에서 일어나는 모든 믿음의 승리와 교회의 전진과 복음의 전파는 결코 인간의 재능과 덕, 담대한 행위나 능력에 있지 않다. 세상의 논리와 인간의 이성으로는 설명이 불가능하고, 불합리하게 보이기까지 한 이 모든 것은 초자연적인 하나님의 관점에서 설명할 때만 가능하다. 이것이 바로 기독교의 위대함이요, 능력임을 세상은 알아야 한다.

3. 입증된 원리

부스 터커(F. de. L. Booth Tucker)는 인도에서 출세가 보장된 직장에서 일하는 젊은이였다. 빠르게 승진할 수 있는 기회가 그 앞에 놓여 있었지만 그리스도를 만나 주님의 요구에 굴복하고 말았다. 그는 자아 중심적 삶에 회의를 느끼고 자기 나라의 빈곤한 사람들을 위해 일생을 보내기로 결심하였다. 이들에게 도덕적, 영적 빛을 밝혀 주는 것이 그의 소망이었다. 그는 선교 단체인 구세군이 영국 빈민층에 많은 도움을 주고 있다는 말을 듣고 이 새로운 운동에 자신의 운명을 바치기로 작정하고 직장에 사표를 내고 영국으로 가서 훈련을 받았다. 선교사가 되어 인도로 돌아온 그는 혼신의 힘을 다하여 가난한 사람들을 위해 열정을 쏟아 부었다. 최선을 다했으나 이들과 자신 사이의 벌어진 틈을 도저히 메울 수가 없었다. 자신 앞에 놓여 있던 부귀 영화까지 포기하고 이루려고 한 일이 계속해서 실패하자 터커는 간절히 기도를 한 후 결단을 내렸다. 인도의 성자처럼 인도 고유의 복장을 하고 구걸하는 통을 들고 가난한 사람들이 나누어주는 것에 의존하면서 살기로 했다.

터커는 동료와 함께 타오르는 듯한 한여름의 거리를 맨발로 여행하면서 결심한 새로운 일에 도전하였다. 그 당시 인도 원주민들은 신

발을 신는다는 것은 생각조차 할 수 없어서 거의 맨발로 다니기 때문에 발에 물집이 생기고, 이로 인해 걸을 때마다 고통에 시달려야만 했다. 한낮의 뜨거운 태양을 견디며 마을에 도착한 터커 일행은 내심 마실 물과 먹을 것 정도는 얻을 수 있을 것이라고 기대했지만 마을에 들어가는 것조차 거부당했다. 이들은 몹시 절망하여 나무 아래에 앉아 잠들게 되었다. 이들이 잠을 자고 있는 동안에 몇 명의 사람들이 주위에 모여들었고, 그 중 한 사람이 이들의 발에 생긴 물집을 보고 놀라며 말을 했다. "우리들에게 좋은 소식을 전하려고 이렇게 고통을 당하는 것을 보니 이들이야말로 우리의 진정한 친구임에 틀림없다. 우리의 친구를 원수처럼 대하였도다." 터커와 동료가 잠에서 깨자 이들을 마을로 데리고 가서 발을 싸매 주고, 음식과 마실 것을 주며 환영을 해주었다. 아주 자연스럽게 복음을 전할 기회가 생겼고, 복음을 전한 결과 이만 오천 명의 주민이 전부 하나님을 믿는 역사가 일어났다. 주민들이 마음을 열고 복음을 영접한 것은 터커와 동료의 뛰어난 능력 때문이 아니라 자신들처럼 약한 모습을 이들에게서 발견했기 때문이었다. 터커와 동료의 약함이 하나님의 무기가 되었고, 하나님의 강함이 터커의 약함 속에서 온전해졌던 것이다. 우리의 사역 가운데도 우리의 약함을 통해 하나님의 강함이 드러나기를 갈망하라.

■ 토론 문제 ■

1. 성도들이 하나님의 생각과는 다르게 자신의 약함과 강함을 보는 이유는 무엇인가?

2. 때때로, 하나님이 무엇 때문에 당신의 약함을 사용하시는가?

하나님이 미워하시는 것을 행치 말라

"여호와의 미워하시는 것 곧 그 마음에 싫어하시는 것이 육칠 가지니
곧 교만한 눈과 거짓된 혀와 무죄한 자의 피를 흘리는 손과
악한 계교를 꾀하는 마음과 빨리 악으로 달려가는 발과
거짓을 말하는 망령된 증인과 및 형제 사이를 이간하는 자니라."

(잠 6:16-17)

묵상 : 이사야 14:12-15, **에스겔** 28:11-19

성경은 죄가 어떻게 세상에 들어왔는지 말하지 않는다. 하지만 우리는 죄가 어떻게 이 세상에 들어왔으며, 세상에서 죄의 실체를 깨닫기 이전부터 존재하였다고 들었다. 성경은 우리가 알고 싶어하는 것 모두를 말하고 있지 않은 반면에, 인생이 위기에 직면했을 때 죄와 환경을 능히 극복하여 승리의 삶을 영위하는 데 우리에게 꼭 필요한 것들은 모두 말하고 있다. 이것이 성경 계시의 독특한 면이다. 이를 위해서 우리에게 필요한 것은 죄의 우주적 기원이 아니라 아담과 하

와로 인하여 죄가 세상에 들어온 이래 세상을 어둠으로 물들여 가는 죄의 본질과 그 근본적 성격에 대해 아는 것이다.

창세기는 하늘의 높은 지위에 있다가 이 세상으로 떨어진 사단에 의해 처음으로 죄의 유혹이 시작되었다고 말한다. 그러나 주로 두로 왕과 바벨론 왕을 언급하고 있는 구약성경 에스겔 28장(11절-19절)과 이사야 14장(12절-15절)은 죄의 본질에 대해 계시의 빛을 던져 주고 있다.

> "너는 완전한 인이었고 지혜가 충족하며 온전히 아름다웠도다 네가 옛적에 하나님의 동산 에덴에 있어서 각종 보석 곧... 황금으로 단장하였었음이여... 너는 기름부음을 받은 덮는 그룹임이여... 네 모든 길에 완전하더니 마침내 불의가 드러났도다. ... 네가 범죄하였도다... 그러므로 내가 너를 더럽게 여겨 하나님의 산에서 쫓아내었고... 네가 아름다우므로 마음이 교만하였으며... 너로 땅 위에 재가 되게 하였도다" (겔 28:11-18).

예수님은 에스겔의 이 말씀을 상기시키시면서 "사단이 하늘로서 번개같이 떨어지는 것을 내가 보았노라"(눅 10:18)고 말씀하셨다. 이사야는 "너 아침의 아들 계명성이여 어찌 그리 하늘에서 떨어졌으며... 네가 네 마음에 이르기를 내가 하늘에 올라 하나님의 뭇별 위에 나의 보좌를 높이리라 내가 북극 집회의 산 위에 좌정하리라 내가 가장 높은 구름에 올라 지극히 높은 자와 비기리라 하도다 그러나 이제 네가 음부 곧 구덩이의 맨 밑에 빠치우리로다"(사 14:12-15)라고 말한다.

이 두 구절에서 주로 언급되는 역사적 인물만 가지고는 우리가 죄의 본질과 성격에 대한 전부를 알 수 없다. 틀림없이 더 깊은 의미가 내포되어 있다. 이렇게 진리를 계시하는 방법은 성경 전체에서 즐겨 사용하고 있는 방법이다. 메시아를 언급하고 있는 것으로 잘 알려진 시편 2편, 22편, 110편을 보면, 겉으로는 시편 기자 자신을 말하고 있는 것처럼 보이지만 전체 문맥 안에서는 메시아를 언급하고 있다. 이런 방법은 성경 어디서나 확인할 수 있다. 그러므로 에스겔 28장과 이사야 14장에서 언급하고 있는 두 왕은 바로 사단을 가리키고 있다. 사단은 하나님 보좌를 지키는 높은 지위에 있는 천사였으며, 하나님 가까이에서 높은 영광의 지위를 차지하고 있던 새벽 별이었다.

이렇게 높은 자리에 있던 사단이 떨어진 이유는 무엇인가? 그는 하나님께 대항하여 자신의 보좌를 세우려고 한 교만이라는 근본적인 죄를 범했다. 그는 하나님의 보좌를 호위하는 대신 전능자 하나님을 쫓아내려 하였다. 그는 자신의 뜻대로 자기를 높이려고 하였다. 사단의 죄의 본질은 하나님으로부터 독립하여 자기를 드러내려 한 것이다. 교만은 얽매이지 않고 독립하기를 바라는 이기적인 자아 충족이다. "내가 나의 보좌를 높이리라... 지극히 높은 자와 비기리라." 하나님의 자리에 자신의 보좌를 세우려는 교만은 근본적인 죄이다.

이 세상으로 떨어진 사단은 인간에게서 세상의 주권을 억지로 빼앗아 이 세상 신으로 군림하고 있다. 사단은 에덴 동산에서 이 세상을 탈취하기 위한 음모를 처음 시작했고, 그 결과 인류는 비극의 씨를 잉태하게 되었다. "너희가 그것을 먹는 날에는 너희 눈이 밝아 하나님과 같이 되리라"(창 3:5)라고 사단은 약속하였다. 사단의 이 약속을 이사야 14장과 비교해 보라. 사단이 떨어진 이유는 바로 교만 때문이다. 동일하게 아담과 하와의 넘어짐도 교만 때문이다. 아담과 하와의 넘어짐은 곧 우리의 파멸을 뜻한다. 아담 이후 모든 사람은 다 하나님께 범죄하였다. 당신과 나도 모든 죄의 뿌리가 되는 교만으로 인해 넘어질 수 있다. 우리가 인생의 주인이 되려는 욕망, 하나님에게서 독립하려는 욕망이 바로 교만이다. 성경에 기록된 모든 죄 중에서 교만이 가장 앞자리를 차지하고 있다는 사실은 그리 놀랄 일이 아니다.

1. 교만한 자를 미워하시는 하나님

하나님은 교만한 자를 제일 미워하고 싫어하신다. 육적인 죄는 혐오감을 느끼게 하고 자신이 속한 사회에 중대한 결과를 초래하지만, 교만은 하나님에게 대항하는 가장 무서운 죄이다. 하나님은 **교만한 자에 대해서는 그 어떤 죄보다도 분명하게 하나님이 싫어하는 죄**라고 성경을 통해 말씀하신다.

* 마음이 교만한 자를 내가 용납지 아니하리로다(시 101:5).
* 멀리서도 교만한 자를 아시나이다(시 138:6).
* 여호와의 미워하시는 것 그 마음에 싫어하시는 것이 육칠 가지니... 교만한 눈(잠 6:16-17).
* 나는 교만과... 미워하느니라(잠 8:13).
* 무릇 마음이 교만한 자를 여호와께서 미워하시나니(잠 16:5).
* 교만은 패망의 선봉이요 거만한 마음은 넘어짐의 앞잡이니라 (잠 16:18).
* 마음이 교만한 것... 죄니라(잠 21:4).
* 교만한 자는 낮아지고(사 2:17).
* 하나님이 교만한 자를 물리치시고(약 4:6).

하나님은 마음이 교만하며 거만한 자, 자만하고 오만한 자를 미워하신다. 교만은 하나님이 싫어하시는 것이다. 하나님이 미워하시는 것을 우리가 묵과할 수 있는가? 하나님께서 증오하시는 것을 우리가 즐길 수 있는가? 하나님은 교만한 자를 멀리하시며, 미워하신다. 교만한 자는 하나님 앞에 설 수 없다. 하나님은 오직 깨어지고 회개하는 영혼을 사랑하신다.

2. 교만의 본질

야고보서 4장 6절에 있는 "교만"이라는 말은 문자적으로 "자신을 다른 사람보다 위에 있다고 생각하는 사람"을 뜻한다. 데오빌렉트는 교만을 "모든 악의 요새요 우두머리"라고 정의한다. 교만은 하나님과 사람 모두에 대한 범죄이다.

교만은 자아를 신성화한다. 이는 자신을 실제 이상으로 높게 평가하는 것이요, 오직 하나님께 속한 영광을 부당하게 자신에게 돌리는 것이다. 랍비 시므온 벤 조케이(Simeon Ben Jochai)는 자신의 교만을 아주 겸손한 척 이렇게 표현했다. "만일 이 세상에서 의로운 사람 둘이 있다면 그 둘은 나와 내 아들일 것이며, 단 한 명이 있다면 바로 내가 그 사람이다." 느브갓네살 왕은 교만하여 왕의 자리에서 쫓겨나 들짐승과 함께 거하는 하나님의 심판을 받았다. 독일 카이저(Kaiser) 황제의 시종은 자신의 주인에 대해 다음과 같이 말했다. "나의 주인은 허영심이 강했다. 그는 모든 일에 주인공이 되기를 원했다. 유아세례를 베푸는 곳에서는 아기가 되기를 원했고, 결혼식에서는 신랑이 되기를 원했으며, 장례식에서는 시체가 되기를 원했다."

교만은 하나님에게서 독립하려는 특성을 가지고 있다. 아담이 범죄한 중심에는 교만이 있었다. 그는 하나님을 의존해야 하는 본분을 저버리고 하나님처럼 되려고 하였으나 그 결과는 전 인류의 파멸이었다. 교만은 하나님과 사람이 은혜를 입는 것을 원치 않는다. 또한 교만은 "내가 아무 것도 스스로 할 수 없느니라"(요 5:30)라는 예수님의 말씀과 정반대를 이루는 철저한 자기 만족이다. 예수님은 하늘에 계신 아버지를 의지하므로 영화롭게 되었다. 그러나 교만은 자기 힘으로 영광을 받으려고 한다.

교만은 다른 사람을 경멸하는 속성을 가지고 있다. "하나님이여 나는 다른 사람과 같지 아니하고... 세리와도 같지 아니함을 감사하나이다"(눅 18:11). 교만한 자는 다른 사람들이 자기 아래 있다고 생각하며, 자신의 능력을 과시하기 위해 이들을 이용한다. 교만한 자는 자기보다 못한 자들을 군중과 속인이라고 부르며, 자신의 자만을 낮추는 대신에 이들을 경멸한다.

교만의 성질 중 하나는 경쟁심이다. 루이스(C. S. Lewis)는 교만에 대해 이렇게 말했다. "어느 누구도 자신이 부자이며, 영리하고, 아름답게 생겼기 때문에 교만하지 않는다. 다만 자신이 누구보다 더 부자이며, 더 영리하고, 더 잘생겼기 때문에 교만해진다. 교만한 자는 비교 할 때도 자신에게 유리하도록 비교한다."

3. 교만의 형태들

교만은 어떤 성격과도 잘 어울리며, 어떤 상황 속에서도 잘 순응한다. 교만은 아주 유동적이어서 자유자재로 겸손과 오만의 탈을 바꾸어 쓴다. 교만은 모든 성격에 어울리는 형태를 가지고 있다. 정말 우리가 현명하다면 우리의 교만은 어떤 특별한 형태를 가지고 있는지 자신에게 물어 보아야 한다. 신체적 우수함, 인종, 지위, 품위인가? 아니면 지식, 업적, 성공, 기술인가?

첫째로 지적인 교만이 있다. "지식은 우쭐대게 만든다." 이러한 교만은 자신들의 정신적 우월감을 자랑했던 고린도 교회의 모습에서 찾아 볼 수 있다. 바울이 고린도 교회에 보낸 편지에 "자만하다"가 8절 중에서 7번이나 사용되었다. 이러한 형태의 교만은 다소 지적 능력이 떨어지는 사람, 고등 교육을 배울 기회를 얻지 못한 사람들을 경멸하고 우월하다는 데서 나타난다. 이러한 교만은 새롭게 펼쳐진 지식의 세계에 아직 들어가지 못한 사람들, 진정한 앎이란 겸손을 가져다주며 자만하지 않는다는 것을 깨닫지 못한 자들에게서 쉽게 볼 수 있다. 당대의 유명한 문학가 찰스 디킨스(Charles Dickens)는 그의 명성만큼이나 겸손한 사람으로 유명하다. 그러나 누구든지 그를 만나기만 하면 그가 유명한 문학가라는 것을 금방 알 수 있었다.

둘째는 인종적 교만이 있다. 피부색이 다르고 문화가 다른 이들을 경멸하는 사람들이 있다. 역사상 많은 사람들이 이러한 교만의 씨를 뿌리고 거두어들였다. 이러한 태도를 주장하는 사람들은 하나님이 왜 인류를 다르게 하셨으며, 문화가 서로 다른지 깨닫지 못하는 자들이다. 인종이 다르고 문화가 다르다는 사실이 열등감의 원인이 될 수 없다. 이들과 교제를 해보면 우리가 얼마나 부족하며, 얼마나 배울 것이 많다는 것을 알게 된다.

셋째는 사회적 교만이 있다. 이러한 교만은 자신이 특별한 환경에서 태어난 것을 자랑하는 자들에게서 잘 나타난다. 그래서 자신과 같은 부류에 속하지 않은 평범한 사람들을 경멸한다. 그러나 인격의 고귀함은 어떤 계급이나 특정 부류의 전유물이 아니다.

넷째는 영적인 교만이다. 이는 **모든 교만 중에서 하나님이 제일 싫어하시는 것**으로 하나님이 주신 은혜에 대한 교만이다. 사람들 중에는 하나님이 주신 영적 은사들을 마치 자기 것인 양 허세 부리며, 자랑하는 자들이 있다. 우리는 하나님의 은혜를 받을 자격이 없다. 은혜는 전적으로 하나님이 주신 선물이며, 호의이다. 영적 교만에 빠진 자들은 이 진리를 잊어버린 자들이다. 우리는 겸손에 대해 열정적이며, 훌륭한 설교를 듣고도 얼마든지 교만에 빠질 수 있다. 정말 훌륭한 렌즈는 그것이 유리로 만들어졌다는 것조차 망각하게 만든다. 맥네일(McNeile) 박사가 한번은 겸손에 대해 설교를 하였다. 설교가 끝나자 한 여인이 말하기를 "박사님 정말 맞는 말이에요. 겸손이 바로 제 장점이거든요."

교만은 자아에 대해 지나치게 주장했을 때 저절로 나타난다. 교만한 자는 자아를 일종의 성지로 숭배한다. 교만한 자는 마치 물에 비친 자신의 아름다움에 반해 그 모습을 물의 요정으로 여겨 사랑하였지만 이룰 수 없자 자살한 나르시스와 같다. 그는 자기 자신을 사랑하는 어리석은 존재의 완벽한 본보기이다.

교만한 자는 자신에 대해 만족하기 때문에 자신에 대한 아첨과 칭찬을 갈망하며 넋을 잃고 받아들인다. 그는 아첨과 칭찬이 있을 때는 살아갈 이유를 발견한 듯 즐거워하지만, 이것들이 사라지면 좌절하고 슬퍼한다. 그는 자신에 관해 말하는 것을 좋아하기 때문에 모든 대화의 중심에 자신이 있어야 되며, 이렇게 될 때까지 화제를 이리저리 돌린다. 월트정의 궁전에는 큰 유리 홀이 있는데 이것은 천 개의 거울로 된 홀로 잘 알려져 있다. 당신이 들어가면 천 개의 손이 당신을 환영할 것이며, 당신이 웃으면 천 개의 미소가 당신의 웃음에 응하며, 당신이 울면 천 개의 눈이 당신과 함께 눈물을 흘릴 것이다. 하지만 이 모든 것들은 당신의 손이며, 미소이며, 눈물이다. 교만한 자는 이처럼 자기 자신에게 몰두하며, 자아에 둘러 쌓였으며, 자아에 의해 포박 당한 자이다. 예수님은 이 모든 것과 뚜렷한 대조를 보이신다. 자기 백성들에게 오셔서 구세주임을 알리는 일에 한 번도 "나"라는 명사를 사용하지 않고 그 일을 이루셨다. 이사야 61장 1, 2절을 보라. "주 여호와의 신이 내게 임하셨으니 이는 여호와께서 내게 기름을 부으사..." 주님은 능히 그 말을 사용하실 수 있는 특권을 가지셨음에도 불구하고 그 말을 사용하지 않으시고 겸손함으로 하나님의 명령을 이루셨다.

교만과 접촉하는 것은 무엇이든지 그것의 영향을 받는다. 나쁜 세균들이 몸에 유익한 음식을 유독성의 물질로 부패시키듯이 교만은 덕을 악으로, 축복을 저주로 변화시키며, 아름다움을 허영으로, 열정을 포악함과 잔인함으로 바꾸어 놓는다. 인간의 지혜가 교만과 합쳐지면 불신을 가져온다. 교만은 비판을 위한 비판을 낳는다. 비판은 우월하다고 자랑하는 데서 시작된다. 교만은 사람들에게서, 늘상 비판 거리를 만들어 내는 데 열심이다. 교만은 자신에게는 관대한 반면, 이웃은 하찮게 여기는 습성이 있다.

성경에는 교만의 전철을 따르다가 어리석은 비극의 구덩이에 빠진 사람들이 많이 있다. 다윗 왕이 이스라엘을 계수하려고 했던 것은 그의 나라와 자신의 통치 능력을 나타내려는 교만심의 발로였으며, 이것은 하나님의 심판을 초래하는 죄가 되었다(대상 21:1). 교만에 사로잡혔던 히스기야 왕도 적의 사자에게 "자기 보물고의 금은과 향품과... 내탕고의 모든 것을"(왕하 20:13) 보여 주었다. 그 결과 히스기야는 모든 것을 잃었다. 느브갓네살 왕은 자신이 이루어 놓은 업적에 만족해 하다가 교만해졌다. "이 큰 바벨론은 내가 능력과 권세로 건설하여 나의 도성을 삼고 이것으로 내 위엄의 영광을 나타낸 것 아니냐." 그러나 그의 오만한 마음도 하늘에서 내린 큰 이상으로 인해 사라지고 말았다. "이 말이 오히려 나 왕의 입에 있을 때에 하늘에서 소리가 내려 가로되 느브갓네살 왕아 네게 말하노니 나라의 위가 네게서 떠났느니라 그리고 네가 사람에게서 쫓겨나서 들짐승과 함께 거하며 소처럼 풀을 먹을 것이요." 그의 정신이 온전해 졌을 때, 자신을 높이던 것을 버리고 하나님을 예배하였다. "지금 나 느브갓네살이 하늘의 왕을 찬양하며 칭송하며 존경하노니"(단 4:37). 이처럼 교만은 사람을 도덕적, 영적으로 어리석게 만든다.

웃시야는 싸움에 능한 군사를 가지고 있어 이것 때문에 마음이 교만해졌다. "저가 강성하여지매 그 마음이 교만하여 악을 행하여 그 하나님 여호와께 범죄하되 곧 여호와의 전에 들어가서 향단에 분향하려 한지라... 그 이마에 문둥병이 발한지라"(대하 26:16, 19). 그는 교만해서 하나님의 성역까지 침범하였다. 그가 죽었을 때 "그는 문둥이"라고 사람들이 말했다. 헤롯은 두로 사람들이 그의 연설을 칭송하자 한껏 교만해졌다. "이것은 신의 소리요 사람의 소리는 아니라 하거늘 헤롯이 영광을 하나님께로 돌리지 아니하는 고로 주의 사자가 곧 치니 충이 먹어 죽으니라"(행 12:22, 23). 베드로도 교만해서 자신이 동료들에 비해 도덕적으로 담대하다고 자랑을 하였다. "모든 사람이 당신을 버릴지라도 결코 나는 버리지 않겠나이다." 그러나 오래지 않아서 "맹세를 부인하고 그를 저주했을 때" 베드로의 자만에 찬 이 말은 산산조각 나 버렸다.

4. 교만의 증거

다른 사람들은 교만이 내는 소리를 듣지만, 교만한 자는 자신이 교만의 사슬에 매여 있다는 것을 전혀 알지 못한다. 이것이 바로 교만의 간교함이다. 한번은 어떤 사람이 친구에게 "나의 결점이 무엇이든지 간에 내가 교만하지 않다는 것을 하나님께 감사한다"라고 말했다. 이 말을 들은 그 친구가 "맞아요. 나도 잘 압니다. 당신은 자랑할 것이 그리 많지 않기 때문에 그럴 수 있어요." 친구의 말에 그 사람이 화를 내며 "내가 정말 가진 것이 없다고요. 당신이 자랑하는 것만큼은 가지고 있어요." 만일 우리가 자신에 대해 진실해진다면 우리 삶 속에서 교만이 지배하는 범위를 발견한다는 것은 그렇게 어려운 일이 아니다. 다음의 검사 방법을 통해 우리는 가증스런 교만의 실체를 발견할 수 있다.

첫째, 우선 순위 시험이다. 우리가 간절히 원한 직책에 다른 사람이 선택되었다면 어떻게 반응하는가? 다른 사람은 승진하는데 우리는 제자리걸음을 하고 있다면 어떠한 기분이 드는가? 다른 사람은 존경받는데 우리는 무시당한다면, 다른 사람이 우리보다 더 뛰어나다면 어떠하겠는가? 이러한 것들이 질투심을 유발시키고, 악의를 자극하는가? 아니면 그들의 승진과 뛰어난 능력을 진심으로 기뻐하는가? 디오트레퍼스처럼 선두에 서기를 좋아하는가? 관현악단에서 제일 연

주하기 어려운 악기가 제 2바이올린임을 아는가? 세례요한 주위에
있던 많은 무리들이 그를 떠나 예수님을 따를 때 세례요한에게도 이
러한 시험이 닥쳤다. "그는 흥하여야 하겠고 나는 쇠하여야 하리라
이는 나의 기쁨을 충만케 하려 함이라"라고 말함으로 그 시험을 물
리치고 승리하였다.

둘째, 성실성의 시험이다. 우리는 자신의 부족한 점을 다른 사람에
게 말을 하지만 정작 다른 사람이 우리의 단점을 말하는 것을 들으면
어떠한 기분이 드는가? 우리는 자신에 대해 말을 할 때는 있는 그대
로 솔직하게 말하지 않는다. 다른 사람들이 자신에 대한 단점을 말할
때 비로소 자신이 솔직하지 못했다는 것을 깨닫는다. 일하는 가운데
서도 많은 사람들이 더 어려운 일을 맡게 될 것을 염려해서 자신의
직무를 소홀히 한다.

셋째, 비판의 시험이다. 당신은 다른 사람들이 비판하는 것을 들었
을 때 어떠한 반응을 보이는가? 즉각적으로 자신을 정당화시킬 구실
을 찾는가? 마음속으로 비판한 사람이 밉고 원수 같아 보이는가? 즉
각적으로 비판하는 사람을 다시 비판하는가? 만일 당신이 이러한 응
답을 보인다면, 아직도 교만에 사로잡혀 있다는 것을 반증하는 것이
다. 우리들은 우리편에 있지 않은 사람이 자신에 대해 말하는 것을
아주 싫어한다. 그러나 겸손한 자는 그것이 누구로부터 오는 것에 상
관없이 마음에 받아들인다. 연기가 피어오르면 불이 있다는 것을 알
수 있듯이 받아들이면 그것이 자기에게 유익하다는 것을 안다. 또한
아무리 신랄한 비판 속에서도 유익을 얻을 수 있는 진리의 요소가 항
상 있기 때문이다.

넷째, 열등감의 시험이다. 열등감에 사로잡혀 있는 사람도 교만에
서 결코 자유롭지 못하다. 이는 열등감은 교만의 또 다른 얼굴이며,
다른 사람들이 자신의 가치를 액면 그대로 받아들이지 않는 데서 생
기는 상처받은 자존심이다. **열등감은 종류가 다르긴 하지만 분명한**

교만이다. 다른 사람들이 우리를 무시하면 상처를 받는다. 이 상처가 바로 교만이다.

5. 교만의 치료

교만은 그 원인부터 아주 세밀하게 다루어야 한다. 윌리엄 로우는 교만을 다음과 같이 설명했다.

> 교만이 당신 안에서 죽어야 한다. 그렇지 않으면 당신 안에서 천국의 것이 아무것도 살 수 없다. 교만을 단지 적절치 못한 기질로 보지 말고, 겸손을 덕으로만 생각하지 말라. 교만이 속한 곳은 지옥이요, 겸손이 속한 곳은 천국이다.

교만을 치료할 수 있는 단계는 다음과 같다.

첫째 지각이다. 버나드는 겸손에 대해 "겸손은 교만의 반대되는 것이며, 자신이 무가치하다는 것을 깨닫게 될 때 얻게 되는 덕목이다."라고 말한다. 우리가 죄를 깨닫지 못하면 죄를 정복할 수도 슬퍼할 수도 없다. 우리는 하나님이 미워하시는 것을 미워해야 한다. 자기를 인식한다는 것은 그렇게 쉬운 일이 아니다. 왜냐하면 우리는 자신을 좋게 보는 데는 익숙해져 있기 때문이다. 형제의 눈에 있는 티는 쉽게 찾아내면서 우리 자신의 눈에 있는 들보는 이상할 정도로 찾아내지 못한다. 우리의 참 모습이 드러날 수 있게 해 달라고 하나님께 진실로 구해야 한다. 우리의 들보를 깨닫게 해 달라고 기도해야 한다. 우리의 참모습을 보게 될 때 하나님이 원하는 겸손에 도달할 수 있다. 다른 사람들이 우리의 은밀한 생각을 알게 되고, 상상의 벽에 매달린 그림을 보게 되고, 우리 속에 감추어진 동기를 알고, 숨겨진 온갖 행위를 알아차리고, 온갖 은밀한 말을 듣는다면 정말 불편하지 않겠는가? 하나님께서 이러한 우리의 모습을 전부 아시는 것이 우리를 비천하게 하는가? 있는 그대로의 우리 모습을 깨닫게 될 때 교만의 근거지가 무너진다. 우리가 아는 것이 얼마나 되는가? 세상에 알려진 것들 중 극소수에 지나지 않는다. 우리가 지혜로운가? 우리 지혜는 받을 자격이 없는 자들에게 주신 하나님의 선물이다. 우리가 부자인가? 이러한 부를 얻을 수 있도록 능력 주신 분이 바로 하나님이다. 우리의 근본을 지각하여야 한다.

둘째, 징계이다. 하나님은 당신의 사랑하는 자녀들이 교만에 빠지지 않도록 사랑으로 훈계하신다. 바울도 하나님의 사랑의 징계를 체험하였다. "여러 계시를 받은 것이 지극히 크므로 너무 자고하지 않게 하시려고 내 육체에 가시 곧 사단의 사자를 주셨으니 이는 나를 쳐서 너무 자고하지 않게 하려 하심이니라"(고후 12:7). 마음대로 행동할 수 없고, 질병으로 고통을 받고, 야망이 좌절되고, 교만의 지배를 당하며 무엇인가 일이 잘못되어 헤어나올 수 없을 때 구원을 해주셔야 하나님의 자비함을 깨닫게 되는가?

셋째, 절제이다. 지혜로운 농부는 잡초가 자라지 못하도록 초기에 제거한다. 우리도 교만한 생각이 자라서 열매를 맺기 전에 뽑아 버려야 한다. 교만한 생각을 품고 있으면 마음속에 독사를 키우고 있는 것과 같다. 교만, 그것이 육적인 것이든 영적인 것이든 죽이는 법을 찾아야만 한다. "너희가 육신대로 살면 반드시 죽을 것이로되 영으로써 몸의 행실을 죽이면 살리니"(롬 8:13).

넷째, 비교이다. 우리는 우리 자신을 볼 때는 만족함을 느낀다. 그러나 온전하신 그리스도와 우리를 비교해 보자. 만일 우리가 진실하다면, 겉만 번지르르하고, 초라하며, 비열한 성품으로 위장한 우리 자신의 모습을 발견하고 주님 앞에 무릎을 꿇지 않을 수 없을 것이다. 제자들이 서로 상석을 차지하려고 싸우는 동안 영광의 주님은 종의 옷을 걸치시고 제자들의 더러운 발을 씻기셨다. 사단이 자신의 떨어짐의 원인이 되었던 그 죄로 주님을 시험했지만 사단은 넘어졌고 그리스도는 승리하셨다.

다섯째, 응시이다. 교만을 치유할 수 있는 마지막 비밀은 그리스도를 바라보는 것이다. 자신을 발견하고, 연단하려는 부단한 노력만 가지고는 깊게 뿌리박힌 암적 존재인 교만을 제거할 수 없다. 근본적 초자연적으로 마음의 변화를 요한다. 약속된 주님의 말씀을 기억하라. "주의 영광을 보매 저와 같은 형상으로 화하여... (고후 3:18). **교만은 오직 그리스도의 겸손에 의하여 오그라들고 시들고 줄어들게 된다.** 이런 변화를 일으키시는 분이 주의 성령이시다. 성령은 항상 자기의 교만을 미워하고 그리스도의 겸손을 구하는 자라면 누구든지 끝까지 도우신다.

■ 토론 문제 ■

1. 왜 교만이 그리스도인들에게 치명적인 죄가 되는가?

2. 오늘날 성도들이 하나님이 가장 싫어하는 것이 교만이라는 것을 왜 깨닫지 못하는가?

3. 교만에 대한 태도 중 당신에게 제일 많이 해당되는 것은 어느 것인가?

진정한 믿음을 소유하라

"내가 보니... 네 사람이 불 가운데로 다니는데...
그 넷째 모양은 신들의 아들들과 같도다."

(단 3:25)

묵상 : 다니엘 3:1-30

어린 시절 다니엘 3장 이야기를 들었을 때는 소설 정도로 생각했다. 도무지 그 내용이 사실 같지가 않았고, 내가 살고 있는 시대하고는 전혀 관련이 없어 보였기 때문이다. 그러나 몇 달 전에 미얀마를 방문하고 돌아온 중국 선교사로부터 신앙 때문에 목숨을 잃은 티투스(Titus)의 놀라운 이야기를 듣게 되었다. 티투스는 이 선교사가 중국에 있을 때 가르친 학생이었다. 공산당원들의 온갖 협박에도 이 학생은 끝까지 자신의 신앙을 버리지 않았다. 티투스는 그들이 거듭해서 신앙을 버리기를 요구를 해도, 심지어 불에 태우겠다고 위협을 해도 요지부동이었다. 이 무시무시한 과정은 불의 전차가 그를 주님 앞에 데

리고 갈 때까지 되풀이되었다. 몸이 숯처럼 새까맣게 되는 상황에서
도 그는 신앙을 끝까지 지켰다. 이 이야기는 오늘에도 티투스처럼 신
앙을 지켜야 되는 상황에 있는 사람들에게 현대적 의미가 있는 기사
이다.

이 세 명의 젊은이가 직면한 상황을 그려 보라. 느브갓네살 왕은
이들의 재능에 감명 받아 깊은 호의를 보였다. 그러나 궁전에 있는
다른 신하들에게는 이들이 왕에게 호의를 받는 것이 몹시 불만이었
다. 사실 이들의 질투심도 이해가 간다. 우리 나라에서 특권을 누리
는 직위에 있는 외국인을 보았을 때 마냥 기뻐할 수 있는가? 당신에
게는 민족적 질투심이 없는가? 궁전에 있는 신하들은 모든 방법을 동
원하여 이들을 제거할 것을 결심하였다. 모든 사람들이 왕의 승리를
축하하고, 왕의 영광을 높이기 위해 세운 금 신상에 경배해야 한다는
칙령이 이들에게 절호의 기회를 마련해 주었다.

세 명의 젊은이가 받아들여야 될 길은 분명해졌다. 여호와께서 명
령하신 "네 앞에 다른 신을 두지 말라", "우상을 만들지 말라"라고 하
신 것처럼 이들이 금 신상에게 절하기를 거절하자 "느브갓네살 왕은
분이 가득하였다"(단 3:19). "그 풀무를 뜨겁게 하기를 평일보다 칠 배
나 뜨겁게 하라"며 왕은 분노하였다. 이들이 뜻을 굽히지 않는다면 풀
무 불 속으로 던져지게 될 것이다. 이것이 이 이야기의 배경이다.

1. 믿음의 방편들

세 명의 젊은이들은 하나님께 대한 신앙을 지키려고, 평소보다 칠
배나 뜨거운 풀무 불을 유일한 방편으로 택하였다. 이들의 신앙은 신
실하였으며, 담대하였다. "만일 그럴 것이면 왕이여 우리가 섬기는
우리 하나님이 우리를 극렬히 타는 풀무 가운데서 능히 건져내시겠

고 왕의 손에서도 건져내시리이다 그리 아니하실지라도 왕이여 우리가 왕의 신들을 섬기지도 아니하고 왕의 세우신 금 신상에게 절하지도 아니할 줄을 아시옵소서"(단 3:17-18).

이들의 고백 속에 나타난 믿음의 방편에 특별히 유념하라.

믿음의 첫 번째 방편은 **하나님의 능력을 믿는 것**이다. 하나님의 능력이 능히 자기들을 풀무 속에서 건져 줄 것을 믿었다. "우리 하나님이 우리를 능히 건져내시겠고..." 우리는 일반적으로 모든 것을 하실 수 있는 하나님의 능력에는 동의한다. 하지만 우리와 직접 관련된 특히 우리가 맹렬히 타오르는 풀무불의 뜨거움을 이미 알고 있다면 하나님이 무엇이든지 할 수 있다고 믿는 데는 믿음의 훈련이 필요하다. 죄인을 구원하시는 일보다 더 불가능해 보이는 일이 있는가? 나만의 풀무의 시련 속에서 하나님은 나를 구원하실 수 있는가? 기꺼이 믿음으로 나아가 하나님을 의뢰하는가?

두 번째 방편은 **의뢰한 자들을 능히 구원하실 하나님을 신뢰하는 것**이다. "그가 우리를 당신의 손에서 건져 내리이다." 많은 사람들이 모든 것을 가능케 하시는 하나님의 능력을 인정하지만 하나님께서 자신들의 일에 관여하시는 것을 확신하고 있지를 못한다. 하나님을 안다는 것은 하나님께서 우리에게 가장 유익한 방식으로 우리 일에 관여하시는 하나님의 절대적인 주권을 인정하는 것이다. 하나님은 그 세 사람을 그들이 전혀 생각하지 못했던 방법으로 구원하셨다. 실로, 처음에 이들이 불 속에 던져지는 순간 털끝 하나 다치지 않고 구원받으리라고 생각이나 했겠는가?

> 세 배의 축복이 있을 것이다
> 하나님이 가장 멀리 계실 때에도
> 바로 옆에 계심을
> 분별할 수 있는 지혜로운 자에게.

문둥병자가 병을 고치려고 예수님께 호소했을 때 "주여 원하시면 당신은 나를 깨끗게 하실 수 있나이다." 이 문둥병자는 예수님의 능력을 믿었지만 예수님의 기꺼이 하는 마음을 확신하지 못했다. 예수님은 즉시 "내가 기꺼이 하리라 너는 깨끗함을 받았다"고 말씀하심으로 그의 잘못된 생각을 고쳐 주셨다.

이 젊은이들의 믿음은 하나님을 신뢰하는 것으로 그들의 믿음을 다하지 않았다. **"그리 아니하실지라도"**라는 말씀을 소중히 지니고 있었기에 그들은 정복할 수 없고 불사를 수 없는 믿음의 세 번째 방편을 하나님에게 드릴 수 있었다.

세 번째 방편은 **하나님의 주권을 인정하는 것**이다. "그러나 만일 그리 아니하실지라도 왕이여 우리가 왕의 신을 섬기지도 아니하고..." 우리들이 믿음의 세 번째 방편을 가지고 있다면, 그리고 이 진리를 우리 삶에서 증거할 수 있다면, 영적 성숙의 길을 능히 걸어 갈 수 있을 것이다. 하나님이 그들을 불 속에서 건져내지 않았을지라도 이들의 신앙은 결코 흔들리지 않았다. 그들은 하나님께서 그들을 위해 더 좋은 것을 예비하고 계심을 알고 있었기 때문이다. 이러한 방법으로 하나님의 능력을 행사하는 것이 하나님의 목적이 아닐지도 모른다는 것을 깨닫고 그분의 손에 모든 결과를 맡기는 데 만족하였다. 이들은 예수님이 비유로 말씀하신 "내 것을 가지고 내 마음대로 할 수 없느냐"라는 말씀의 원리를 이해하였다.

이들의 태도는 "설사 하나님께서 우리의 원대로 행하시지 않더라도 우리의 믿음은 흔들리지 않을 것이다. 그분 안에서 우리의 신뢰와 사랑도 흔들리지 않을 것이다. 우리는 우리의 하나님을 너무나도 잘 알기에 현재 그분의 뜻을 이해할 수 없을지라도 그분의 주권을 기꺼이 받아들일 것이다."라는 고백 속에 잘 나타난다. 이 사건 자체만으로 보면 이들의 믿음을 실족케 할 분명한 원인이 무엇인지 알 수 있다. 이들이 담대한 신앙을 고수하는 한 풀무 속으로 던져질 운명이 기다리고 있었다. 방관자들은 하나님은 관계치 않으신다는 결론을 정당화하겠지만 이들의 신앙은 이 시험 속에서도 여지없이 증명되었다. 하나님에게 충성한다는 것은 이들에게는 생명 그 자체보다 더 중요한 것이기 때문이다. 이들은 도저히 하나님의 의도를 따르지 못할 상황 속에서도 신앙을 지켰다. 하나님은 그들의 숭고한 신앙의 척도대로 응답을 하셨으며, 그것은 이들이 꿈꾸지 않은 하나님의 은혜와 축복의 비밀스런 계획이었다.

2. 믿음의 관계성

토마스 칼라일(Thomas Carlyle)은 "우리들이 각자 반드시 대답해야만 되는 궁극적인 질문이 있다. 그것은 당신은 영웅이 될 것이냐? 아니면 겁쟁이가 될 것이냐 이다"라고 말했다. 이 질문은 형태를 바꿔가면서 끊임없이 우리와 맞서고 있다.

첫째로 **믿음은 항상 선택에 직면케 한다.** 우리는 높은 길과 낮은 길 중 어느 한쪽을 선택할 수 있다. 하지만 이 젊은이들 앞에 있던 선택은 그렇게 쉬운 것이 아니었다. 이것은 우리들도 마찬가지이다. 때때로 믿음의 선택은 우리에게 고통을 경험케 한다. 왕의 신상에 경배하는 것과 풀무 속에서 재로 되는 것 사이의 선택을 생각해 보라. 느브갓네살 왕이 원한 것은 이들이 신앙을 부인하는 것이 결코 아니었다. 단지 그 신상에 절반 하면 되었다. 초대 교회 시대에도 황제에게 소량의 향만 바쳐도 많은 순교자들이 사자 밥이 되는 신세를 면할 수 있었다. 이처럼 **믿음은 비록 가장 값비싼 희생을 치르더라도 항상 최상의 것을 선택케 한다.**

둘째로 **믿음은 항상 모험을 수반한다.** 만일 믿음에 모험이 수반되지 않는다면 믿음은 필요하지 않을 것이다. 우리가 길 앞을 볼 수 있다면, 본 것처럼 걸어갈 수 있다. 아브라함이 어떻게 믿음의 조상이 되었는가? 그의 믿음의 삶의 열쇠는 삶을 시작할 때부터 나타났다. "아브라함이 갈 바를 알지 못하고 떠났더라." 아브라함은 하나님을 목표로 모든 모험을 기꺼이 받아들였다. 우리는 앞길이 확실하지 않을 때, 하나님이 우리를 낮추셔서 다른 길이 없을 때만 믿음을 행사한다. 그 누구도 이러한 모험을 좋아하지 않는다. 많은 사람들이 육체적 모험을 할 때는 사자처럼 용감하면서도 믿음의 모험을 요할 때는 이상할 정도로 겁쟁이가 된다. 우리는 안전한 시합을 원하고, 우리의 계획이 실현되기를 바라며, 선택이 용이하기를 원한다. 그러나 믿음의 길에는 항상 모험이 있다.

셋째로 **믿음은 항상 반대에 부딪힌다.** 믿음의 길이 언제나 화려한 꽃만 있는 것은 아니다. 그 길은 피로 얼룩져 있다. 아브라함은 한 시험에서 또 다른 시험을 거쳐 앞으로 나아갔다. 그가 겪는 시험은 앞으로 나아갈수록 더 어려웠다. 항상 극복해야 할 반대가 있었으며, 엎친 데 덮친 격으로 더 큰 어려움이 기다리고 있었다. 우리는 부딪히게 되는 어려움을 불평하는 대신에, 그 어려움이 우리의 믿음을 연단을 위해 주는 새로운 기회로 알고 기뻐해야 한다. 만일 우리가 믿음의 길에서 계속 전진한다면, 동료들보다 내 외적으로 더 많은 반대에 부딪히게 될 것이다. 그때에 어떻게 믿음을 연단 할 수 있겠는가? 장성한 믿음을 갖게 하는 동기는 이것 외에는 없다.

3. 믿음의 해방

믿음의 해방에는 숙지해야 될 두 가지 중요한 교훈이 있다.

첫째는 시련에서 벗어나는 것이 반드시 우리의 궁극적 소망이 아니다. 하나님은 극렬히 타는 풀무 불 밖에서 그 세 사람을 구원한 것이 아니라 풀무 불 속에서 구원하셨다. 우리도 시련을 면하는 것이 곧 최고의 영적 축복이라는 생각을 버려야 한다. 이러한 태도는 전적으로 신약성경의 가르침과 위배되는 것이며, 우리의 본이 되시는 주님의 태도와도 어긋난다. 바울은 환난을 피하지 않고 그 가운데서 기뻐했다. 세 명의 젊은이가 풀무 속으로 내던져지는 것을 쉽게 막으실 수 있는 하나님이 왜 그 속에서 그들을 구원하셨을까? 하나님은 이들을 위해 더 좋은 것을 가지고 계셨기 때문이다. 이 교훈은 주님의 재림의 가르침 속에서 더 명백하게 나타난다. 우리는 천년 왕국에 대하여 그 어떤 논쟁도 삼가하고 비 성경적 사실을 강조하는 것에 대해서 민감해야 한다. 주님은 명백하게 말씀하셨다. "세상에서 너희는 박해를 당할 것이다." 환난을 모르며 스스로 부자라고 생각하는 교회는 영적으로 성숙할 수 없다. 하나님은 우리의 시련을 면케 해주시는 분이 아니다. 성경 어디서도 이러한 약속을 발견할 수 없다. 풀무 불 밖에서 몇 년 걸려 배울 것을 우리는 그 안에서 몇 일 동안에 더 많은 것을 배우게 된다. 우리는 위대하신 하나님과 함께 그 시련에서 벗어나는 길이 최선이다.

둘째는 시련은 그 모양이 다양하다. 하나님은 모든 사람을 똑 같이 다루지 않으신다. 이 명백한 사실 때문에 하나님에게 불만을 터뜨리는 사람도 있다. 이 세 명의 젊은이들의 관심은 하나님이 다른 사람을 다루시는 방법이 아니라 하나님이 자기들을 직접 다루시는 것이었다. 우리는 하나님이 다른 사람을 다루시는 것을 보고, 이것 때문에 영적으로 시험에 빠지게 된다. 주님은 이 점에 관해서 베드로에게 적절한 교훈을 담긴 말씀으로 가르치셨다. 베드로는 요한이 주님에게 더 나은 대우를 받지 않을까 걱정이 되었다. 이런 베드로에게 예수님은 엄하게 말씀하셨다. "그것이 너와 무슨 상관이냐 너는 나를 따르라." 야고보는 감옥에 갇혔다가 순교하였으며, 베드로는 감옥에서까지 기도 모임에 참석하였다. **베드로는 삼천 명의 영혼을 얻었지**

만 스데반은 삼천 개의 돌팔매질을 당했다. 그러므로 우리는 "하나님의 방법은 다르다"라는 사실을 받아들여야 한다. 하나님은 우리를 대량 생산 원리에 따라 다루지 않는다. 어떤 사람에게는 시련을 피하게 해주시나, 또 어떤 사람은 시련 속에서 건져 주신다.

우리는 역경 가운데서도 영적으로 "그리 아니하실지라도"라고 말을 하는가? 우리는 믿음의 세 번째 방편을 가지고 있는가? 우리의 믿음은 불로 사라지지 않는가? 전쟁이 일어나 아들, 딸, 남편, 애인을 빼앗아 가는 그 극렬한 시련 가운데서도 "그리 아니하실지라도"라고 말할 수 있는가? 사업이 실패하고, 재정적으로 역경에 처하고, 병마가 우리를 지배한다면, 노쇠함이 우리를 무력하게 한다면 어떻게 하겠는가? 죽음이 갑자기 덮치고, 인생의 동반자에 대한 갈망이 받아들여지지 않고, 소중히 간직한 계획이 방해받는다면 어떻게 하겠는가? 기독교적 사업이 우리가 생각했던 만큼 성공을 거두지 못하고, 원하던 부서에 임명되지 않고, 마음이 맞는 동료와 함께 일하지 못하게 되었다면 어떻게 하겠는가?

우리는 외관상 보답 없는 신앙에 직면해서도 하나님을 끝없이 신뢰한 숭고한 세 사람의 담대한 신앙을 닮아야 된다. "그리 아니하실지라도 우리는 여전히 하나님 섬기기를 계속할 것입니다"라고 고백하므로 그들은 불신앙이나 자기 연민에 떨어지지 않고 신앙을 지켰다.

우리가 고난 당할 때는 하나님의 처사를 반드시 이해하기 힘들다. 하나님은 그 어디서도 자신을 설명하지 않는다. "내 하는 것을 너희가 지금은 알지 못하나 이후에는 알리라"는 말씀은 하나님의 약속이다. 불 시험 가운데 우리는 많은 교훈을 배우게 된다.

> 내 모든 날이 여름이라면 어떻게 내가 알 수 있으리요
> "눈보다 더 희다"는 주님 말씀에 의미를

내 모든 날이 항상 개어 있다면 어찌 말할 수 있으리요
천국에서 모든 눈물을 씻겨 주심을
내가 피곤치 않다면 어찌 마음 깊이 간직 할 수 있으리요
"주께서 사랑하는 자에게 잠을 주심도."

4. 믿음의 보상

세 명의 젊은이들의 믿음은 가치를 인정받았고, 보상을 받았다.

첫째 하나님 아들과의 교제라는 제일 가는 특권을 누렸다. "내가 보니 결박되지 아니한 네 사람이 불 가운데로 다니는데 상하지도 아니하였고 그 네째의 모양은 신들의 아들과 같도다"(단 3:25). 극렬한 풀무불 가운데서 주님은 그 어느 때보다 더 가까이 계셨다. 그들이 "불 가운데"에 있을 때 주님은 그들과 함께 하셨다. 그들이 믿음대로 행하였을 때, 하나님을 위해 온갖 위험을 감수하였을 때 주님은 응답하셨다.

둘째 맹렬한 불꽃을 다스리신 것은 믿음의 또 다른 보상이었다. 하나님은 그 불길이 세 사람을 태우지 못하도록 하셨다. "왕의 모사들이 모여 이 사람들을 본즉 불이 능히 그 몸을 해하지 못하였고 머리털도 그을리지 아니하였고 고의 빛도 변하지 아니하였고 불탄 냄새도 없었더라"(단 3:27). 그 불은 단지 그들이 하나님의 아들과 자유롭게 교제하며 걸을 수 있도록 그 결박만을 태웠다. 우리는 불 시험이 주는 은혜로운 보상 중 하나를 이 가운데서 볼 수 있지 않는가?

셋째 그들의 하나님에 대한 신앙이 입증된 것은 이들의 흔들리지 않는 믿음에 대한 보상 중의 보상이었다. 이들의 몸과 머리카락, 옷을 그렇게 상세하게 설명하는 이유는 무엇인가? 어째서 극렬한 불길이 이것들을 태우지 않았는가?

한 익명의 작가는 이렇게 설명했다.

불의 신 이스바는 바벨론에서 등급이 높고 존경받는 신이었다. 하지만 이 신은 왕과 왕자, 통치자, 지휘자, 모사들 앞에서 패배를 당해야 했다. 왕은 그 자신의 행위로 인하여 패배를 자초하였다. 그리고 이제 그 패배가 보다 자명해졌다. 이들의 땅에서 여호와는 불의 신의 열렬한 추종자들과 만나시고, 여호와는 팔레스타인의 한 부족 신이 아니라 바벨론과 천지의 하나님이시며, 필요하다면 삼만 명을 도우시는 것처럼 단 세 명의 자녀를 기꺼이 구원하실 수 있음을 나타내셨다. 만일 이 세 사람이 부분적이나마 불에 탄 자국이 있고, 그래서 냄새가 나고, 몸과 옷 여기저기에 불에 그을린 자국이 있다면, 불의 신을 추종하는 무리들이 어떠한 태도를 취했겠는가? 아마 이와 같았을 것이다. '그래 맞아, 이스바가 그들을 파멸시킬 수는 없지만 적어도 그들에게 자국은 남겼다. 더 이상 이 옷을 입지 못할 것이며, 동료들도 이전의 그 모습대로 알아보기 힘들 것이다. 풀무불의 냄새가 곧 사라지지 않을 것이다. 그들이 상처를 입었음이 드러날 것이다. 우리의 이스바 신은 여전히 바벨론의 신으로 있을 것이며, 이제는 왕의 명령에 그렇게 쉽사리 불복하지 못할 것이며, 다음에는 이번처럼 쉽게 풀무에서 나오지 못할 것이다.'

이렇게 되었다면 세 명의 히브리인의 주장이 가져 온 전체적인 교훈적 결과는 빛을 발하지 못했을 것이다. 세상은 너무도 영리해서 이런 종류의 직접적 결과를 피하는 데는 능란하다. 하지만 이번 사건에서는 피한다는 것은 전혀 불가능하였다. 도망할 수 있는 여지라고는 조금도 없었다. 이들은 두려움 속에서 여호와의 온전한 승리와 흠 없고 완전하며 확실한 그 기적을 인정해야만 했다. 지극히 높으신 여호와를 따르는 용감한 자들에게는 "불에 탄 냄새조차도 없었음을" 인정해야 했다.

성경에는 절대 절명의 선택의 순간에도 "그리 아니하실지라도"라는 담대한 믿음을 보인 비슷한 실례가 많이 있다. 이러한 사람들은 하나님의 명령에 순종하는 것과 신의 모순을 받아들이는 믿음을 분명하게 증명하고 있다.

욥은 가정, 가축, 가족, 건강, 심지어 아내의 연민까지 다 잃었지만 이러한 큰 비극 가운데서도 그의 믿음은 훌륭하게 승리하였다. "그가 나를 빛으로 인도하시리니 내가 그를 보리라." 그러나 그리 아니하실지라도 "그가 나를 죽일지라도 나는 그를 신뢰할 것이라." 욥은 믿음의 세 번째 방편을 소유한 하나님의 백성이었다.

아브라함에게 대한 이삭의 가슴 아픈 질문을 생각해 보라. "번제를 위한 양이 어디 있나이까?" 아브라함은 "하나님이 양을 준비하시리라"고 준비한 대답을 하였다. 그러나 그리 아니하실지라도 "저가 하나님이 능히 죽은 자 가운데서 다시 살리실 줄로 생각한지라"(히 11:19). 다시 살아난다는 것은 결코 꿈에도 생각하지 못하던 것을 아브라함은 믿음으로 받아들이고, 이삭을 죽은 자 가운데서 도로 받을 수 있었다.

세례요한은 감옥에서 점차로 지쳐 가고 있었다. 예수님에게서 아무 소식도 없고, 그렇다고 감옥에서 나갈 기미도 보이지 않고, 심지어 한번도 찾아오지 않는 것이 그를 낙담케 하였다. 그는 제자를 통해 주님에게 질문하기를 "주여 제가 잘못을 범했습니까? 오실 메시아가 당신이오니까? 우리가 다른 이를 기다리오리까? 만일 그리 아니하실지라도 내 믿음은 쓰러지지 않고 계속 또 다른 이를 찾을 것입니다."

예수님은 겟세마네 동산에서 고통의 기도를 하셨다. 땀방울이 핏방울로 변하는 고통 속에서 "내 아버지여 만일 할만 하시거든 이 잔을 내게서 지나가게 하옵소서 그러나 나의 원대로 마옵시고 아버지의 원대로 하옵소서"라고 기도했다.

느브갓네살 왕이 이런 담대한 믿음 앞에 무력해지는 것은 당연하지 않은가? 극렬한 불길이 이 담대한 세 젊은이들의 몸을 사르지도 못했고, 하나님을 향한 이들의 마음을 지배할 수도 없었다. 세상은 이와 같은 믿음을 가진 사람의 신앙을 유혹하거나 꺾지 못한다. 사단도 이들의 결박을 태워 하나님의 자녀의 자유를 확인케 해주는 것 외에는 아무런 할 일이 없었다.

오늘의 시대도 시험의 불길이 우리 주위에서 날름거리고 있을지도 모른다. 도처에 우리의 경배를 요하는 우상이 널려 있다. 비록 풀무의 형태는 바뀔지 모르나 불 시험이 있다는 사실에는 변함이 없다. 세상은 우리를 사회적 추방이라는 풀무에 던져 넣는다고 위협할지 모른다. 우리가 습관적으로 유행하는 신들에게 절하지 않는다면 조롱과 통속의 불길이 우리를 사르려고 할 것이다. 실제적인 박해의 불길이 우리 주위에서 여전히 맹렬하게 타오르고 있다는 것을 얼마든지 상상할 수 있다. 하나님의 넘치는 보상을 누리기를 원한다면 세 명의 젊은이들의 불로 연단한 신앙을 본받아야 한다.

■ 토론 문제 ■

1. 왜 믿음에 따라 사는 것이 쉽지 않은가?

2. 당신의 견해로 볼 때, 삶의 어려움이 어떻게 영적 성숙에 영향을 미치는가?

3. 교만과 대적하기 위해서 어떤 단계가 필요한가?

4. 당신이 관점으로 볼 때, 인생에서 어려움은 무엇인가?

주님의 비전을 보라

"인자 같은 이가 발에 끌리는 옷을 입고."
(계 1:13)

묵상 : 요한 계시록 1:9-20

예수 그리스도에 대한 상징적 메시지를 담고 있는 계시록은 시험과 박해를 당한 많은 교회들에게 큰 소망을 안겨 주고 있다. 이는 계시록의 메시지가 오늘날 세계의 여러 부분과 특별히 관련되어 있기 때문이다. 역사를 통해 볼 때 하나님의 자기 계시는 언제나 그 시대 백성들의 필요에 적절하게 부응하였다. 이런 의미에서 성경에서 가장 사실적인 책이 바로 계시록이다. 밧모섬으로 추방된 요한에게 하나님은 박해로 고난 당하는 교회에 가장 필요한 그리스도의 비밀을 드러내는 특별한 사역을 맡기셨다.

하나님은 항상 메시지에 적합한 인물을 준비하였는데 요한이 바로 그러한 인물이었다. 하나님 말씀을 신실하게 지키고, 예수 그리스도를 증거하였다는 명목으로 요한은 하나님의 섭리 아래 밧모섬으로 추방되어 죄수들과 함께 광산에서 일하였다. 초대 교회 전승에 따르면 요한이 추방형을 선고받은 것은 황제 숭배를 거절했기 때문이라고 한다. 이렇게 아시아에 있는 성도들의 고난에 동참한 요한은 하나님의 메시지를 능히 전할 수 있는 자격을 갖추게 되었다.

요한은 이 특별한 주의 날(2세기경 이 용어는 일요일을 대신하는 전문용어가 되었다)에 관하여, 선지자가 평상시의 인지 능력을 초월하여 비전을 보고 말씀을 들었던 황홀하고 의식이 고양된 상태, 즉 "성령으로 감동된 상태"에 있었다고 적고 있다. 그것은 마치 시간의 세계에서 영원이라는 공간 속으로 옮겨진 것 같았다. 바울도 이와 유사한 경험을 했다. "그가 낙원으로 이끌려 가서 말할 수 없는 말을 들었으니 사람이 가히 이르지 못할 말이로다"(고후 12:4). 요한이 성령에 충만하게 되자 외부 세계는 사라지고 보이지 않는 세계가 현실이 되었다.

이러한 황홀한 상태에 있을 때 요한은 뒤에서 들려 오는 크고 분명한 "나팔 소리 같은 큰 음성을"들었다. 그것은 구약 시대의 절기 행사에 하나님의 백성들을 부르는 나팔 소리였고, 시내산에서 자신을 계시하신 하나님의 나팔 소리였다. 구약성경이 전부였던 당시 하나님 백성들에게 구약성경의 상징과 비유를 사용해서 계시록의 비전이 전달되었다는 것은 그리 놀라운 일이 아니다.

1. 유일하신 분

요한이 돌아서 말하는 이를 보았을 때, 그분은 다름 아닌, 요한이 60년 전에 마지막으로 보았던 -"인자 같은 이"- 살아 계신 그리스도였다. 그분은 이제 더 이상 "사람의 멸시를 받고, 배척 당하여 슬픔과 비통에 젖은 모습이 아니었다. 상상할 수도 없는 위엄과 영광을 입으시고 아시아 일곱 교회를 상징하는 일곱 개의 금 촛대 사이를 거니시는 승리자였다. 그분은 요한이 가슴에 종종 기대였던 바로 그 예수님이었으나, 십자가에 달리셨던 모습과는 너무도 다른 모습을 하고 계셨다. 우리와 같은 속성을 지녔으면서도 놀라운 능력과 위엄을 지니신 그리스도였다.

그 비전은 영적인 것이었고 그 묘사는 상징적이었지만 이 세상의 어떤 그림보다 더 생생하고 인상적인 그리스도의 모습을 우리 마음에 새겨 준다. 요한이 비전에서 본 그로테스크한 주님의 모습은 마음속으로 그려낸 형상이 아니라 성경에서 사용된 영감된 비전에 비추어 그 상징을 해석한 것이다. 상징의 의미를 통하여 우리는 비전의 목적을 발견할 수 있다. 많은 화가들이 시대를 막론하고 그리스도의 모습을 재현하려고 노력하였지만 정작 복음서는 예수님의 신체적 모습에 관해서 단 한 줄도 적고 있지 않다는 것은 주목할 만한 사실이다. 예수님에 대해 우리가 알아야 되는 유일한 모습은 영감된 말씀에 나타난 그분의 윤리적이고 영적인 성품이다.

그 비전에서 요한이 받은 첫 번째 인상은 예수님의 의복이었다. 예수님은 "발에 끌리는 옷을 입고 가슴에 금띠를 띠고" 계셨다(계 1:13). 그것은 왕의 위엄을 나타내기에 아주 적합하였으며, 신속하게 행동할 수 있도록 허리띠를 졸라매는 평상복과는 대조를 이루었다.

이 옷은 예수님의 직분을 상징해 주고 있다. 이것은 예언자, 제사장, 왕이 입는 특별한 옷이었으며, 주님이 이 옷을 입으셨다는 것은 세 가지 직분을 온전하게 성취하셨다는 것을 의미한다, 하나님의 영감된 메시지를 선포하는 예언자들이 입는 옷이며(단 10:5), 성소에서 대 제사장이 불을 관리하고 정돈하는 임무를 수행할 때 입었으며, 또한 왕의 의복이었다(삼상 18:24). 요한이 대면한 분은 사람들에게 하나님의 메시지를 나누어주는 선지자요, 가장 거룩한 곳으로 인도하시는 제사장이요, 의로 통치하기에 합당한 왕이신 예수 그리스도였다. 요한은 이 분이 바로 하나님을 알았다. 구약성경에서 하나님에게만 사용되는 명칭을 이분에게 돌리기 때문이다.

요한은 주님의 영광스러운 모습을 선명한 색과 그림 같은 은유로 주님의 윤리적, 영적 속성과 심판자의 권세를 일곱 가지로 묘사한다. "그 머리와 털의 희기가 흰 양털 같고 눈 같으며"(계 1:14). 이러한 상징의 기원은 다니엘서이다. "내가 보았는데 왕좌가 놓이고 옛적부터 항상 계신 이가 좌정하셨는데 그 옷은 희기가 눈 같고 그 머리털은 깨끗한 양의 털 같고"(단 7:9). 옛적부터 계신 이와 순결함, 이미 존재하신 이, 죄 없음과 같은 심상이 예수님의 모습의 묘사에 명백히 결합되었다. 주님의 햇수와 지혜는 영원하다. "그분은 나이를 먹지 않으며, 순수함과 거룩함은 영원하다." 하나님의 옷은 햇빛에 비추이는 눈과 같다. 요한이 산 위에서 인자의 아들을 보았을 때 "그의 옷이 희어져 광채가 나더라"(눅 9:29)고 했으며, "그 옷이 광채가 나며 세상에서 빨래하는 자가 그렇게 희게 할 수 없을 만큼 심히 희어졌더라"(막9:3)고 했다. 여기에 가장 온전하시며 성숙된 거룩함이 있다.

"그의 눈은 불꽃같고"(계 1:14)는 인생을 꿰뚫는 비전과 모든 것을 아시는 무한한 지식을 상징한다. 다니엘의 비전에서도 그의 눈은 "횃불 같다"고 했다. 이 생생한 상징은 모든 인생을 세밀히 살피시는 하나님의 능력과 마음의 모든 생각을 꿰뚫으시는 능력, 어둠 속에서 숨겨진 일을 드러나게 하며, 마음의 생각을 밝히 드러나게 하는 하나님의 능력을 가리킨다. 이 표현은 계시록 19장 11-12절에서 다시 나타난다. "또 내가 하늘이 열린 것을 보니 보라 백마와 탄 자가 있으니 그 이름은 충신과 진실이라 그가 공의로 심판하며 싸우더라 그 눈이 불꽃같고 그 머리에 많은 면류관이 있고." 계시록 19장에서는 죄를 심판하시는 정의로운 집행자로서 하나님의 불타는 분노를 강조하고 있다. "하나님을 모르는 자들과 우리 주 예수의 복음을 복종치 않는 자들에게 형벌을 주시리니"(살후 1:8). 그러나 그리스도의 판단은 우리와는 달리 완전한 지식에 근거를 두고 있다. "내가 너의 일을 안다"라고 주님은 일곱 교회를 향해 반복해서 말씀하시면서 확신을 주고 있다. 우리에게 주시는 주님의 신뢰는 어느 것이나 확신할 수 있다. 좋을 때나 슬플 때나 온전한 지식을 소유하신 그분의 눈을 속일 수 있는 것은 아무 것도 없다.

"그의 발은 풀무에 단련한 빛난 주석 같고"(계 1:15). 이 구절의 상징을 해석하기란 쉽지 않다. 이 상징은 계시록 2장 18절에 다시 나타나는데 23, 27절에서 그리스도의 심판의 행위로 이어진다. 그리스도는 교회 사이로 거니시며 하나님의 궁극적 목적을 성취하기 위해 움직이신다. 요한 시대의 주석은 금, 은 그리고 구리를 섞어 만든 가장 강한 철물로 알려져 있다. 주석은 용광로의 백열에도 견디는 금속이다. 주석의 특징 중 하나는 열에 녹지 않는 것이다. 사람이셨을 때 그리스도는 하나님의 거룩한 용광로를 견딜 수 있으신 유일한 분이었다. 죄로 더럽혀진 세상에서 오셨음에도 불구하고 그리스도는 세상의 더러움이나 타락에 오염되지 않으셨다. 그 모습은 인간이나 악한 영적 세력들의 반대에 의해 저지되거나 방해받지 않으시고, 굽히지 않으시며 의를 거부한 모든 자들을 짓밟는 빛나고 번쩍이는 발을 지니신 분의 심판의 절차를 나타낸다. "하나님, 곧 전능하신 이의 맹렬한 진노의 포도주를 밟겠고"(계 19:15). 이것은 반역하는 자들이 결코 피할 수 없는 하나님의 무서운 심판의 진노를 의미한다. 이 심판의 진노를 가져오시는 분이 바로 인자이다. 그분은 오염되지 않은 발로 세상의 타락을 짓밟을 것이다. 이 세상을 완전하게 심판하실 분이 바로 인자이다.

"그의 음성은 많은 물소리와 같으며"(계 1:15, 겔 43:2). "그분의 음성은 많은 사람들이 말하는 것과 같다." 노호하며 세차게 쏟아져 내

리는 나이아가라의 폭포 소리를 들어보았는가?. 수많은 군중들이 목
청껏 내지르는 힘찬 소리를 들어보았는가? 이것들보다 더 인상적인
소리가 어디 있는가? 이것이 바로 아무도 피할 수 없고, 모든 사람과
나라를 명령하시는 그리스도의 위엄 있는 음성이다. 예전에 감미로
운 음성으로 "내게로 오라"고 초청하시던 그 음성이 지금은 큰 폭포
의 굉음처럼 울려 퍼지고 있다. 나팔 소리 같은 큰 음성이 요한에게
들렸을 때 그 소리는 마치 밧모섬의 해안을 수없이 때리는 강한 파도
소리 같았으며, 이는 교회의 안팎의 원수들을 비난하시고 심판하실
두려운 음성을 상징하기 때문이다. 그리스도의 음성에는 말씀하신
것을 결코 철회하지 않으시는 유일무이한 목적이 담겨져 있다. 스웨
트는 하나님의 음성은 한 가지 특징에 국한되지 않는다고 말했다. 하
나님 음성은 바다의 성난 파도처럼 사납고, 잔잔한 수면처럼 고요하
며, 비난하시기에 적합한 위엄과 위로하시는 부드러움일 수도 있다.
이것이 완전한 권위가 있는 음성이다.

"오른손에 일곱 별이 있고"(계 1:16). 일곱 별은 일곱 교회의-사자
혹은 목사-천사들을 가리킨다(계 1:20). 그리스도는 능력 있는 오른
손으로 교회의 운명을 쥐고 있다. 교회의 사자가 갖는 모든 권위는
그리스도로부터 오며, 그리스도는 교회의 사자들을 주관하시고, 이들
은 그리스도께 책임이 있다. 그리스도는 교회의 주인이시며, 질서를
유지하시는 분이시고, 안내자로서 교회에 보낸 지도자들을 당신의
수중에서 안전하게 지켜 주신다. 17절에 보면 요한이 위엄 있으신 그
리스도의 발 앞에 엎드려 있을 때 그리스도께서 그의 머리 위에 얹은
손이 바로 그 오른 손이다. 이처럼 주님은 권능의 오른 손으로 교회
의 사자들을 안전하게 지켜 주신다.

"그 입에서 좌우에 날선 검이 나오고"(계 1:16). 이 상징에 대한 해
석은 히브리서 4장 12절에서 발견된다. "하나님의 말씀은 살았고 운
동력이 있어 좌우에 날선 어떤 검보다도 예리하여... 마음의 생각과

뜻을 감찰하시나니." 그러므로 이것은 찌르고, 쪼개고, 감찰하시는 진리를 뜻한다. 그리스도는 통찰력 있는 말씀으로 인간의 행위를 진단하시고, 정확하게 심판하신다. 그의 입에서 나온 말씀은 장차 있을 모든 심판의 근거가 된다. "곧 나의 한 그 말이 마지막 날에 저를 심판하리라"(요 12:48). 이 구절에서 말씀은 회개시키는 능력보다는 책망하고 벌하시는 말씀의 능력을 나타낸다. 검은 심판자의 권위와 능력을 상징한다. 검은 생활을 쪼개고, 죄를 드러나게 하며, 있지 않아야 될 것을 제거하고, 교회에서 하나님께 영광을 돌리지 않는 모든 것을 파괴한다. 심판을 통하여 완전한 구별이 이루어진다.

"그 얼굴은 해가 힘있게 비취는 것 같더라"(계 1:16). 얼굴은 모든 용모를 합친 것이다. 그리스도의 전체적인 모습은 구름 한 점 없는 한낮의 해와 같아서, 아무 것도 가리지 않고는 도저히 볼 수 없을 정도로 강렬하였다. 그 비전은 요한이 변화산에서 "해처럼 빛나는 주의 얼굴"이라고 한 것을 상기시키고 있다. 요한이 그 비전을 통해 본 얼굴은 결코 인간에게서는 찾아 볼 수 없는 황홀한 광채로 타오르며, 눈부신 광휘를 발하는 경이롭고 장엄한 모습이었다. 목회자는 별이라면 교회는 등불이며, 그리스도는 장엄한 태양이다. 태양이 이 세상에 최고의 빛을 주는 것처럼 또한 그리스도는 영적 세계에 빛을 주신다. "그 성은 해나 달이 비침이 쓸데없으니 이는 하나님의 영광이 비치고 어린 양이 그 등이 되심이라"(계 21:23). 그리스도의 얼굴은 그의 완전한 도덕적 영광을 나타내는 거울이다.

2. 유일한 특권을 가지신 분

요한은 자신에게 임한 비전에 압도당하였다. "내가 볼 때에 그 발 아래 엎드러져 죽은 자 같이 되매"(계 1:7). 하나님의 비전은 언제나 대면한 자를 겸손하게 하며 엎드리게 한다. 요한은 하나님의 영광의 광채이며 본체의 형상이신 그리스도의 위엄 앞에서 엎드려 경배하며 자신의 무가치함을 깨달았다(히 1:3).

요한이 가슴에 머리를 기대었던 그 온유하고 겸손하셨던 그분이 이제는 위엄 있으시고 위대하신 모습으로 요한에게 나타나셨다. 그러나 황금의 허리띠 아래에서 고동치는 마음은 인류를 사랑하셨던 그 마음이며, 일곱 별을 지배하시는 손은 못에 찔리셨던 그 손이며, 빛을 발하는 눈은 예루살렘의 운명에 깊은 동정의 눈물을 흘리신 바로 그 눈이었다. 그 음성은 자신에게 해를 가한 병사들을 "이 사람처럼 말하는 사람을 결코 본 적이 없다"라고 고백케 한 부드러운 그 음성이었다. 풀무에 단련한 빛나는 주석 같은 그분의 발은 갈보리 산언덕 위에서 피 흘리시는 몸을 지탱해 주던 바로 그 발이었으며, 두 개의 날 선 검을 지닌 입은 "내게로 오라... 내가 너를 쉬게 하리라"라고 초대하셨던 그 입이었으며, 빛나는 얼굴은 "우리의 죄로 인해 수척하셨던" 바로 그 얼굴이었다.

비전의 참 목적은 요한을 두렵게 하기 위함이 아니라 그를 격려하고 강하게 하려는 것이었다. "나는 처음이요 나중이니... 이제 세세토록 살아 있어 사망과 음부의 열쇠를 가졌노니"(계 1:17-18). "나는 알파와 오메가라 이제도 있고 전에도 있었고 장차 올 자요"(계 1:8). 주님의 긍휼 어린 접촉과 자기 계시로 인해 요한은 다시 용기를 가지고 엎드러져 있던 발 앞에서 일어날 수 있었다.

3. 유일무이한 주장을 하시는 그리스도

주님은 비전을 통해 요한의 두려움을 쫓기 위한 적절한 근거를 제공하는 그리스도 자신에 관한 다섯 가지 독특한 주장을 하신다.

"나는 알파와 오메가니"(계 1:8, 11). 이는 하나님의 영원함을 나타낸다. 희랍어 처음 문자와 마지막 문자 사이에 모든 형태의 말이 있는 것처럼 하나님은 모든 역사의 주인이시며, 처음과 나중이며, 그 사이의 모든 과정을 다스리신다. 그리스도는 흠 없고 완전하신 하나님의 궁극적 계시이다. "그리스도 안에서 구약성경의 알파인 창세기와 신약성경의 오메가인 요한 계시록이 함께 만난다. 시작을 나타내는 창세기는 낙원에서 하나님의 호의를 입은 인간을 제시하고, 오메가를 나타내는 계시록에서는 천국에서 인간과 하나님이 화해함을 우리에게 제시하고 있다"제미슨(Jamieson).

"나는 시작과 끝이며... 처음이요 나중이라"(계 1:8, 11, 사 44:6). 만물이 그리스도에게서 시작되고, 그와 더불어 끝이 난다. 그리스도는 모든 창조물의 원천이며 목적이며, 그분 이전에 다른 신이 없었으므로 처음이요, 그 후에도 다른 이가 없을 것이므로 나중이다. 그리스도는 믿음의 창조자요, 완성자이다. 우리가 태어나고 죽기까지 우리와 함께 하시는 분이다.

"내가 곧 산 자라 내가 전에 죽었었노라"(계 1:18). 그리스도께서 사망의 권세에 스스로 복종하신 것과 본래 가지고 있는 영원한 생명과는 분명한 대조가 있다. 이미 죽음을 맛보았기 때문에 그는 죽음을 두려워하는 인류에게 "죽음을 두려워하지 마라. 내가 사망을 이기었노라. 사망의 권세는 쇠하여졌고, 사망의 쏘는 것도 뽑았노라"고 말씀하실 수 있다.

"이제 세세토록 살아 있어"(계 1:18). 그리스도는 지금 "영원한 생명의 능력 속에서" 살아 계신다. 나사로와 같이 어떤 이들은 다시 살았으나 결국은 죽었지만 그리스도는 사망에서 일어나 영원토록 살아 계신다. 인간으로 사망을 겪으시고 이제는 생명의 충만함 속에서 영원히 살아 계시는 그분이 우리 확신이 전부이다. 그리스도께서 사망을 이기심으로 우리는 충만한 삶으로 들어갈 수 있게 되었다. 순교의

장 앞에서 두려워하는 교회들에게 이 진리는 충분한 위로를 줄 것이다. "만일 그리스도께서 죽었다면 교회는 실수가 없다. 그리스도께서 살아 계시기 때문에 교회는 영원하다."

"사망과 음부의 열쇠를 가졌노니"(계 1:18). 그리스도는 사망의 권세를 가진 사단을 이기시고 부활하였다. 음부를 뜻하는 하데스는 마태복음 16:18에서 감옥이나 벽으로 둘러싸인 도시를 뜻한다. 그것은 사망의 문인 보이지 않는 세계를 의미한다. 열쇠는 권위를 상징한다. 보이지 않는 세계의 열쇠들은 그리스도의 손안에 있으며 모든 사람의 운명이 그 열쇠에 달려 있다. 우리는 못 박힌 그리스도의 손안에 있는 열쇠가 어느 곳으로 가는지 두려워할 필요가 없다. 더 이상 우리는 죽음의 신, 공포의 왕을 두려워하지 않아도 된다. 사망의 열쇠를 쥐고 계신 그리스도께서 우리에게 죽음을 허락하셨으며, 영원히 사는 길도 허락하셨기 때문이다. 그 누구도 그분의 손에서 열쇠를 빼앗지 못한다. 왜냐하면 그리스도께서 일어나실 것이며, 우리도 또한 일어날 것이기 때문이다.

영원히 살아 계시며, 위엄 있으시고, 능력 있으신 그리스도께서 교회의 한 가운데 서 계신다. 그 능력의 양손으로 교회의 운명을 쥐고 계신다. 그러므로 우리가 두려워할 이유가 전혀 없다.

■ 토론 문제 ■

1. 예수님에 대한 이야기 중 당신이 가장 좋아하는 것은 무엇인가? 그 이유는 무엇인가?

2. 잊을 수 없는 예배를 드린 적이 있는지 생각해 보라. 그것이 당신에게 어떠한 의미를 부여하는가?

3. 그리스도에 대한 일곱 가지 묘사 중에서 당신에게 가장 의미가 있는 것은 어떤 것인가?

4. 그리스도의 비전에 대해 읽을 때 어떤 감정이 당신을 감동시키는가?

그리스도의 탁월한 가치를 알라

"책을 가지시고 그 인봉을 떼기에 합당하시도다 일찍 죽임을 당하사."
(계 5:9)
"죽임을 당하신 어린 양이 능력과 지혜와 힘과
존귀와 영광과 찬송을 받으시기에 합당하도다."
(계 5:12)

묵상 : 요한 계시록 5:1-14

사무엘 채드윅(Samule Chadwick)은 감리교 목사로서 40년을 목회하면서 주일 예배 때마다 계시록 5장을 읽었다. 같은 본문을 반복해서 읽으면 그 구절의 영적인 능력이 반감된다고 생각할지 모르겠지만 결코 그렇지 않다. 첫째는 성령의 조명과 거룩한 상상력이 적용되는 성경 본연의 생명력 때문이며, 둘째는 온갖 반대를 넘어 절대적 승리를 이루신 그리스도의 비전을 통해 그는 살아가며 하나님을 섬기는 데 필요한 새로운 영감을 발견하였기 때문이다. 우리도 채드윅처럼 동일한 제단의 불과 그 비전의 능력으로 마음의 열정을 불사를 때 우리에게 주어진 사명을 성취할 수 있다.

1. 어린 양의 비전

"내가 또 보니 보좌와 네 생물과 장로들 사이에 어린 양이 섰는데 일찍 죽임을 당한 것 같더라"(계 5:6). 요한은 감동적이며 장엄한 천국의 모습을 볼 수 있었다(계 4:1). 그분의 오른 손에는 일곱 인을 봉한 책이 들려 있었으며, 힘있는 천사가 큰 음성으로 하늘과 땅과 지옥에서 누가 책을 펴며 그 인을 떼기에 합당하냐고 외치고 있었다. 요한은 숨을 죽인 채 누가 그 책을 펴거나 보기에 합당한 자인가를 많은 무리들 속에서 근심하며 찾았지만 합당한 자도 없었고 지원자도 없었다. 하지만 그 책을 펴거나 보기에 합당한 자가 없었기에 그는 크게 주체할 수 없이 눈물을 흘렸다.

인류에 운명이 담겨 있는 일곱 인을 봉한 두루마리는 무엇을 뜻하는가? 그 의미에 대해 다양한 해석들이 제시되었는데 이는 성경의 저자가 하나님이라는 사실에 기인한다.

그것은 성경(구약)을 인봉한 두루마리인가? 구약성경은 그리스도의 재림과 십자가에 비추어 해석하지 않는다면 단단하게 인봉된 책임에 틀림없다. 유대인들에게 구약성경은 아직도 인봉한 책이다. 유대인들이 이 땅에 오신 그리스도를 믿지 않는다. 그러나 그리스도의 십자가와 고난이 없이는 성경의 비밀을 결코 알 수 없다. 성경의 매 장마다 나타나시는 그리스도를 믿지 않고 어떻게 성경의 메시지를 펼 수 있겠는가?

그것은 인류의 마지막 심판인 하나님의 영원하신 목적을 인봉한 두루마리인가? 오직 어린 양만이 하나님의 뜻과 목적을 해석하고 드러내시며, 완성하기에 합당한 자격이 있으시다.

그것은 그리스도께서 죽으심으로 성취한 하나님과 인간 사이에 맺은 계약과 세상과 교회의 운명을 쥐고 계시는 권리를 인봉한 두루마리인가? 아니면 과거를 설명하고 미래를 해석하는 역사를 인봉한 두루마리인가? 그리스도가 없는 역사는 궁극적인 의미를 갖지 못한다. 진정한 역사는 구속사이며, 역사의 주인은 그리스도이다. 박해와 시련과 죽음으로 얼룩진 세상의 역사에 대한 참 의미를 발견했을 때 요한은 너무도 당혹스러웠다. 역사의 의미와 결과는 무엇인가? 요한은 어린 양이 역사를 해석하는 유일하신 분이며, 예언의 열쇠를 쥐고 계신 분임을 알았다. 인류의 운명에 대해 권위 있게 말할 수 있는 분은 바로 그리스도이다.

이에 대해 부르크(De Brugh)는 모든 이를 만족시키는 제안 하나를 개진하였다. 그 봉인된 두루마리는 인간의 상속을 나타내는 권리증이다. 즉 인간의 죄를 통하여 저당 잡힌 상속이 아니라 어린 양의 희생을 통하여 구속된 상속을 뜻한다. 그 두루마리에는 순서적인 단계가 있는데 이는 강탈자로부터 그 상속을 회복하며, 그 다음에 그리스도와 함께 택한 자들은 그 나라를 실제적으로 소유하게 된다.

요한이 생애 중 가장 장엄한 이 비전은 그가 자신의 무가치함을 깨닫고 눈물을 흘릴 때 나타났다는 사실이다. "이 책을 펴거나 보거나 하기에 합당한 자가 보이지 않기로"(계 5:4). 그 비전에 합당한 자가 아무도 없다는 사실을 알게 되었을 때 요한은 크게 낙심하였으며, 스스로 구원을 받을 수 없는 인간을 다루시는 하나님의 어려움을 비로소 공감할 수 있었다. 하나님은 그 고난에 대한 모든 해결책을 가지고 계신다.

"울지 말라." 천사가 요한에게 말했다. "누군가 그 보좌로 다가오고 있었다." 천사는 유다 지파의 사자(獅子)가 이긴 자라고 말했는데 (5절), 그분이 필요한 자격을 갖춘 자인가? 요한이 몸을 돌려 그 사자를 보았을 때, 그곳에는 희생의 피로 붉게 물든 어린 양을 있었다. 힘으로가 아닌 자신을 희생함으로 구속을 이루신 어린 양이었다. 그 어린 양이 보좌로 나아가자 모든 눈이 그를 주목하였으며, 그 어린 양은 아무런 두려움 없이 책을 취하시고 그 인봉을 떼어 내셨다. 어린 양은 어떻게 합당한 자격을 부여받게 되었는가? 그분의 몸에 있는 다섯 가지 상처는 인간의 잃었던 후사에 대한 대가를 지불하시고 사망을 이기심으로 얻은 무언의 증거이다.

이 상처는 천국에 계시면서도 여전히 고난과 죽음의 표시를 가지고 계시는 그리스도를 인상적으로 묘사한다. 또한 그리스도의 신적인 특성과 속성을 증거하고 있다. 일곱 뿔은 그리스도의 전능하심을, 일곱 눈은 그분의 전지하심을 상징한다. 온 땅에 보내심을 입은 일곱 영은 그분이 온 땅에 편재하심을 상징한다.

어린 양이 일곱 인을 떼실 때 둘러 선 많은 무리들이 자발적으로 경배의 찬양을 드렸다. 수천 수만의 천사들과 네 생물들과 이십 사장로들이 함께 찬송을 하는데 그 소리가 점점 커져 "하늘 위에 있는 모든 피조물과 땅 위에와 아래에 있는 피조물과 바다 위에와 그 가운데 모든 만물이" 존귀와 영광과 감사의 찬송을 어린 양께 돌리고 있었다.

> "책을 가지시고 그 인봉을 떼기에 합당하시도다 일찍 죽임을 당하사 각 족속과 방언과 백성과 나라 가운데서 사람들을 피로 사서 하나님께 드리시고 저희로 우리 하나님 앞에서 나라와 제사장을 삼으셨으니 저희가 땅에서 왕 노릇하리로다... 죽임을 당하신 어린 양의 능력과 부와 지혜와 힘과 존귀와 영광과 찬송을 받기에 합당하도다... 보좌에 앉으신 이와 어린 양에게 찬송과 존귀와 영광과 능력을 세세토록 돌릴지어다"(계 5:9-13).

윌리엄 바클레이(Willam Barclay)는 "만유의 궁극적인 비전은 만천하가 그리스도를 찬양하는 것이다. 우리의 음성과 삶으로 이 광대한 합창에 참여하는 것은 우리만의 특권이다. 왜냐하면 한 음성이라도 이 합창에서 빠지면 완성되지 않기 때문이다"라고 했다.

2. 합당하신 자를 찬미함

인간은 본질적으로 이기적 존재이다. 우리가 비록 하나님의 성품에 참여하게 되었지만 옛 생활의 구습의 영향으로 주는 것보다도 받는 것에 항상 더 관심이 있다. 주님은 "주는 것이 받는 것보다 더 복되다"라는 아홉 번째 지복으로 무언으로 우리들의 이러한 그릇된 경향을 수정하려는 것이 아닌가? 우리는 하나님과 교제할 때도 끊임없이 받는 것을 목적으로 한다. 그리스도인의 삶은 먼저 속죄함으로 시작해서(롬 5:11), 풍성한 은혜를 받음으로 지속적으로 그리스도인의 삶을 유지하며(롬 5:17), 영광을 받으시는 분에 의해서 그리스도인의 삶은 열매를 맺게 된다(딤전 3:16). 우리는 축복을 받으려고 끊임없이 하나님의 옷자락을 잡아당기며, 하나님은 기쁨으로 우리가 구하는 것들을 주신다. 그러나 하나님은 우리가 드리는 것을 즐겨 받으신 다는 것을 우리는 잊고 있다.

우리는 그 무엇으로도 그리스도를 부요케 할 수 없다. 오직 예수 그리스도의 본질적 가치를 올바로 인식해서 우리가 자발적으로 그것을 표명하는 것이 곧 그분을 기쁘시게 하는 것이요, 우리 자신을 더욱 부요케 하는 것이다. "하나님은 경배 받으실 때 당신의 존재를 인간에게 알리신다." 루이스는 이와 관련해서 다음과 같이 말한다.

"그 진리가 진정으로 무엇을 의미하는가를 알기 위하여 우리는 하나님과 완전한 사랑 속에 있는 우리 자신을 생각해야 한다. 그것은 곧 우리 마음속에 말로 할 수 없는 울적함이 남아 있는 것이 아니라 주체할 수 없을 정도로 너무 기뻐서, 넘쳐흐르는 그 기쁨에 취하고, 그 안에 잠기며 용해되어지는 것이다. 거울의 광채와 그 반사되는 대상의 광채를 분리 할 수 없듯이 우리의 기쁨과 찬양은 하나이다. 스코틀랜드 교리 문답집에는 '인간의 주된 목적이 하나님의 영광을 찬미하고 그를 영원히 기뻐하는 것이다'라고 쓰여 있다. 우리는 찬양과 경배가 하나임을 알아야 한다. 온전하게 찬미하는 것이 그를 영화롭게 하는 것이다. 그를 영화롭게 하라고 명하신 분이 그분과 교제할 수 있도록 우리를 인도하신다."

영생에 대해 정확한 관점을 갖게 되면 성도들에 대한 우리의 견해가 잘못되었음을 알게 된다. 이는 하늘과 땅 위에와 땅 아래와 바다와 그 가운데 모든 만물들이 한 목소리로 "어린 양이 영광을 받으시기에 합당하도다..."라고 찬양하기 때문이다. 그 찬양에 이어 모든 만물들이 그 합당하심을 일곱 가지로 찬양을 한다. 이 일곱 가지 특성은 헬라어 단수 관사로 집약할 수 있다. 이는 마치 일곱이라는 수가 인간과 천사들이 어린 양에게 줄 수 있는 모든 것을 한 마디의 영광스러운 말로 집약하는 것과 같다.

3. 일곱 가지의 찬양

어린 양이 찬송을 받으시기에 합당하도다.

능력

프랑스 국민들은 나폴레옹이 무한한 권력을 갖는 것이 합당하다고 생각했으며, 독일 민족은 히틀러에게 무제한적 권력을 위임하였다. 하지만 이들은 뒤늦게 자신들의 신뢰가 얼마나 잘못된 것인지 깨달았다. 이들의 값비싼 대가는 "모든 권력은 무너질 것이요, 절대적 권력은 필연적으로 붕괴된다"고 말한 로드 액톤(Lord Acton's)의 주장이 사실임을 입증해 주었다. 나폴레옹이나 히틀러는 그 권력을 받아 행사하기에 합당치 못한 인물들이다. 오직 가장 자비로우신 주님만이 절대적 능력을 받으시기에 합당하다. 그리스도의 고난과 죽음에 대한 지워지지 않는 흔적은 그분의 손의 능력이 온전하게 사용될 것을 증거하며, 그 능력은 결코 포악한 독재자로 타락하지 않을 것을 입증한다. 온 우주의 홀이 못 박히셨던 그 손에 쥐어져 있다. 어린 양이 절대적 능력을 받으시기에 합당하다.

부요함

그리스도는 모든 것을 상속받기에 합당하셨음에도 불구하고 이 땅에 계시는 동안 부요하고는 거리가 먼 삶을 사셨다. 머리 둘 곳이 없으실 때도 있었으며, 그를 섬기는 여인들을 의지하실 때도 있었다. 너무 가난하셨기에 십자가에서 돌아가실 때는 내기하는 병사들 앞에 남겨진 옷 한 벌이 전부였다. 바울이 고린도 교인들의 방종을 자극하기 위해 사용한 작은 기적은 스스로 가난해지는 것이었다. "네가 우리 주 예수 그리스도의 은혜를 안다." "그는 부한 자이지만 너희로 인하여 가난하게 되셨고 그의 가난을 통해서 너희는 부하게 될 것이다"라고 권면하였다. 진정한 부는 물질적인 것이 아니다. 그것은 영적이고 도덕적인 것이다. "사랑은 황금처럼 고귀한 영광이다." 만일 부자가 사랑이 없다면 그는 비참하게 가난한 자이다. 주님이 가난하게 된 것은 이 땅의 모든 부조화를 천국의 조화로 바꾸어 놓고, 악한 우리가 천사들의 찬미에 참여할 수 있게 하기 위해서이다. 이로써 어린 양은 진정한 부를 받고 누릴 수 있는 권리를 얻었다.

지혜

학식 있는 사람이라고 해서 다 현명한 것은 아니다. 지혜는 배워서 얻어지는 것이 아니다. 솔로몬은 젊었을 때 지혜를 위해 기도했고 응답을 받았다. 솔로몬의 지혜를 본 시바 여왕은 말하기를 "내게 말한 것은 절반도 못되니 당신의 지혜와 복이 나의 들은 소문에 지나도다"(왕상 10:7). 예수님은 이 사건을 배경으로 하여 자신을 가리켜 "솔로몬보다 더 큰이가 여기 있다"(마 12:42)고 말씀하셨다. 그리스도는 하나님의 지혜이며, 참된 지혜의 원천이고 샘이다(고전 12:24). 예수님은 이 무한하신 지식을 언제나 가장 고귀하고 유익한 목적을 위해 사용하셨다. 지혜로운 사람은 겸손함으로 예수님에게 자신의 재능을 바친다. 영광 속에 주어진 이 고귀한 지혜는 그분의 머리 위에 지혜의 면류관을 씌우는 것으로 나타났다. 오직 어린 양만이 지혜를 받으시기에 합당하도다.

힘

육체적인 힘과 정신적인 힘 사이에는 차이가 있다. 삼손은 육체적으로는 아주 강했지만, 도덕적으로 영적으로는 형편없었다. 도덕적 힘은 가장 고귀하다. 어린 양은 그 힘이 아주 충만하였다. 예수님은 사단을 이기시고 그의 재물을 탈취하신 아주 강한 분이다(눅 11:22). 그리스도는 그 어떤 인간적 상황도 극복하셨으며, 성취하는 능력과 인내의 힘을 지니셨다. 엄청난 시련에 직면해서도 예수님은 비할 데 없는 강한 영적 힘을 나타내셨다. "죄인들 중에서 이러한 반대를 누가 참을 수 있겠는가?" 전에는 약함과 수치함으로 십자가를 지셨지만 이제는 힘과 위엄으로 옷 입으시고, 우리들과 천사들이 합하여 드리는 찬송을 받으신다.

존귀

미술, 문학, 음악, 과학, 스포츠, 심지어 전쟁의 영역에서 존귀는 열심히 구해야만 받을 수 있는 아주 귀한 상이다. 이것은 전력을 다한 공로에 대한 답례로 또는 탁월한 것을 얻게 되었을 때 수여된다. 그러나 세상에서 얻는 것과 어린 양이 이루신 것을 비교할 수 있겠는가? 어린 양 외에 누가 각 족속과 방언과 백성과 나라 가운데 파멸 당한 사람들을 구속할 수 있겠는가? 이 땅에서 그리스도는 두 명의 죄인들 사이에서 가장 수치스러운 죽음을 당하시면서도 사람들에게서 영광을 받기를 거절하셨다(요 5:44). 그러나 이제는 하늘과 땅위에와 땅 아래와 바다와 그 가운데 모든 만물들이 한 목소리로 "어린 양이 영광을 받으시기에 합당하도다"라고 찬송을 돌린다.

영광

흔히 사용하는 말이지만 정확하게 정의하기가 어렵다. 이 말은 설명하는 것이 더 용이하다. 먼저 영광은 하나님 자신에게 속하는 어떤 것이며, 빛남과 광휘와 명성의 개념을 포함하고 있다. 우리는 한 낮의 태양에서 비추는 찬연한 광채를 제대로 쳐다볼 수 없다. 요한이 변화산에서 그리스도의 변하신 모습을 보고 "우리가 그의 영광을 보았더라"라고 했다. "저희 앞에서 변형되사 그 얼굴이 해같이 빛나며 옷이 빛과 같이 희어졌더라"(마 17:2). 변화산에서 예수님과 함께 있던 베드로도 "우리는 그의 위엄을 친히 본 자라"(벧후 1:16)라고 했으며, 밧모섬에서 요한은 비전을 보고 "그 얼굴은 해가 힘있게 비취는 것 같더라"(계 1:16)라고 하였다. 이는 어린 양의 초월적인 영광 앞에서 해가 빛을 잃었기 때문이며, 임마누엘의 땅에서 "그 성은 해나 달의 비침이 쓸데없으니 이는 하나님의 영광이 비취고 어린 양이 그 등이 되심이라"(계 21:23)라는 말씀처럼 해가 필요 없기 때문이다. 오직 어린 양만이 영광을 받으시기에 합당하도다.

찬송

찬송이란 행복과 성공을 주신 분께 소원과 기도와 찬양을 돌리는 것이다. 찬송은 받은 호의에 대하여 감사의 찬양으로 보답하는 의지이다. "찬송은 아무 것도 가지지 않은 우리가 모든 것을 가지신 그리스도께 드릴 수 있는 유일한 선물이며", 베풀어주신 축복에 대해 우리가 할 수 있는 가장 작은 일이다. 우리는 어린 양을 부요케 해 드릴 수 없다. 하지만 그분의 이름을 찬송하므로 어린 양의 마음에 기쁨을 드릴 수 있다. 우리의 제한된 개념으로 그리스도의 영광을 다 표현할 수 없지만 그분을 찬미하므로 시편 기자의 찬미에 화합할 수 있다. "내 영혼아 여호와를 송축하라 내 속에 있는 것들아 다 그 성호를 송축하라"(시 103;1).

일곱 가지로 드리는 찬양을 기쁘게 받으시는 자비로우신 어린 양은 그것을 혼자만 누리지 않고, 그를 믿고 사랑하여 그와 연합한 모든 자들과 그 찬송을 나누신다. 그에게 존재하는 모든 것은 우리를 위한 것이며, 그가 가진 모든 것은 우리와 함께 나누신다.

우리는 "하늘과 땅의 모든 권세"가 다 그리스도께 있다고 고백하는가? 그때에 그리스도는 "보라 내가 너희에게 ... 원수의 모든 능력을 제어할 권세를 주었다"(눅 10:19)라고 우리에게 확실히 말씀하실 것이다. 부요가 그분에게 속하였다고 믿는가? "그가 가난하게 되심은 그의 가난함을 인하여 너희로 부요케 하려 하심이라"(고후 8:9). 모든 지혜의 원천이 그분임을 고백하는가? "그리스도는... 우리 위에 지혜가 되셨으니"(고전 1:30). "내게 능력 주시는 자 안에서 능치 못할 일이 없느니라"(빌 4:13)라고 사도 바울은 증거했다. 영광은 어떠한가? "내게 주신 영광을 내가 너희에게 주었사오니"(요 17:22). 오직 그분만이 존귀케 되기에 합당하다고 믿는가? "나를 존중히 여기는 자를 내가 존중히 여기고"(삼상 2:30). 찬송을 받으시기에 합당하신 분께 찬송을 드리고 있는가? 그가 "모든 신령한 복으로 우리를 복 주시되"(엡 1:3). "내 영혼아 여호와를 찬양하라."

4. 찬송해야 할 이유

어린 양은 합당치 않은 존귀는 결코 받지 않으신다. 이 단원은 경배에 대한 우리의 행위가 온전케 되기 위한 일곱 가지 찬양의 근거를 제공한다. 메이어(F. B. Meyer)박사는 찬양에 대해 다섯 가지 근거를 제시하였다.

첫째는 그리스도의 주권이다. "보좌 한가운데에 어린 양이 서 있었다." 그리스도는 왕국을 통치하기 위해 앉지 않고 서 계신다. 이 진리를 성취한 구절이 히브리서 2장 9절이다. "영광과 존귀로 관 쓰신 예수를 보니." 이제 그리스도는 더 이상 가시관을 쓰지 않으시며, 사람들의 멸시와 배척을 받지 않으신다. 그분 안에서 겸손함이 만유의 보좌에 이르고 능력으로 만유를 지배하신다.

> 천국의 최고의 자리에 계시어
> 통치권을 쥐신 주님
> 왕 중의 왕, 주중의 주로서
> 영광의 빛으로 통치하시네.

둘째는 그리스도의 성품이다.

"어린 양은 일곱 뿔과 일곱 눈을 가졌는데." 그 신성한 의미로 충만한 이 상징은 성경에서 가장 많이 사용되었다. 특히 이 구절에서 사용된 "어린 양"은 계시록에서는 빈번하게 사용되었지만 성경 다른 곳에서는 이것을 그리스도에게 적용하지 않는다. "이 단어는 그리스도께서 우리에게 약속을 지키셨다는 사랑의 관계를 표현하고 있다. 어린 양은 희생 제물로서 우리 죄를 대신 짊어지셨다. 이것이 바로 어린 양과 우리의 관계이다"(제미손). 위엄과 영광으로 옷을 입으신 어린 양은 두려움의 대상이 아니다. 이 세상의 온전한 통치권의 상징인 일곱 뿔과 일곱 눈을 가지신 그리스도께서 자기 백성을 주의 깊게 돌보시고, 이들에게 성령의 지혜로운 섭리를 나타내신다. 어린 양 안에서 온화함, 장엄함, 자비와 강함이 숭고하게 결합된다.

셋째는 그분의 정복이다. "유다 지파의 사자... 이 책과 일곱 인을 떼시리라." 그리스도는 하나님의 아들로서 주권과 내적 힘에 의해 왕이 되기를 거부하시고, 인자로서 면류관을 쓰셨다. 그리스도께서 한없이 낮아지셔서 어린아이로 이 땅에 오셨을 때 "그는 간직하셨던 영광을 이 땅에 뿌리셨다."

> 당신은 내 주 예수의 죽음을 듣지 못했는가?
> 내가 그 기이한 이야기를 해주리라
> 하나님의 능력이 장엄한 영광의 옷자락을 타고
> 어느 날 홀연히 빛이 되어서 모든 영광 버리고 이 땅에 오셨네
> 별을 빛의 가락지로 삼으시고
> 구름을 활로, 불을 창으로, 하늘을 담청색 외투로 삼으셨다네
> 무슨 옷을 입으셨나 물으셨을 때
> 웃으시며 그대로 말씀하셨네
> 비천한 새 옷을 입으셨다고.
> - 조지 허버트(George Herbert)

인간의 세계로 오신 주님은 우리의 모든 연약함을 함께 하시며, 한 걸음 한 걸음 보좌로 나아가셨다. 어둠의 통치자와 그 수하가 되는 것을 거절하시고, 무덤으로 내려갔지만 죽으심으로 사망을 이기셨다. 삼일만에 부활하사 사망과 지옥의 열쇠를 허리에 달고 오시므로 단번에 영원히 모든 악의 세력을 정복하셨다.

넷째는 그분의 희생이다. "합당하시도다 일찍 죽임을 당하사 각 족속과 방언과 백성과 나라 가운데서 사람들을 피로 사서 하나님께 드리시고." 크로우(W. A. Clow)는 이렇게 설명했다.

영적 원리 9

"그분은 유다 지파도, 단단히 닫혀 있는 책을 취하시고 그 인봉을 떼시는 순진 무구하고 아름다운 어린 양이 아니라 죽임을 당하신 어린 양이다. 하나님의 책을 열고 그 기록들을 해석하고 명백한 빛 속에 숨겨진 섭리와 은혜의 비밀들을 공포하신 분이 바로 십자가를 지신 그리스도이다."

천국의 영광 중앙에는 십자가에서 죽으신 그리스도가 있다. 결코 잊으면 안 되는 것은 우리가 빛나는 은이나 노란 황금으로 구원받은 것이 아니라 주님이 진홍색의 값진 피를 흘리심으로 구원받았다는 것이다. 첫째 아담에게는 "필히 죽으리라"라고 선고하신 분이, 마지막 아담에게는 "죽임을 당하리라"라고 말하셨다. 그의 값비싼 희생은 영광의 절정이었으며, 만유가 그를 경배하는 가운데 기쁨의 찬양으로 연합을 한다.

다섯째는 그분의 공로이다. "저희로 우리 하나님 앞에서 나라와 제사장을 삼으셨으니 저희가 땅에서 왕 노릇하리로다." 그리스도는 희생 양으로 우리를 죄책과 죄의 결과로부터 구원하셨으며, 정복하는 사자로서 사단과 싸우시고 승리하시고 그를 무력케 하셨다. 그는 죄와 사망과 지옥을 정복하셨다. 이제 다시 보좌를 찾으셨으나 결코 홀로 그것을 차지하지 않으시고 자신의 피로 구속한 사람들과 나누신다. 그래서 그의 백성들을 자신과 함께 통치하는 왕과 찬양과 감사의 희생 제물을 드리는 제사장으로 세우셨다. 죽임을 당하신 어린 양이 책을 취하사 인봉을 떼셨을 때 모인 자들이 새 노래를 부르고, 우리도 참예하여 새 노래를 불러야 된다는 것은 그리 놀라운 일이 아니다.

> 오시오 우리 함께 찬양합시다
> 천국의 성도들이 노래를 시작했고
> 그리스도께 속한 충성
> 어린 양 받으시기에 합당하시니
> 이는 그가 죽임을 당했기 때문이라네.

■ 토론 문제 ■

1. 어린 양이 받기에 합당한 일곱 가지 특성 중에서 당신을 혼란케 하는 것이 있는가?

2. 이 일곱 가지 특성 중에서 우리가 공유하는 그리스도의 의미는 무엇인가?

3. 영적 성숙의 척도로서 어떤 방법으로 하나님을 예배하고 찬양을 드려야 하는가?

그리스도의 사역

"그가 항상 살아서 저희를 위하여 간구하심이니라."
(히 7:25)

묵상 : 히브리서 5:1-6, 7:22-8:1

　오늘 우리에게 하나님의 은혜가 미치는 것은 그리스도께서 십자가에서 온전하게 이루신 사역과 주님이 하나님 보좌 우편에서 끊임없이 간구하기 때문이다. 이 땅에서 주님의 사망과 부활과 승천이 기록된 복음으로서 중요한 것은 이것이 하늘에서 우리를 위해 간구하는 중요한 근거가 되기 때문이다. 갈보리에서 그리스도의 큰 희생도 오순절에 성령이 강림하시고, 주님이 천국에서 간구하시기 때문에 온전한 의미를 갖는다. 천국에서 주님의 끊임없는 중보 사역은 지상에서 이루신 일을 온전하게 하는 관석(冠石)이다.

　이교도이든 그리스도인이든 인간의 마음에는 하나님 앞에서 자신을 대표할 수 있는 제사장 곧 매개자를 열망하는 경향이 있다. 사람들은 하나님이 인간에게 화를 내기도 하시고, 달래기도 하는 보편적인 감각을 가지고 계신 분으로 생각하기 때문이다. 그러나 인간의 약함에 대해 중재할 수 있는 사람은 일을 바르게 처리하고, 하나님께 특별한 영향력을 입은 사람이어야만 한다. 욥은 고난 가운데서 "양척 사이에 손을 얹을 판결자도 없구나"(욥 9:33)라고 비탄에 잠겨 말했다. 인간들의 이러한 열망은 인간의 편에서 소망하는 것을 하나님과 중재할 수 있는 제사장직을 창출케 하였다. 이러한 제사장 제도가 가장 절정에 달했던 곳이 유대교이다. 그러나 인간은 이 제사장직을 감당하기에 얼마나 불완전한 존재인가! 오직 위대한 대 제사장인 그리스도만이 인간 깊숙이 자리잡은 열망을 완전히 만족시킬 수가 있다.

1. 대제사장의 자격

유대 대제사장들에게는 필수적으로 두 가지 자격이 요구되었다. 첫째는 백성들의 수준에서 그들을 이해하고, 동등한 수준에서 교제를 해야 한다. 그는 "사람 가운데서 취한 자"이어야만 한다(히 5:1). 이렇게 해야 그가 대리하는 사람들에 대해 연민을 가질 수 있기 때문이다. 그는 백성들을 향해 적절한 감정을 가지고 있어야 하며, 너무 관대하거나 가혹해서도 안 된다. 그러므로 연민은 대제사장직에 절대적으로 필요한 개념이다.

그러나 아주 고상하며 고양된 이 직분에 인간적 자질만으로는 충분하지 않다. 제사장은 자신의 직무를 충분히 수행하기 위해서는 하나님이 주는 권위를 가져야 하며, 자신을 세우시는 분이 바로 하나님임을 알아야 한다. "이 존귀는 아무나 스스로 취하지 못하고 오직 아론과 같이 하나님의 부르심을 입은 자라야 할 것이니라"(히 5:4).

오직 그리스도만이 이러한 필요조건에 온전히 부합된다. 예수님은 자기 백성을 도우시려고 인간의 모습으로 이 땅에 오셨다. 그는 참으로 "저가 범사에 형제들과 같이 되심이 마땅하였도다"(히 2:17). 사람들과 동일하게 되시려고 예수님은 왕으로서가 아닌 목수의 아들로 이 땅에 오셔서 절박한 가난과 근심과 고민을 그들과 함께 하셨다. 이 땅에 계시는 동안 많은 사람으로부터 환대를 받으셨지만 때로는 절대적 고독을 경험하셨다. 하지만 예수님은 하나님으로부터 권위를 부여받았다. 스스로 선택하신 것이 아니라 "너는 내 아들이니... 영원히... 제사장이라"(히 5:5-6)라고 말씀하신 분에게서 택함을 받으셨다.

그리스도는 중보자로서, 제사장 직분을 수행하시는 데 도덕적으로 영적으로 적합하셨다. "그가 항상 살아서 저희를 위하여 간구하심이니라... 거룩하고 악이 없고 더러움이 없고 죄인에게서 떠나 계시고 하늘보다 높이 되신 자라"(히 7:25-26). 그리스도는 거룩하게 태어나셨으며 일생을 거룩하게 보내셨다. "거룩"이라는 말을 해석하면 하나님께 대하여 매우 신중하면서도 성실하게 자신의 직무를 수행하는 사람을 묘사하고 있다. 예수님은 생명이 다하시는 그 순간에도 "아버지께서 내게 하라고 주신 일을 내가 이루어 아버지를 이 세상에서 영화롭게 하였사오니"(요 17:4)라고 부르짖으셨다. 예수님은 악의가 없으시고 교활하지 않으셨으며, 결코 사람을 속이시거나 해를 끼치지 않으셨고, 절대적으로 신뢰받기에 합당하셨다. 또한 더럽지도 않으셨고, 깨끗하셨으며, 하나님께 나아가시기에 부적합한 그 어떤 흠도 없으셨다. 예수님은 육체적으로가 아닌, 도덕적으로 죄인들로부터 분리되셨으며, 시험을 받으셨지만 그것을 이기시고 죄 없이 나올 수 있으신 죄인들하고는 전혀 다르신 분이었다. 그리스도는 천사들보다 더 높이 되셔서 전능자의 우편으로 높임을 받으셨다.

2. 대제사장이신 예수님의 능력

대제사장으로서 그리스도는 세 가지 명예로운 일을 하신다.

구원하신다

"저가 범사에 형제들과 같이 되심이 마땅하도다 이는 하나님의 일에 자비하고 충성된 대제사장이 되어 백성의 죄를 구속하려 하심이라 자기가 시험을 받아 고난을 당하셨은즉 시험받는 자들을 능히 도우시느니라"(히 2:17-18). 온전한 인간이셨던 예수님은 우리와 같은 처지에서 우리를 만나 주신다. 우리도 도움이 필요한 자들을 기꺼이 돕기를 원하지만 마음과는 달리 온전하게 도와줄 수 없을 때 우리의 한계를 절감한다. 하지만 대제사장 예수 그리스도는 아무런 제약이 없으신 분이다. 우리를 구원하시는 능력은 단순한 연민에서 나오는 것이 아니라 자신의 희생을 통한 큰 속죄에 근거하고 있다는 사실에 주목해야 한다(히 2:17). 그는 우리 죄를 위해서 속죄 제물로 고난을 당하셨기 때문에 우리가 시험 당할 때 구하실 수 있으며, 우리의 죄와 반역을 다루시기에 아주 적합하시다.

동정하신다

주님은 우리의 약함을 기꺼이 동정하신다(히 4:15). 하지만 우리의 죄를 묵과하시거나 동정하지 않으신다. 단호하게 그것을 꾸짖으신다. 죄는 언제나 하나님과 교제를 단절시키고 죄를 범한 사람에게는 회복의 길을 열어 줄 대변자가 필요하다. 이는 예수님은 죄의 형벌을 견디시고 그 죄의 심판을 제거하셨으므로 마음의 고백이 있을 때 깨끗케 하신다.

주님이 우리의 결점과 약함을 긍휼히 여기신다. 비록 이 약함 자체는 죄가 아니지만 쉽게 죄로 빠질 수 있기 때문이다. 동정은 마치 타인이 자기 자신인 것처럼 다른 사람의 경험 속으로 들어가는 능력이다. 동정은 함께 고난을 받고 같은 처지의 사람들 속에서 강한 능력을 발휘한다. 그리스도는 우리와 같은 성정으로 온갖 유혹을 받으시고, 자신의 마음으로 엄청난 죄의 압박을 느끼셨으나 한 번도 죄의 유혹에 굴복하지 않으셨다. 주님은 불로 연단 된 시험을 통과하는 자들을 능히 도우시기에 합당하다.

구원하신다

"그러므로 자기를 힘입어 하나님께 나아가는 자들을 온전히 구원하실 수 있으니 이는 그가 항상 살아서 저희를 위하여 간구하심이니라"(히 7:25). 그리스도는 우리의 중재자와 대제사장으로 영원히 살아계시기 때문에 그에게 나아 오는 모든 사람들의 구원을 완성하신다. 이 구절에서 현재 시제는 그 구원이 끊임없이 오늘도 되풀이되고 있음을 말해 준다. "주님은 계속적으로 자기에게 나아 오는 사람들을 구원하신다. 즉 이들은 하나님에게 나아가는 것이 규칙적인 습관이 된 사람들이다 A. M. 스티브(A. M. Stibbs).

구원은 고상한 단어로서 성경에서는 다양한 의미로 사용되고 있다. 마태복음에서 이 단어는 네 가지 의미로 사용되지만 서로 밀접하게 관련되어 나타나고 있다. 그것은 죄의 권세로부터 구원(히 1:21), 위험으로부터 구원(히 8:25), 병으로부터 구원(히 9:21), 하나님 저주로부터 구원(히 10:23-24, 24:13)이다. 한 설교자는 이에 대해 다음과 같이 말한다. 로마서에서 구원은 죽음에서, 곧 지옥과 심판으로부터 구원인 반면에 히브리서에서 구원은 우리 안에서 내적으로 압박해 오는 것과 그리스도의 비전을 가리는 모든 것으로부터 구원을 의미한다. 우리의 중재자이신 그리스도는 우리를 죄와 죽음으로부터 구원하시며, 내적으로 압박해 오는 모든 것으로부터 구원하시는 완전한 구원자이다. 이는 가장 광범위한 의미의 구원이다. 주님은 개인의 문제에 대해서도 모든 해결책을 준비하고 계시며, 그 어떤 죄에서도 우리를 구원하시며, 그를 믿는 자녀를 원수의 손에서 반드시 구원하신다. 무엇 때문에 그러한가? "이는 그가 항상 살아서 저희를 위하여 간구하기 때문이다." 죄에 대하여 가장 완전한 희생을 드리셨기에 그리스도는 휘장 안에 들어가 우리의 옹호자와 중재자로서 하나님 아버지 앞에 나타나신다.

3. 중보자 그리스도

"예수 그리스도는 어제나 오늘이나 영원토록 동일하시니라"(히 13:8). 우리는 이 말씀을 통해 그리스도께서 이 세상에 계시는 동안 행하신 중보 사역에 대해 많은 것을 배울 수 있다. 중보란 다른 사람을 위해 변호하는 행위이다. 주님이 이 땅에 계시는 동안 드린 기도의 대부분이 중보 기도였다는 사실은 무엇을 말하고 있는가? 딱 한 번 주님은 자신의 뜻을 위해 기도하였는데 그것은 우리가 그와 함께 있어 그의 영광을 보기 원하는 것이었다(요 17:24). 그 외 다른 모든 기도는 중보 기도였다.

누가는 주께서 베드로에게 하신 감동적인 말을 이렇게 기록하였다. "시몬아 시몬아 보라 사단이 밀 까부르듯 하려고 너희를 청구하였으나 내가 너를 위하여 네 믿음이 땅에 떨어지지 않기를 기도하였노니 너는 돌이킨 후에 네 형제를 굳게 하라"(눅 22:31-32). 베드로의 이후의 삶을 통해 볼 때 이 얼마나 강력한 중보 기도인가? 그리스도의 중보 기도를 통하여 베드로의 믿음은 떨어지지 않았다. 중보 기도는 전혀 깨닫지 못한 사실을 예견케 한다. 베드로는 사단의 사나운 공격의 대상이 되었다는 사실을 전혀 알지 못했다. 비록 베드로는 실패하였지만 믿음은 버리지 않았다. 이 사건을 통해 주님은 중보 기도가 그의 자녀를 위한 주님의 고유의 사역임을 가르쳐 주신다.

중보자로서 그리스도의 사역을 묘사하기 위해 서로 다른 두 단어가 사용되었다. 그 첫째는 위에서 언급한 베드로의 사건에서 나온다. 바울은 그리스도가 "우리를 위하여 간구하시는 분"이라고 말했다. 여기서 사용된 단어는 어떤 사람이 곤경에 처한 사람을 우연히 만나 구해 주는 것을 생생하게 묘사한다. 그것은 자기 자신을 전혀 나타내지 않는 것을 뜻한다. 필요가 요청될 때, 주님은 베드로에게 하셨던 대로 졸지도 주무시지도 않고 우리를 도우러 오신다.

다른 단어는 요한일서 2장 1절에 나타난다. "아버지 앞에서 우리에게 대언자가 있으니 곧 의로우신 예수 그리스도시라." 주님은 우리가 위험해서 요청할 때, 또는 필요해서 부르짖을 때 응답하러 오시는 변호자이다. 그는 우리가 요청하면 오셔서 우리의 동기를 변호하시고 우리를 완전히 회복시킨다. 우리가 필요한 것을 모르더라도 그리스도는 항상 살아 계셔서 우리를 위해 간구하신다.

4. 중보의 근거

그리스도의 중보 기도의 근거는 십자가 위에서 치르신 그분의 회생이다. 갈보리 위에서 "완성하신 일"은 레위기 속죄의 날에 분명하게 예시했던 완성되지 못한 중보의 사역에 대한 근거를 제공한다(레 16장). 대제사장은 일년에 한 번 피와 향을 가지고 성소에 들어가서, 피를 여호와 단에 뿌리고 향로를 취하여 여호와 앞에서 분향한다. 동일하게 하늘에 오르신 대제사장도 휘장 안으로 들어 가사 그 자신의 희생의 피를 드리시고, 하나님에게 절대적으로 헌신한 삶의 향기, 곧 순복한 향기를 드린다. 이것이 성육신의 절정이다. 인성을 지니신 예수님은 우리의 연약한 것을 체휼하사 하나님 앞에서 우리를 대표하

시고, 우리는 그와 연합해서 자녀로 인정되어 신령한 확신으로 하나
님께 가까이 갈 수 있다.

> 갈보리에서 다섯 곳이나 상처를 입으시고 피 흘리신 예수님
> 나를 위해서 능력 있는 기도를 부으시고
> 말할 수 없는 확신으로 나를 위해 변호하셨네
> 저를 용서하소서, 용서하소서
> 주님 울부짖으셨네
> 주님의 피로 이 죄인 구속받았네.

5. 중보의 방법

모울(Moule) 주교는 "그리스도께서 우리를 위해서 어떻게 행하셨는
가를 자세하게 묻는 것은 어리석은 일이다"라고 말했다." 중보의 본
질은 그리스도께서 자기 백성과 하나가 되고 그 연합 안에서 그리스
도께서 영원히 존재하시며, 죽임을 당한 어린 양으로서 아버지와 함
께 계시는 것을 의미한다.

우리의 생각으로는 중보란 종종 눈물을 흘리며 애걸하는 탄원이나
고통 가운데 부르짖는 애원 정도로 생각을 한다. 때때로 하나님께서
분명하게 싫어하시는 것을 회피하는 수단으로 중보를 그릇되게 인식
했지만 이것은 그리스도의 중보가 아니다. 그리스도는 우리가 얻고
자 하는 유익을 위해 하나님 앞에서 감언으로 얻어내는 탄원자가 결
코 아니다. 그리스도는 우리를 위해서 자비에 호소하는 것이 아니라
우리의 옹호자로 우리의 정당성을 주장하신다. 우리는 그리스도의
희생으로 합당한 자격을 갖게 된 것, 십자가에서 피를 흘리심으로 우
리의 안전이 보장된 것, 이 모든 것이 그리스도가 십자가를 지심으로
신실하신 하나님이 우리 죄를 용서해준 것에서 기인한다.

그리스도의 중보는 말로 하지 않는다. 그리스도의 중보 기도는 들을 수 있는 소리가 아니다. 아론도 한 마디의 말도 하지 않고 중보의 사역을 감당하였다. 성소의 고요함을 깨는 것은 아론의 말이 아니라 그의 옷 가장자리에 있는 빛나는 황금 종에서 나는 소리였다. 속죄의 날에 말하는 것은 아론이 아니라 피였다. 이것이 우리를 위해 변호하시며, 승리의 증거를 몸 속에 지니고 계시는 우리의 중보자의 모습이다.

아민타스(Amintas)는 로마 정부에 대항하여 반역죄로 공판에 회부되어 유죄 선고를 받았다. 동생이 곤경에 처해 있다는 소식을 들은 그의 형 에스킬루스(Aeschylus)는 서둘러 법정으로 와서 눈물을 흘리며, 조국을 위해 싸우다가 잃게 된 팔 한 쪽을 재판관이 볼 수 있도록 높이 들고 말을 했다. "아민타스는 죄가 있다. 그러나 에스킬루스를 위해 그는 풀려나야 한다." 재판관은 아민타스를 석방하였다. 바로 그대로 우리의 중보자가 되시는 그리스도께서도 우리를 위해 재판관이 되시는 하나님에게 고난의 흔적을 내어놓는다. 재판관이 되시는 하나님은 우리에게 "너희들은 죄가 있으나 내 아들을 봐서 자유케 할 것이다"라고 말씀하신다.

> 대제사장이신 예수님 나를 위해 피를 흘리시고 돌아가셨네
> 죄로 묶든 이 마음 다른 것으로 씻지 못하니
> 주님의 능력의 보혈이 속죄하였고
> 지금도 보좌 앞에서 간구한다네.

그리스도의 중보는 영속적이다. 그리스도는 하나님의 보좌 앞에서 우리를 영원히 대표하신다. "지금도 그는 하나님 앞에서 우리를 위하여 나타나신다." 십자가 위에서 우리의 구원을 위해 돌아가신 그리스도는 이제 하나님의 보좌 앞에서 우리의 구원이 더욱 자라도록 하기

위해 살아 계신다. "더욱 그의 살으심을 인하여 구원을 얻을 것이니라"(롬 5:10). 바로 이 말씀대로 우리는 그리스도로 인하여 더 온전한 구원을 얻을 수 있다. 그리스도께서 지금도 살아 계셔서 "생명과 신성함에 속한 모든 것"을 우리에게 주기 때문에 우리 그리스도인의 삶의 하루를 지탱할 수 있는 것이다.

그리스도는 우리의 불완전한 기도를 받으시고 자신의 공로의 향기와 섞어 하나님께 드린다. "또 다른 천사가 와서 제단 곁에 서서 금향로를 가지고 많은 향을 받았으니 이는 모든 성도의 기도들과 합하여 보좌 앞 금단에 드리고자 함이라"(계 8:3). 모든 성도들의 기도가 그리스도의 마음과 영을 통해서 드릴 때 그리스도 자신의 기도가 되어 하나님의 뜻과 목적에 조화를 이루게 된다. 우리 믿음의 기도는 그 자체로 상달되는 것이 아니라 그리스도의 공로로 흠뻑 적시어 상달된다. 이렇게 하는 것이 강력한 효과를 나타내기 때문이다.

> 우리 모든 기도와 찬양에
> 그리스도는 아름다운 향기를 더하여
> 사랑으로 단에 올려
> 이 향기를 타오르게 하시네.

그리스도의 중보는 개인적이다. "그가 항상 살아서 저희를 위하여 간구하심이니라." 중보는 그리스도의 고유 사역이다. 이 사역을 위해 주님은 가브리엘 천사를 파견하지 않으시고 스스로 그 일을 맡으신다. 졸지도 않으시고 우리를 개인적으로 돌보신다. 땅 위에서, 또는 천국에서 주님은 여전히 우리를 도우신다.

주님은 우리의 필요한 것을 미리 아시고 끊임없이 중보 기도를 하나님께 올린다. H. 드브리에스(H. de Vries)는 주님과 우리의 관계에 대해 이렇게 말한다. "사단이 베드로를 밀 까부르듯 시험하려 할 바로 그때 예수님이 그 믿음이 떨어지지 않도록 그를 위해 기도하셨기 때문에 주님의 중보 기도는 성도들이 극한 어려움이나 위험에 처해 있을 때에만 요청된다고 막연하게 믿는 그리스도인들이 있다. 그러나 주님의 중보 기도가 우리 집에 불이 났을 때만 도움을 청하는 소방서와 같다면 이것은 옳은 말이다. 문제는 우리 집은 항상 화재의 상태에 있어 그리스도의 중보가 늘 필요하다는 사실이다. 우리가 한 순간도 위험과 곤란에서 해방된 적이 있는가? 아마 없을 것이다. 이 때문에 주님은 살아서 항상 우리를 위해 간구하신다. 주님의 중보 기도는 끊임없이 지속되며 편재하신다. 우리의 무력함과 필요에 대한 범위가 중보 기도의 유일한 한계이다."

가장 힘들고 어려울 때 우리 약함을 아시고 우리의 감정에 기꺼이 들어오시는 분, 인간 생활의 모든 면을 체험하신 분, 바로 그분이 지금 하나님 앞에서 우리를 위해 유혹에 떨어지지 않도록 지켜 주시고, 슬픔에서 위로해 주시며, 약할 때 강하게 해주신다는 것을 알고 있는가? 이 사실이 얼마나 우리를 담대하게 하는가? 히브리서 기자는 이 영광스러운 진리를 깨닫고 대제사장직에 관해 다음과 같이 요약하였다.

"이제 하는 말의 중요한 것은 이러한 대제사장이 우리에게 있는 것이라 그가 하늘에서 위엄의 보좌 우편에 앉으셨으니"(히 8:1). 우리가 이 세상에서 살아가면서 기도하는 한 그리스도의 이 직무는 계속 될 것이다.

1. 그리스도께서 왜 우리를 위해 중보 기도하는가?

2. 그리스도가 우리의 대 제사장인 것을 기억하는 것은 어떻게 우리에게 도움이 되는가?

3. 당신이 그리스도를 새롭게 예배드리기 위해 취해야 할 단계는 무엇인가?

그리스도의 이상(理想)

"심령이 가난한 자는 복이 있나니."

(마 5:3)

묵상 : 마태복음 5:1-11

율법이 다분히 강압적이고 실행 불가능한 요구로 가득하다면 하나님 나라의 선포는 축복으로 시작한다. 복은 하나님 나라의 요지이다. 그러나 그를 따르는 사람들이 축복에 이르기까지는 낯설고 예기치 않은 영역을 거쳐야 된다. 팔복에 나타난 생생한 단어들로 예수님의 이상적 삶을 개략적으로 그려보면, 그 이상(理想)은 사람들과 더불어 살았던 가장 매력적인 삶을 반영해 주고 있다. 주님은 날카롭고 호소력 있는 말씀에 나타난 가르침을 자신의 삶으로 보여 주셨다.

예수님은 축복의 근원으로 시편 1편의 복있는 자이며, 축복을 받기 위해서는 어떠한 자질과 태도를 갖추어야 되는지 삶으로 보여 주신 분이다. 세상의 통념으로는 가난, 슬픔, 배고픔, 목마름, 박해 같은 것들은 사람들이 기대하는 행복하고는 거리가 먼 것들이다. 어떻게 이것들이 축복을 가져올 수 있단 말인가? 많은 사람들은 돈이 많고, 슬픔이나 고통이 없으며, 자유로이 욕구를 충족할 수 있고, 사람들로부터 좋은 대접을 받으면 참 복 받은 것이라고 생각한다. 그러나 예수님은 이러한 세상적 개념을 여지없이 무너뜨리고, 우리가 피해 가고 싶어하는 가난, 애통, 주림, 목마름, 거절, 핍박의 길들을 복의 길로 대치하신다.

"복있는"이라는 말은 "좋게 말하다"라는 헬라어에서 유래한 것으로 어원적으로는 운, 찬스, 행운을 포함하고 있는 "행복"과 동족어이다. 이 말은 "선망의 대상이 됨, 환영받음, 영적으로 행복하게 됨, 영적으로 번영함, 큰 행운을 얻음, 큰 기쁨을 얻음"과 같은 다양한 의미로 번역이 된다. 예수님은 이 말에 새로운 차원을 부여해서 순수한 성품의 열매와 올바른 가치를 표명하는 영적 번영의 의미를 사용하였다.

예수님이 말씀하신 팔복의 특징은 처음 네 가지는 하나님을 향한 우리의 태도를 가리키고, 다른 네 가지는 이웃에 대한 우리의 태도와 관련되어 있다. 전자는 개인적인 것으로 수동적인 성격을 띠고 있으며, 후자는 사회적인 것으로 능동적 성격을 띠고 있다. 우리는 하나님과 관계 속에서 비로소 영적으로 행복한 사람이 될 수 있다.

1. 영적으로 부족함

"심령이 가난한 자는 복이 있나니 천국이 저희 것임이요." 심령이 가난하다는 말은 심약하다거나 소심한 것을 뜻하지 않는다. 이 말은 마음을 비우고, 자기 의존적 태도를 버리며, 철저하게 자기를 부인하는 것을 뜻한다. 심령이 가난한 자는 자신의 부패성을 고백한다. 바울은 "내 안에 선한 것은 … 거하지 않도다"라고 고백을 하였다.

스코틀랜드 신학자인 교장 캐런즈(Cairns)항상 "당신 먼저, 저는 나중에… "라고 말하는 습관이 있었다. 한번은 그가 역구내로 들어서자 많은 사람들이 큰 박수갈채로 그를 환영하였다. 그때 그는 옆으로 비켜서면서 뒤에 있는 사람을 앞세우고 그 자신도 박수갈채를 보냈다. 그는 결코 그 큰 환영이 자기를 위한 것이라고는 꿈에도 생각하지 않았던 것이다. 바로 복 있는 자란 이와 같은 사람이다.

헬라어에는 "가난한"이라는 말이 두 가지가 있다. 하나는 여분의 것이 하나도 없는 것을 의미하고, 다른 하나는 도산을 했거나 어쩔 수 없이 가난을 선택할 수밖에 없는 구걸하는 사람들과 관계된다. 여분의 것이 없는 사람은 당장 쓸 것은 있다는 것을 뜻하지만 거지는 아무 것도 가지지 않았다. 예수님이 말씀하신 것은 이 후자의 경우이다. 영적으로 거지가 되고, 하나님의 은혜에 대해 파산자가 된다는 것은 영적으로 갈망하는 태도를 뜻한다. 세상 사람들은 철저하게 자신을 신뢰하고 끊임없이 그 무엇으로부터 독립하려고 하지만 복 있는 자는 "저는 아무 것도 할 수 없나이다"라고 고백을 한다. 영적으로 가난한 자의 전형적인 태도가 사도행전 3장 5절에 묘사되어 있다. "너희에게 무엇을 얻을까 하여 바라보거늘." 이러한 자는 교만이 깨어졌으며 삶의 요구에 대해 자신이 부족하다는 것을 절감하며, 아무 것도 가진 것이 없음을 의식해서 하나님의 무한하신 자원에 자신을 의지한다. 영적으로 가난한 자는 "나는 부자라 부요하여 부족한 것이 없다"라고 자랑하는 라오디게아 교회의 태도와는 전혀 다르다. 영적인 가난은 필연적으로 영적인 부요함에 이르게 한다. 영적으로 가난한 자는 비록 자신은 가난할지라도 많은 사람들을 부요케 한다. 세상의 기준으로 보면 실패자일지라도 그는 천국을 향유하는 참된 부자이다.

2. 영적 회개

"애통하는 자는 복이 있나니 저희가 위로를 받을 것임이요." 슬픔 자체는 결코 복이 아니다. 그것은 슬퍼하는 자에게 하나님 주시는 위로이다. 애통이 없는 곳에는 위로도 없다. "슬픔을 모르는 사람은 불완전한 사람이다. 그것은 그의 본성의 한 면이 발달되지 않은 것이다"라고 해링톤 리즈 (Harrington Lees)대주교는 말한다. "복음의 메시지가 행복한 것은 솔직하면서도 다양하게 일상적인 슬픔을 다루며, 슬퍼하는 자에게 기쁨의 윤활유를 제공하기 때문이다. 그러나 이것은 시작일 뿐이요, 복음의 메시지가 보증하는 최종적인 것은 '슬픔도 없고, 눈물도 없는' 상태이다."

"애통하다"라는 말은 마음속에서 시작하여 전인격을 사로잡아 겉으로 드러나는 슬픔을 뜻한다. 이 단어가 그리는 것은 영적으로 주님을 닮지 못하는 것에 대한 애통함이며, 죄와 실패에 대한 애통함이다. 영적으로 열매가 부족하고, 하나님에 대하여 미지근하며, 그에게서 멀어지고, 그리스도를 닮지 않는 자신을 자각할 때 애통하게 된다.

자기 의로 가득했던 바리새인은 세리처럼 애통하지도 가슴을 치며 참회하지도 않았으며, 의인의 기쁨을 향유하지도 못했다. 그러나 탕자는 먼저 자신이 비참할 정도로 가난한 자임을 깨달았다. 그것은 "나는 주려 죽는구나"라는 고백 속에 잘 나타난다. 그리고 나서 그는 자기 죄를 깊이 깨닫고 참된 회개를 하였다. "아버지여 나는 죄인이로소이다." 욥이 깊은 자기 혐오에 빠져 "내가 스스로 한하고 티끌과 재 가운데서 회개하나이다"라고 말한 것도 그가 하나님의 비전을 가지고 있었기 때문이다. 욥은 자기 만족에 빠져 하나님의 은혜를 간과한 것에 대해 애통이었다.

애통함은 하나의 역설이다. 이는 애통하면서 동시에 기뻐할 수 있기 때문이다. 그래서 바울은 증언하기를 자신은 슬픔 가운데서도 항상 기뻐할 수 있다고 하였다. 하나님은 회개하는 영혼에게 위로를 주신다. 세상이 줄 수 없는 것을 향유하는 것이야말로 영적으로 행복한 삶을 성숙케 하는 또 다른 요소이다.

3. 영적인 겸손

"온유한 자는 복이 있나니 저희가 땅을 기업으로 받을 것임이요" 온유함이란 뼈가 없는 것처럼 우유부단한 덕이 아니며, 약함이나 유약한 기질은 더욱 아니다. 예수님은 온유하셨지만 유순하지는 않으셨다. 실제로 주님은 온유함은 자신의 성품 가운데 한 요소라고 말씀하셨으며, 또한 제자들은 이러한 주님을 닮으려고 열심히 노력하였다. 모세는 온유하였다(민 12:3). 그러나 그는 확실히 약하지 않았다. 온유함은 힘을 비축한 상태이지, 나약함이 아니며, 하나님의 영광과 하나님 나라의 이익이 가리게 되었을 때 담대하게, 열정적으로 싸울 수 있는 내적 능력이다. 채찍을 들고 양과 비둘기를 파는 장사꾼을 성전 밖으로 내몰으신 예수님의 모습에서 유순한 것을 발견할 수 있는가? 온유함이란 누군가로부터 무엇을 받을 수 있는 친절한 마음이 아니다. 그것은 본질적으로 자신의 권리를 주장하지 않는 마음이며, 항상 타인의 유익을 위하여 자신의 특권을 기꺼이 포기할 수 있는 마음이 상태이며, 하나님의 계획을 기쁨으로 받아들이기 위해 기꺼이 자신의 계획을 포기할 줄 아는 마음이다. 니체는 세상을 가질 수 만 있다면 세상은 우리 것이다라고 주장했지만 주님은 우리가 세상을 포기할 때 세상이 우리 것이 된다고 선포하셨다. 세상을 유업으로 받는 자는 공격적인 자가 아니라 겸손한 자이다.

모든 성품 중에서 온유함이 가장 인기가 없다. 하지만 예수님은 온유함은 하나님이 아주 귀하게 여기시는 은혜라고 말씀하셨다. "오직 마음에 숨은 사람을 온유하고 안정한 심령의 썩지 아니할 것으로 하라 이는 하나님 앞에 값진 것이니라"(벧전 3:4). 일반적으로 온유한 사람은 세상에서 성공하기가 힘들다고 말한다. 그러나 예수님은 땅을 기업으로 받을 사람이 바로 온유한 자라고 말씀하심으로 이러한 개념을 반박하셨다. 온유한 자는 원리가 문제가 되지 않을 때는 다른 사람들에게 그 원리를 기꺼이 양보하며, 비록 아무 것도 가진 것이 없지만 그러나 온 땅이 그의 것이라고 담대하게 주장을 할 수 있다.

4. 영적 갈망

"의에 주리고 목마른 자는 복이 있나니 저희가 배부를 것임이요" 다른 역본에서는 이것을 "의에 굶주린 자는 복이 있도다, 이는 저희가 충분히 배가 부를 것이기 때문이다"라고 번역하였다. 예수님은 이러한 인간의 기본적인 본능을 사용해서 하나님에게 온전히 응답하는 것이 곧 삶이 거룩해지며 그리스도를 닮고자 하는 간절한 갈망이라고 하였다. 사실 이러한 것들은 그 욕구가 아주 강렬해서 채워지지 않을 때 인간에게 심한 고통을 가한다. 어네스트 색클톤(Ernest Shackleton)경과 그의 일행이 남극을 여행할 때 식량이 동이나 얼마 동안 굶주릴 수밖에 없었다. 이들은 회고하기를 그때는 음식 이외에 그 어떤 것도 생각나지 않았다고 하였다. 마찬가지로 세상에서 가장 행복한 사람은 거룩한 삶에 대해 억제할 수 없을 정도로 갈증을 느끼며 끝없이 배고파하는 사람이다. 의에 주리고 목마른 자에게 복이 있나니!

> 사냥꾼에 쫓기어 격해진
> 목마른 사슴이 시냇물을 찾듯이
> 내 영혼이 당신을 갈망하나이다
> 나의 하나님! 구원하시는 당신의 은혜를.

팔복은 먼저 행복을 말하고 그 다음에 배고픔과 목마름을 말하지 않는다. 사람이라면 누구나 행복을 추구하지만 대개 허망한 신기루로 끝이 난다. 주님은 팔복을 통해 우리에게 이렇게 가르친다. 사람이 추구해야 할 첫 번째 대상은 행복이 아니라 하나님의 의, 곧 하나님과의 올바른 관계이다. 하나님의 의를 추구한 자는 지상 최고의 행복을 부산물로 얻게 된다. 이 약속은 영원하다. "저희가 배부를 것임이요." "저가 사모하는 영혼을 만족케 하시며 주린 영혼에게 좋은 것으로 채워 주심이로다"(시 107:9).

주님은 하나님과 그의 나라에 대하여 우리가 지녀야 할 이상적 태도를 먼저 지시하시고, 이어서 우리 이웃과의 사회적 관계가 어떠해야 함을 말씀하신다. 영적으로 성숙한 사람은 환경이 어려운 가운데서도 자비 속에서 약한 자를 격려하고, 불화 속에서도 사랑을 나타내고, 악인과 접촉해도 정결을 유지하고, 박해 가운데서도 의롭게 고난을 받는 네 가지 기질을 나타낸다.

5. 긍휼히 여기는 마음

"긍휼히 여기는 자는 복이 있나니 저희가 긍휼히 여김을 받을 것임이요." 이 지복은 도덕의 세계를 움직이는 인과율로 기술되어져 왔다. 베푸는 자만이 긍휼을 얻을 수 있다. 사람은 심은 대로 거둔다. 만일 고난과 어려움 없이 의를 구했다면 의를 구한 후에 주림과 목마름이 찾아오게 될지도 모른다. 유명한 복음 전도자 샘 존은 긍휼 없는 의는 단지 소화불량만 가져온다라고 말했다.

온유함처럼 긍휼은 그리스도인만이 갖는 특별한 덕목으로서 비그리스도인들에게는 잘 알려지지 않았다. 긍휼의 근원에는 동정심이 있으며 이것은 동정적인 행동으로 표현된다. 그래서 긍휼은 그것에 대해 그 어떤 요구도 하지 않는 사람들에게서 볼 수 있다. 만약 누군가 긍휼을 요구한다면 이는 단지 받아야 될 것을 받는 것뿐이다. 동정하는 마음을 가진 사람은 언제든지 실패한 사람들을 참작할 준비가 되어 있으며, 애매 모호한 행동일지라도 선으로 받아들일 수 있도록 준비가 된 사람들이다. 그는 다른 사람을 심하게 비난하지 않는다. 이는 그 자신 역시 모든 일에 진실하지 않다고 생각하기 때문이다. 그러므로 우리가 마음에 심어야 될 사실은 우리의 경험은 태도의 결과라는 것이다. 긍휼히 여기는 자는 긍휼히 여김을 받을 것이다.

6. 청결한 마음

"마음이 청결한 자는 복이 있나니 저희가 하나님을 볼 것임이요" 축복의 비전은 땅위에서 청결한 마음을 가진 자들에게 주어진다. 팔복에 있는 청결은 포괄적인 말로서, 생각과 상상과 동기와 행위의 순수성을 뜻한다. 마음이 청결하다는 것은 도덕적으로 거룩하며, 성실해서 특별히 간교하지 않은 것을 가리킨다. 주님은 외적이고 의식적인 청결을 반대하시고 절대적이며 내적인 청결을 요구하셨다. 의식적 요구만 만족시키는 외적인 청결은 하나님뿐만 아니라 인간의 마음을 만족시키지 못한다.

"하나님이여 내 속에 정한 마음을 창조하시고"라고 다윗은 아웃에 대해서 자신의 정결치 못함과 죄를 깊이 의식하고 자복하는 심정으로 이렇게 간구하였다. 그는 정결한 마음과 깨끗한 손을 관련시켜 인간의 태도와 그 관계에 나타난 자신의 책임성을 자각하면서 이 시편을 기록하였다. 마음이 청결하지 않고는 결코 투명한 비전을 가질 수 없다. 하지만 너무도 많은 사람들이 외적인 청결에 만족하고 있다. 사람들은 동료들의 눈을 피할 수만 있다면 도덕적으로 청렴의 길에서 벗어나는 것을 그다지 개의치 않는다. 그러나 성경은 분명하게 "거룩하지 않고는 그 누구도 주님을 볼 수 없다"고 선언한다. 그러므로 우리는 날마다 자신을 돌아보아 그리스도의 보혈로 깨끗해져야만 한다.

하나님은 우리의 눈으로 볼 수 없다. 하나님을 본다는 것은 영적인 문제이다. 하나님은 영이시다. 죄는 우리의 마음을 가려서 하나님의 비전을 흐리게 한다. 하나님을 본다는 것은 하나님을 안다는 것이며, 그와 친밀하게 교제한다는 것을 뜻한다. 그러므로 하나님을 보기 위해서는 온갖 위선과 불성실은 버려야 한다. 청결한 샘이신 그리스도와 함께 할 때 비로소 마음이 청결해지고 하나님을 보게 될 것이다. 이것을 겪게 될 때, 주님과 대면할 그 날을 이 땅에서 경험하게 된다.

7. 화평의 사역

"화평케 하는 자는 복이 있나니 저희가 하나님의 아들이라 일컬음을 받을 것임이요." 이 말은 이미 존재해 있는 평화를 지키려는 평화 유지자(peacekeeper)들이나 평화를 좋아하는 자들을 가리키지 않는다. 오히려 이들은 평화가 깨어진 곳에 들어가 그것을 회복시키는 자이다. 화평케 한다는 것은 결코 덕이 아니다. 오히려 이것은 계획하여 행동하는 것이다. 평화를 회복하는 것과 유지하는 것 중 어느 것이 더 값지겠는가? 전자가 훨씬 더 값지다는 사실에는 부인하지 않을 것이다. 우리 주님은 "십자가 보혈로 평화를 회복하셨다." 우리가 화평케 할 수 있는 유일한 길은 우리 자신의 평화를 깨트리는 것이다. 이 사역의 가운데에 바로 십자가가 있다. 화평케 하는 자가 있는 곳에는 다툼과 불화가 사라진다. 한 유명한 영국 정치가에 관한 일화이다. 이 사람이 의사당에 나타나기만 하면 아무리 격렬한 논쟁과 말다툼도 그 앞에서는 잠잠하게 되었다고 한다. 왜 그랬을까? 그는 하나님 앞에서 살았기 때문이다. 그는 의사당에 늦게 출근하여도 직무를 시작하기 전에 항상 두 시간씩 기도에 전념하였다. 하나님의 평화가 그와 함께 하였고, 그는 어디를 가든지 하나님의 평화를 발하였다. 이것은 특별한 용기와 통찰과 지혜가 요구된다. 그러므로 화평케 하는 자는 멀어진 사람들을 화해시키는 화해자이다. 바울은 유오디아와 순두게 사이에 벌어진 틈을 회복시키기 위해 온갖 지혜를 다했다.

화평케 하는 자가 받는 보상은 하나님의 아들이 되는 것이 아니라 하나님의 아들로 불려지는 것이다. 그는 이미 하나님의 자녀이다. 혈통이 문제가 아니라 명성이 문제이다. 화평을 회복시키려고 열심히 사역하는 것을 사람들이 볼 때, 그들은 이 사람 안에서 그의 주인의 형상을 보고 닮아 가는 것을 깨닫게 된다.

8. 굴하지 않는 충절

"의를 위하여 핍박을 받는 자는 복이 있나니... 나를 인하여 너희를 욕하고 핍박하고 거짓으로 너희를 거슬려 모든 악한 말을 할 때에는 너희에게 복이 있나니 기뻐하고 즐거워하라 하늘에서 너희의 상이 큼이라." 화평케 하는 자라 할지라도 동료들의 비난과 핍박에서 자유하지 않다. 죄 없으신 그리스도도 박해와 모욕을 당하셨다. 그러므로 모욕, 욕설, 상해, 핍박조차도 축복이 될 수 있다. 박해를 견딘 사람들에게는 최고의 행복이 주어진다. 이것은 보상이며, 박해 "이후의"상태이다. 시련 당하는 그리도인들에게 축복이란 그리스도와 특별히 가깝게 교제할 수 있는 기쁨을 누리는 것이다. 행복한 사람이란 풀무불 속에 있었던 다니엘의 세 친구들과 같이 불 속에서도 하나님의 아들과 함께 하므로 불이 그들을 사르지 못하는 것을 경험한 사람들이다.

하지만 모든 핍박이 축복을 가져오지는 않는다. 복을 낳는 핍박에는 세 가지 조건이 있다.

첫째로 "의를 위해"당하는 핍박이어야 한다(11절). 신앙의 박해는 우리 자신의 무지와 모난 태도로 인하여 받는 것이 되어서는 안 된다. 많은 그리스도인들이 무모하고 공격적인 태도로 인해 자신들이 비난을 당하는 것은 물론 그리스도에게까지 그 비난을 돌린다. 이 구절에서 말하고 있는 박해란 우리가 그 어떤 희생을 기꺼이 감수할지라도, 설령 그것이 사회적 추방일지라도 의를 위해 겪는 것을 말한다.

둘째로 그것은 거짓으로 너희를 거슬려 악한 말을 할 때이다. 이는 사람들이 내게 욕하는 것이 어떤 근거도 없어야 한다.

셋째로 그것은"나를 위해" 너희를 욕하고 핍박할 때이다(11절). 우리가 그리스도와 그의 의를 위해 충성할 때 박해를 받는다면 그것의 보상은 명백하다. 우리가 그의 고난을 함께 질 때 우리 주님은 이를 깊이 헤아리신다. "기뻐하고 즐거워하라 하늘에서 너희 상이 큼이라." 고난과 박해를 하나님의 진노로 생각하는 유대인들에게 있어서 이것은 아주 새로운 개념이다.

이것은 그리스도인의 이상적인 성품에 대한 우리 주님의 고상한 개념인 동시에 또한 우리의 견해이기도 하다. 너무 이상적이라고 생각하는가? 하나님은 그의 아들의 성품 외에 어떤 기준도 알지 못하신다. 하나님은 우리들이 전부 그의 아들의 형상을 닮기를 원하신다. 성령께서는 이것이 이루어지도록 기쁨 가운데 역사하신다.

■ 토론 문제 ■

1. 서로 사랑할 때, 사랑의 불이 마음속에 쌓이는 이유는 무엇인가?

2. 새로운 성도에게 "복 있는" 이라는 말을 어떻게 간략하게 설명할 수 있겠는가?

3. 이러한 특성 중 어떤 것이 당신의 삶에서 가장 큰 도전을 주는가?

4. 팔복에 나타난 지침들이 그리스도인의 성품에 더 고상한 표준이 되며, 행동을 개선하는 것보다 지나친 자기 존중은 잠재적 손해가 된다는 논의에 어떻게 답하겠는가?

제자도의 조건

"내게로 오라... 나를 따르라."
(눅 14:26-27)

묵상 : 누가복음 14:25-33

신약성경은 제자도와 그것의 의미에 대한 교훈으로 가득 차 있다. 주님은 이것을 강조하여 가르쳤지만 교회는 이 가르침을 완화하였다. 그 이유를 찾아내는 것은 그리 어려운 일이 아니다. 당시 주님의 가르침은 인기가 있었고 대중에게 환영을 받았다. 그러나 세대는 계속되어도 인간의 마음은 변화지 않았다. 철저한 제자도를 규정하신 주님의 가르침이 너무 엄격해서 큰 희생이 요구됨을 깨닫게 되자 사람들은 주님의 곁을 떠났다.

당시 예수님의 인기는 절정이었다. 백성들의 열띤 관심을 이용할 특별한 기회가 주어진 것이다. 온 백성이 로마의 속박에서 구원시켜 줄 메시아적 지도자를 찾고 있을 때 주님은 적절하게 이것을 이용만 하면 되었다. 주님은 허다한 무리들의 관심을 끌기 위해 현란한 이적을 행하시고, 혹은 그들을 즐겁게 하였는가? 아니면 특별한 은혜를 베푸셔서 그들의 충성을 다짐받으셨는가? 오히려 주님은 제자도의 엄격한 조건을 적나라하게 말씀하심으로써 따르려고 하는 사람 수를 적게 하셨다. 세상의 방법과는 정반대인 주님의 제자도의 참 의미는 무엇인가? 오늘의 지도자들은 가지고 있는 것을 나누어 주고, 은혜와 축복과 감격과 흥분을 제공해서라도 될 수 있으면 많은 사람을 끌어 모으기를 원하는데 주님은 제자가 되면 감당해야 할 어려움과 수반되는 희생을 더 많이 말씀하셨다(눅 9:57-62).

제자가 되는 것은 신조에 대해 동의하는 것 그 이상이 요구된다. 그것은 자기 희생이며, 가혹한 자기 절제이다. 제자가 된다는 것은 결코 즐거운 것도, 쉬운 것도 아니다. 그것은 힘들고, 위험한 것이다. 제자의 길은 친구와 담소하며 걷는 즐거운 길이 아니라 원수들이 들끓는 어려운 길이며, 좋은 신을 신고 걷는 화려한 길이 아니라 맨발로 걸어가야만 되는 험난한 길이다. 주님은 제자를 삼기 위해 결코 이들을 즐겁게 하거나 이적으로 이들을 유혹하지 않으셨다. 오히려 제자가 되면 부딪힐 희생을 숨기지 않으셨다. 주님을 따른 사람들도 분명히 이것을 목도하고 기꺼이 자신을 희생하였다. 부라우닝(Browning)은 주님의 이러한 메시지를 한 편의 시에 담았다.

아! 그리스도인이 된다는 것은 얼마나 어려운 일인가?
당신과 나에게 힘겨운 이 길,
숭고한 이상의 본분을
현실에서 실현시켜야 되기 때문이 아니라,
그와 같은 완벽하고 온전한
인간 영혼의 목적을
이루기가 결코 쉽지 않기 때문이라네.

시대를 막론하고 유능한 지도자는 가장 어려운 도전에 직면했을 때 위기를 기회로 만드는 자이다. 가리발디는 침략군으로부터 나라를 구하기 위해 일어나 사람들을 구하고 있었다. 그는 게으른 젊은이들을 보고 십자군에 참가할 것을 요청하였다. 이들은 가리발디의 요청에 "우리에게 무엇을 줄 수 있는가?"라고 질문하였다. "무엇을 줄 수 있느냐고? 여러분에게 아무것도 줄 수 없다. 돈도, 거처할 막사도, 식량도 없다. 내가 줄 수 있는 것은 굶주림, 목마름, 고된 행군, 전쟁 그리고 결국은 죽음뿐이다. 안락이 아닌 나라를 사랑하는 자만 나를 따르라." 결국 이 젊은이들은 가리발디를 따랐다. 선교도 이와 같다. 젊은 시절 불타는 사명으로 갖은 상상을 하지만 기다리는 것은 오로지 불편함, 궁핍, 고난, 그리고 위험이다. 젊은 시절의 상상은 희생의 부름에 여지없이 산산조각 나버린다.

"제자"는 단순히 "학습자"이다. 그러나 이 말속에 함축되어 있는 제자의 의미는 변화될 목적을 가지고 배운 것을 행동으로 실천하는 이상을 가진 사람을 가리킨다. 그래서 그리스도인의 제자는 신앙과 삶의 스타일에서 주님의 가르침을 받아들이며 실천하는 예수님의 학습자이다. 주님은 먼저 "나에게 오라"고 부르시고, 그리고 나서 "나를 따르라"고 하신다. 구원을 받은 모든 사람이 다 제자가 되는 것은 아니다. 원래 "제자"와 "성도"는 바꿔 쓸 수 있는 말이었지만 오늘은 그러하지 못하다.

에드거 후버(J. Edgar Hoover)가 워싱턴의 연방 수사 국장이었을 때 공산주의자를 조사하면서 이렇게 말하였다. "공산주의 지도자들에게 있어 연구한다는 것은 곧 혁명적인 행동을 준비하는 것이다. 이들은 당원들을 훈련시킬 때 막스주의자들의 지능지수나, 혹은 학술적 시험에 합격하는 데는 전혀 관심이 없다. 이들의 관심은 가지고 있는 지식이 세계를 공산주의화하는 데 필요한 무기가 되어야 한다는 당위성이다. '우리가 배우는 유일한 목적은 배운 것을 실천해서 당과

혁명 완수를 위해서이다'라고 말한다." 후버 국장은 계속해서 "그리스도인들은 예수님의 말씀을 이들처럼 실천하고 있는가? 세상에서 매일 매일의 행동을 기독교 신앙에 따라 행동하고 있는가?"라고 묻는다.

주님은 제자 됨의 조건을 적나라하게 제시함으로 대중의 지지를 잃게 되었음에도 불구하고 제자도에 대해서 왜 그렇게 철저하게 조건을 제시하셨는가? 주님의 관심은 양이 아니라 질에 있었기 때문이다. 주님은 기드온 용사들처럼 준비된 자들과 어떠한 위기의 상황에서도 확고한 믿음을 가진 용사를 원하신다. 주님은 악한 세력과 싸우실 때 또는 교회를 세울 때 신뢰할 수 있는 제자를 찾으신다(눅 14:29, 31). 참된 제자는 그리스도의 영광과 위엄을 확신하는 가운데 자신의 신분과 따라야 될 목적을 확실히 깨닫고 이를 위해 기꺼이 희생을 감수한다.

양보다는 질에 관해 좋은 교훈을 주는 한 일화가 있다. 몇 세기 전에 동방의 호전적인 어느 왕이 자신의 무적의 군대를 이끌고 어린 추장 아부타버(AbuTaber)의 영토에 이르렀다. 이 왕은 아부타버의 용맹성에 대해 익히 듣고 있던 터라 죽이는 대신 평화의 사절을 보냈다. 아부타버는 그 제안을 듣자 한 병사에게 일부러 단도를 주면서 "이것을 너의 가슴에 꽂으라"라고 명령했다. 그 병사는 명령대로 그 칼을 가슴에 꽂았다. 아부타버는 다른 병사를 불러 "이 낭떠러지에서 유프라테스 강으로 뛰어 내리라"고 명령하였다. 그 병사는 지체하지 않고 뛰어내렸다. 아부타버는 그 사절에게 "가서 당신의 왕에게 전하시오. 나에게는 이와 같이 용맹한 군사 500이 있소. 앞으로 20시간 이내에 내 부하들이 당신 왕을 체포할 것이오." 이 말을 들은 왕은 그 무적의 군대와 함께 진격을 했지만 아부타버의 충성스러운 작은 군대를 이길 수가 없었다. 채 하루도 지나지 않아 그 왕은 체포되었다. 문제는 양이 아니라 질이다.

진정한 기독교는 대중적이지 않다. 대중에게 인기를 끄는 종교 치고 주님의 가르침을 제대로 실천하지 않는다. 주님은 "모든 사람이 너희를 칭찬하면 화가 있도다 저희 조상들이 거짓 선지자들에게 이와 같이 하였느니라"(눅 6:26)라고 우리에게 경고하신다. 그리스도인이 축복을 받을 수 있는 길은 사람들이 그리스도로 인하여 거짓으로 그를 거스려 욕하고, 악한 말을 할 때이다(마 5:11). 주님이 우리를 부르신 것은 세상에서 인기를 나누어 주려는 것이 아니라 그의 십자가를 지고 고난에 참여하기 위해서 이다. "그런즉 우리는 그 능욕을 지고 영문 밖으로 그에게 나아가자"(히 13:13). 우리는 "경건하게 살려는 사람마다 고난을 받아야 된다"는 말씀을 기억하면서 사람의 인기를 얻으려는 마음을 버려야 한다. 주님이 우리를 부르신 것은 영광에 참여가 아니라 그의 고난에 동참하기 위해서 이다. 오늘의 삶에서 "십자가의 수치"를 경험하지 못한다면 이는 우리가 베드로와 같이 "멀리 떨어져" 그리스도를 따르기 때문이다.

예수님의 간절한 말씀에 귀를 기울여야 한다. "생명으로 인도하는 문은 좁고 길이 협착하여 찾는 이가 적음이니라." 이 시대에 온전한 제자의 길을 걷는 자가 적다는 사실에 놀랄 필요가 없다. 주님의 이 가르침은 허다한 무리를 쫓으시며, 인위적인 것은 제거하신다. 밴스 해브너(Vance Havner)는 "교회는 상처를 통하여 성숙된다"고 했다. 교회의 위대함이 증명될 때는 군중의 자리에서 방관자로 있을 때가 아니라 신앙 때문에 사자 먹이가 될 때였다.

제자는 "그 대가를 지불"해야 한다. 누가복음 14장 25-35절에 대해서는 두 가지 해석이 상존한다. 그것은 제자가 되기를 원하는 자는 그 길을 밟기 전에 대가를 지불해야 한다는 것이다. 이것은 이 단락의 핵심을 이루는 그리스도의 세 가지 엄격한 요구 속에서 강조되고 있는 사실이다. 그러나 이 구절을 논리적으로 연구해서 망대를 세우시는 자도 그리스도이며, 싸우러 나가는 왕 역시 그리스도라고 강력하게 주장하는 다른 한 가지 해석이 있다. 그러나 그리스도는 결코 명목상으로 자신에게 오는 자들을 결코 군사와 건축자로 사용하지 않으신다. 이 구절에 내포되어 있는 뜻은 우리가 주님의 조건을 따를 때, 기꺼운 마음으로 죽음을 각오하고 주님을 따를 때 내가 제자가 될 수 있다는 것이다.

참된 제자는 주님이 주시는 세 가지 조건을 능히 이루는 자이다.

첫 번째 조건은 그리스도를 절대적으로 사랑해야 한다. "무릇 내게 오는 자가 자기 부모와 처자와 형제와 자매와 및 자기 목숨까지 미워하지 아니하면 능히 나의 제자가 되지 못하고"(눅 14:26). 우리는 주님을 제일 사랑하므로 제자가 될 수 있다. 주님의 제자가 되어 주님을 따를 때 충성의 대상이 다르므로 충돌이 일어날 수 있다. 또한 수익이 격감되고, 어쩔 수 없이 친족과 그리스도의 요구가 대립되지만 제자는 어떤 것이 승하는 것인가를 선택해야 한다.

26절의 "미워하다"는 말은 오해의 소지가 있다. 이 말은 오늘날 우리가 사용하는 절대적 의미와는 거리가 멀다. 이 말은 상대적 의미로 단순히 "덜 사랑하라"는 뜻이다. 금방 부모님을 공경하라고 했다가 다시 그들을 미워하라는 것은 제자의 삶에서 최고의 사랑의 대상은 주님이라는 것을 강조하는 것이다. 일부 열광적인 신자들은 균형 잡히지 않은 신앙관으로 자연적 사랑을 무시하는데 이는 분명 잘못된 것이다. 네 부모를 공경하라는 주님의 말씀에는 결코 모순이 없다. 주님께서 이 말씀을 하실 당시에 제자가 된다는 것은 그의 가족과의 불화와 사회로부터 추방을 내포하고 있었다. 이는 핵가족화가 되어 있고 사회적 기반이 잘 이루어진 서구 사회에서는 좀처럼 보기 힘든 현상이지만 선교지에서는 얼마든지 목격할 수 있다. 그리스도에게 충성을 선언하므로 직장, 아내, 자식, 심지어 생명까지 잃어버리는 경우가 비일비재 한다. 그러나 이 모든 것에도 불구하고 주님은 제자의 조건을 감하지 않는다.

주님은 결코 구습 타파주의자가 아니다. 주님은 자식 된 자는 마땅히 부모를 사랑할 것과 부모는 자식을 하나님이 주신 기업으로 알고 사랑할 것, 그리고 부부는 하나님이 맺어 준 것이므로 사랑할 것을 명령하셨다. 하지만 주님은 종종 "사람의 원수가 그들 가족에 있다"는 것을 아셨다. 핵심은 자연적 사랑이 아무리 강해도 주님 사랑보다는 덜 해야 한다는 것이다. 주님의 제자는 어떤 위기 상황에도 주님에 대한 사랑으로 그것을 이겨야 한다. 사실 우리가 그리스도를 최고로 사랑하면 모든 인간 관계는 더욱 풍성해진다. 우리가 주님을 사랑하면 할수록 친족이나 가족간의 사랑이 더욱 풍성해지지 결코 감해지지 않는다.

주님은 더욱 우리의 주님에 대한 사랑이 자연적 사랑을 승하기를 요구하신다. "자기 목숨까지 미워해야 한다." 이러한 제자의 조건에 또 다른 영역이 있다. 그것은 가족의 영역에서 삶의 중심인 자아의 영역에까지 제자의 조건이 엄숙하게 요구된다. 자기 자신의 고귀한 목숨까지도 붙들어서는 안 된다. 참된 제자라면 바울처럼 "나의 생명을 조금도 귀한 것으로 여기지 아니 하노라"라고 고백할 수 있어야 한다.

마음속에 그리스도에 대한 절대적 사랑을 가지고 있지 않는 자는 진정한 주님의 제자가 아니다.

제자 됨의 둘째 조건은 삶의 태도에 관한 것이다. 제자는 끊임없이 자기 십자가를 져야 한다. "누구든지 자기 십자가를 지고 나를 쫓지 않는 자도 능히 나의 제자가 되지 못하리라"(눅 14:27).

모슬렘 최초의 선교사인 라몬 룰(Ramon Lull)은 과거에 호화롭고 쾌락을 사랑하는 생활을 했다. 어느 날 그가 홀로 있는데 그리스도께서 오셔서 십자가를 주면서 "나를 위하여 이 십자가를 지라"고 말하였다. 그는 주님의 요구를 거절하였다. 두 번째는 그가 대성당에 홀로 있을 때 주님께서 다시 오셔서 십자가를 질 것을 요청하셨다. 그러나 그는 이를 또 거절하였다. 그리스도께서 세 번째로 나타나셨을 때는 "주님은 아무 말 없이 그의 십자가를 내 손에 쥐어 주고 떠나셨다. 그런데 어떻게 내가 짊어지지 않을 수 있겠는가"라고 말했다. 결국 그는 십자가를 지게 되었고 그것은 돌에 맞아 죽는 것이었다.

예수님께서 말씀하신 십자가는 어떤 것이었나? 확실하게 그것은 육체적 약함이나 신경 쇠약, 불행, 분쟁, 질병 등은 아니다. 이러한 것들은 모든 인류에게 해당되는 공통적인 운명이다. 그리스도인이라고 해서 여기에서 자유하지 않다. 우리는 주님의 십자가를 지는 데 자발적이어야 한다. 주님은 이 구절에서 가정법을 사용하시므로 이것을 명백하게 나타내셨다. 십자가는 부끄러움과 고난과 죽음을 의미하며, 세상으로부터의 거절을 상징한다. 십자가의 가운데는 죄인과 하나님을 화해케 하는 진정한 일치가 내포되어 있다. 우리가 십자가를 진다는 것은 강요가 아닌 선택의 문제이다. 주님이 구레네 시몬에게 십자가를 지웠던 것과 같이 우리에게 억지로 십자가를 지라고 하지 않는다. 십자가를 진다는 것은 주님을 위하여 기꺼이 경멸과 미움을 받는 것이며, 세상으로부터 배척을 받는 것이다. 세상의 제자는 환영과 인기를 얻고 살지만 주님의 제자는 결코 그렇지 않다. 십자가에 달리신 그리스도와 연합한다는 것은 바울의 말대로 "후욕을 당한즉 축복하고 핍박을 당한즉 참고 비방을 당한즉 권면하니 우리가 지금까지 세상의 더러운 것과 만물의 찌끼같이 되었도다"(고전 4:12-13).

우리는 각자 자기 십자가를 지고 이기적이며 자기 중심적 실존 속에서 죽음의 도구인 십자가와 반대되는 환경을 스스로 껴안고 있다. 우리는 삶에서 겪는 시련, 고난, 한계적 상황들을 올바르게 받아 들여 십자가의 참된 자리로 돌아가야 한다. 사무엘 루더포드(Samuel Lutherford)는 "십자가의 하얀 쪽을 보고 당당하게 지는 사람은 십자가가 마치 새의 날개와 같은 것임을 알게 될 것이다"라고 했다.

제자가 이 조건을 기꺼이 수행하지 않는다면 "그는 내 제자가 되지 못하리라"라고 주님이 말씀하신다.

제자 됨의 셋째 조건은 개인적 소유에 관한 것이다. 주님의 제자는 자기 소유에 대해 이유 없이 포기해야 한다. "너희 중에 누구든지 자기의 모든 소유를 버리지 아니하면 능히 내 제자가 되지 못하리라"(눅 14:33). 제자의 세 번째 조건은 가지고 있는 것을 대부분 포기하는 것이 아니라 가진 모든 것을 포기하는 것이다. 여기서 "버리다"는 말은 "포기하다, 단념하다, 주장을 포기하다, 이별하다"와 같은 다양한 의미로 해석된다(Amplified New Testament). 이것은 주님의 절대적 명령으로 결코 피할 수 없다. 주님은 제자들이 소유한 모든 것을 사랑 가운데서 처분하기를 요구하신다.

물질 만능의 시대에 사는 대부분의 사람들은 아주 쉽게 자기의 소유물에 사랑과 헌신을 쏟아 붓는다. 그 결과 우리들은 자신도 모르는 사이에 물질의 노예로 변해 버리지만 제자는 하나님과 돈을 함께 섬기지 않으며, 두 주인에게 충성을 하지 않는다. 두 마음이 있는 곳에 참 제자가 나올 수 없다. 주님이 우리에게 물질을 주신 것은 소유하라고 주신 것이 아니라 관리하라고 맡기신 것이다. 이것이 주님의 가르침이다.

소유물을 버리라는 제자의 세 번째 조건은 가지고 있는 소유를 팔아 수익을 분배하라는 뜻이 아니다. 그러한 가능성을 완전히 배제 할수는 없지만 제자들처럼 "우리는 모든 것을 버리고 당신을 따랐나이다"라고 고백을 해야 하며, 바울과 같이 "나는 일체의 것을 버렸노라"고 말 할 수 있어야 한다. "모든 물건을 서로 통용하고 제 재물을 조금이라도 제 것이라 하는 이가 하나도 없더라"(행 4:32). 이것이 초대 교회 모습이다. 어떠한 것이 제자의 조건에 포함되던지 간에 주님의 제자는 소유물에 대한 소유권을 실제적으로 포기해서 탐욕과 이기심으로부터 자유로워야 한다. 우리가 소유물을 가질 수 있는 방식이 두 가지가 있다. 꽉 움켜쥐고 이것은 내 것이야 라고 말하는 것과 아니면 손바닥 위에 올려놓고 언제든지 주님이 요구하시면 드리는 것이다. 소유물에 대한 제자의 태도는 "주님 빌려주신 것 다시 돌려받기를 원하시면 말씀하세요. 언제든지 드리겠습니다"이다.

그렇지 않으면 우리는 주님의 제자가 될 수 없다.

제자의 세 가지 조건에 순종하기 위해서 강한 동기가 필요하다. 주님은 자신이 먼저 하지 않으신 것은 우리에게 결코 요구하지 않으신다. 주님은 우리를 사랑하셨기 때문에 아버지와 천국을 "미워하고" 머리 둘 곳도 없으신 이 세상에 죄인의 모습으로 오셨다. 우리를 위하여서 "예수께서 자기 십자가를 지시고... 골고다... 저희가 거기서 예수를 십자가에 못 박히셨다"(요 19:17-18). 주님은 우리가 영원히 부요하도록 자신이 가진 것 모두를 버리셨다. "부요하신 자로서 너희를 위하여 가난하게 되심은 그의 가난함을 인하여 너희로 부요케 하려 하심이니라"(고후 8:9). 종이 자기 주인보다 더 큰가? 주님이 우리를 위해 기꺼이 하셨던 것을 우리는 주님을 위해 기꺼이 할 수 있는가? 제자됨의 세 가지 조건을 이루고 나서야 우리는 참된 주님의 제자가 될 수 있다.

■ 토론 문제 ■

1. 당신은 가족을 사랑하고, 재물을 사랑하며, 좀더 편안한 삶을 위해 애를 쓰고 있는가?

2. 제자도의 어려운 요구를 무시한 결과는?

그리스도와 교회

"에베소 교회의 사자에게 편지하기를... "
(계 2:1)

묵상 : 계시록 2:1-7

부활하신 주님이 이 땅에 있는 교회에 남기신 중요한 서신을 서로 나눌 수 있다는 것은 교회만이 갖는 특권이다. 주님은 이 서신을 일차적으로 에베소 교회에 한정하여 말씀하셨지만 "귀 있는 자는 그의 말을 들으라..."라고 결론을 내리시어 시대를 초월하여 모든 교회를 향하고 있다. 주님은 이 구절에서 신앙을 지킨 행위에 대해서는 사랑이 담긴 칭찬을, 처음 사랑을 버린 것에 대해서는 책망을 하신다. 주님은 일곱 교회를 상징하는 일곱 금 촛대 사이를 거니시면서 친히 그들의 증거의 삶을 유심히 살피시며 교회에게 그들의 행위대로 정확하게 판결을 내리신다. "내가 네 행위를 아노니."

에베소는 바울 시대 로마제국에서 네 번째로 큰 도시로 '다이아나'라고 불려지기도 하는 '아르테미스'(개역성경은 아데미로 표기되어 있음 : 역주)라는 거대한 여신이 있는 곳이었다. 이 도시는 두 가지로 유명하였다. 하나는 무역의 중심지이고, 다른 하나는 아르미테스의 숭배였다. 바울 당시에는 무역의 중심지로서 위상은 상실되었지만 아르미테스의 숭배는 이 도시의 주요 경제 수단이었다. 세계 7대 경이 중 하나인 이 신전을 구경하기 위해 수많은 숭배자들이 찾아왔기 때문이다. 이러한 것들이 에베소에 많은 부를 가져왔지만 그것은 사람들의 마음에 공허감을 남겨 놓았다. 하나님은 이러한 에베소에 성령으로 충만한 많은 당신의 종들을 보내셨다. 이것은 실로 에베소 교회의 특권이었다. 바울, 아굴로, 부리스길라, 아굴라, 디모데 그리고 요한이 하나님에 의해 보내심을 입은 종들로서 에베소 성도들에게 영적 진리를 가르치고, 교회의 핵심이 되는 깊은 진리를 이 교회에 심어 놓았다. 이러한 모든 것의 기초를 닦은 사람이 바로 영적 은사로 충만한 바울이었다.

이 서신이 쓰여질 당시에 에베소 교회는 세워진지 40년이 지나 교회의 구성원도 2-3세대 사람들이었고, 에베소 교회를 강건케 했으며, 성도들의 중심에 심어졌던 진리는 이제 한낮 사사로운 것으로 바뀌었다. 하지만 그 중심에는 여전히 주님을 뜨겁게 사랑하는 마음과 신앙의 강건함이 있었다. 이 때문에 주님은 에베소 교회에게 사랑의 칭찬을 하신다.

1. 칭찬

주님은 사람의 마음을 헤아리시며, 정확하다. 이 편지의 서두에는 이것이 잘 나타나 있다. 우리는 비판 거리를 먼저 찾아내지만 주님은 칭찬을 먼저 하신다. 그저 듣기 좋은 말이 아니라 우리의 행위와 사람들과의 관계에 근거해서 신앙을 지킨 것에 대해 칭찬을 하신다. 에베소 교회에게 주님은 이들이 증거한 네 가지 덕을 칭찬하신다.

이들은 맡은 바에 충성을 하였다. "내가 네 행위와 수고와 인내를 알고"(계 2:2). 에베소 교회는 행위와 수고와 인내를 보였다. 그것은 성도의 희생이었으며, 온갖 어려움을 극복한 지속적인 인내의 결과였다. 오늘날처럼 주일만 문을 열어 놓는 것이 아니라 한 주일 내내 교회는 쉬지 않고 열심히 복음을 증거하였으며, 구제를 하는 등 선한 일에 열심이었다. 적이 으르렁거리며 괴롭힐 때에도 이들은 주님의 이름을 위하여 견디며 낙심하지 않았다. 주님은 이러한 에베소 교회에게 "내가 네 행위와 인내를 아노니"라고 위로하신다. 이들은 "믿음의 역사와 사랑의 수고와 소망의 인내"(살전 1:3)에 열심이었다.

이들은 또한 악한 자들을 용납하지 않았다. "또 악한 자들을 용납지 아니한 것과"(2절). 시대를 막론하고 진정한 교회는 교회를 오염시키는 더러운 행위를 묵과하지 않으며, 도덕적으로도 건전하도록 교회를 훈련시키기에 충분한 영적 능력을 가지고 있다. 바로 에베소 교회가 이것의 적절한 모델이다. 이 때문에 주님은 이 교회를 칭찬하셨다. 에베소 교회는 교회 안에 있는 악한 자들에 대해서는 단호하면서도 다른 온갖 어려움은 견디었다.

이들은 교회의 본분 중 하나인 참 교리를 분별하였다. "자칭 사도라 하되 아닌 자들을 시험하여 그 거짓된 것을 네가 드러낸 것과..."(2절). 자칭 사도라고 한 자들은 니골라당으로 이들은 자신들을 사도들과 동등하거나 더 위대하다고 자처하였으며, 사도들의 비난에 앞장섰던 인물들이다. 이 구절의 동사 시제로 볼 때 주님은 에베소 교회가 니골라당의 교리에 시험을 당하고 있는 최근의 위기를 언급하고 있는 것 같다(6절). 바울은 고별의 말을 하면서(행 20:29), 이미 "흉악한 이리"를 경계하라고 경고하였다. 에베소 교회는 바울의 이 경고를 기억하고 주의하여 거짓 교리로 시험한 위기를 이길 수가 있었다. 이들은 단순하게 거절한 것이 아니라 속이는 자들의 말과 행위를 시험하므로 이들의 시험을 능히 거절할 수 있었다. 이 때문에 진리이신 그리스도께서 "내가 네 행위와 인내를 아노니"라고 칭찬하신다. "네가 니골라당의 행위를 미워하는도다 나도 이것을 미워하노라"(6절). 이그나티우스는 에베소 교회에 이렇게 권면을 하였다. "당신들이 진리에 따라 살았기 때문에 어떠한 이단도 이 교회 안에 발을 들여놓을 수 없었다. 만일 누군가가 예수 그리스도께서 전한 구원 외에 다른 것을 말한다면 그것조차도 듣지 않아야 된다."

마지막으로 이들은 박해를 견디었다. "또 네가 참고 내 이름을 위하여 견디고 게으르지 아니한 것을 아노라"(3절). 에베소 교회는 신앙의 강건함으로 혹독한 박해를 이기었다.

불꽃같은 눈동자를 가진 주님으로부터 이와 같은 놀라운 칭찬을 들은 에베소 교회와 오늘날 교회를 비교해 보라. 에베소 교회는 신실한 교회의 모델이 아닌가? 우리가 더 무엇을 바라겠는가? 과연 오늘날 수많은 교회 중에서 주님으로부터 이와 같은 칭찬을 들을 수 있는 교회가 몇이나 되겠는가? 하지만 에베소 교회도 치명적인 잘못이 있었다. 불꽃같은 눈동자로 주님은 이것을 보셨으며, 귀로 이들의 예배의 불협화음을 들으셨다.

2. 책망

"그러나 너를 책망할 것이 있나니 너의 처음 사랑을 버렸느니라." 에베소 교회는 가지고 있던 처음 사랑을 포기하였다. 마지막 때에 사람의 사랑이 식어지리라는 주님의 예언의 말씀이 수 천년 전에 이루어졌다(마 24:12). 이들의 행위와 수고와 인내에 비해서 처음 사랑을 버린 것이 별로 문제되지 않는다라고 말할 수도 있다. 하지만 이는 문제의 본질을 간과한 피상적 견해에 불과하다. 어느 남편이 아내에 대한 처음 사랑을 포기했다면 아내에게 이것이 사소한 일이 되겠는가? 아무리 좋은 집, 많은 재산, 높은 사회적 지위를 가졌다 한들 남편이 아내에 대한 사랑을 버렸다면 이런 것들은 한낱 먼지에 불과할 것이다. 세상에 많은 고통이 있지만 가장 견딜 수 없는 것이 바로 저 버린 사랑에 대한 고통이다.

에베소 교회가 처음 사랑을 잃어버리게 된 것은 충성과 신실로 점철된 초대 교회의 역사 속에 모종의 위기가 있었던 것 같다. 이들이 선한 일에 너무 열중하다가 예수님에 대한 사랑이 식어진 것인가? 아니면 예수님에 대한 사랑이 식어져 버릴 정도로 니골라당의 행위를 미워하는 데 바빴는가? 이들의 문제의 해답을 우리는 새롭게 회심한 데살로니가 교인들에게서 찾을 수 있다. 이들의 역사와 수고와 인내는 각기 믿음과 사랑과 소망의 열매들이다. 그러나 2세대인 에베소 성도들에게는 믿음과 사랑과 소망은 없어지고 역사와 수고와 인내만 남았던 것이다. 영적인 동기 없이 행한 에베소 교회의 행위는 기쁨이 아니라 짐이었고, 이들의 정통은 죽은 정통이었다. 기독교의 존재의 바탕에는 그리스도에 대한 신실한 사랑이 있다. 교회에서 행하는 각종 행위들이 영적인 가치를 갖기 위해서는 행위가 이 사랑 안에 속해야 한다. 수고와 열심, 심지어 자기 희생까지도 이 사랑을 대신 할 수는 없다.

오늘날 대다수의 그리스도인들이 예수님에 대한 사랑을 잃어버리는 것을 대수롭지 않게 여긴다. 하지만 주님은 이것을 아주 중요하게 여기신다. 회개하지 않으면 결과적으로 믿음, 소망, 사랑이라는 증거가 파괴되기 때문에 주님은 이것을 무서운 차원의 죄로 여기신다. 처음 사랑을 잃어버린다는 것은 곧 그 행위를 있게 하는 목적 자체를 놓치는 것이다.

3. 충고

이 땅의 교회는 그리스도가 주신 메시지에 귀를 기울여야 한다. "그러므로 어디서 떨어진 것을 생각하고 회개하여"(5절). 우리는 뒤를 돌아봐야 할 때가 있고, 앞을 보아야 할 때가 있다. 때로는 지난날의 실패를 거울삼아 우리의 사명을 잘 감당할 수 있다. 하지만 인간은 지난날의 실패를 쉽게 망각해 버리는 좋지 않은 경향이 있다. 만일 우리의 현재의 삶이 그리스도를 처음 사랑했던 지난날보다 덜 사랑한다면 주님은 우리에게 너의 처음 사랑을 버렸느니라라고 말씀하신다. 우리는 큰 죄를 범하지 않았음에도 불구하고 주님에 대한 처음 사랑을 잃어버릴 수 있다. 어느 때 우리가 주님을 제일 사랑하였는가? 지금인가? 지난날인가? "생각하라"는 주님이 지난날을 돌아보아 잃어버린 사랑의 원인을 찾으라는 명령이다. 사랑은 처음은 뜨거웠다가 나중은 식어져 버린다는 것이 세상 사람들의 통념이다. 하지만 영적인 사랑은 시간이 지남에 따라 더욱 깊어지고 넓어진다. 과연 우리는 이와 같은 사랑을 체험하고 있는가?

예레미야는 첫 사랑을 잃어버린 자들을 향해 날카로운 통찰의 외침을 던진다. "여호와의 말씀이 내게 임하니라 이르시되 가서 예루살렘 거민의 귀에 외쳐 말할지니라 여호와께서 이같이 말씀하시기를 네 소년 때의 우의와 네 결혼 때의 사랑 곧 씨를 뿌리지 못하는 땅 광야에서 어떻게 나를 좇았음을 내가 너를 위하여 기억하노라"(렘 2:1-2). 이스라엘 백성은 처음에는 하나님을 순수하게 희생적으로 사랑하였다. 광야의 그 어려운 순간마다 함께 하시는 하나님을 향해 뜨거운 사랑을 보냈다. 그러나 이제 그 사랑은 사라져 버리고 추억만 남았다. 하나님은 이것을 기억하시면서 슬픔 가운데 이 백성의 사랑의 네 가지 특성을 말씀하신다.

하나님은 이들의 사랑의 친절을 기억하셨다. "나는 네 소년 때에 우의를 기억하노라." 소년 때란 제일로 하나님을 사랑했고, 가장 예민한 감정으로 민감하고 열성적으로 관심을 보이며, 크고 작은 온갖 일에 대해 하나님의 권고를 순복했던 때이다. 우리의 모든 행위의 시금석은 "이는 하나님을 기쁘시게 하는 일인가"라고 묻는 것이어야 한다. "이것이 나를 즐겁게 하고 있지 않은가"라고 질문해 보아야 한다. 아직도 삶의 중심에 내가 있다면 원인을 찾아 회개를 해야 한다.

하나님은 이들의 사랑의 헌신을 기억하셨다. "내가 네 결혼 때의 사랑을 기억하노라." 하나님은 이들이 젊은 시절에 보인 헌신적인 사랑을 새롭게 기억하셨다. 새롭게 일깨워진 사랑만큼 아름다운 것도 없다. 허드슨 테일러(Hudson Taylor)가 기차로 프랑스를 여행할 때 같은 객실에 한 신혼부부가 타고 있었다. 이들은 전혀 주위 사람을 의식하지 않고 서로의 사랑을 표현하고 있었다. 신부는 신랑에게서 얼굴을 떼지 않았고, 신랑은 그러한 신부를 가장 사랑스러운 표정으로 바라보면서 꼭 포옹을 하였다. 이들은 서로에게 완전히 빠져 있었다. 이것을 본 테일러 목사는 "오, 나도 주님에 대해 이와 같은 사랑을 가졌을 때가 있었는데…"라고 마음속으로 외쳤다고 한다.

하나님은 이들의 절대적인 사랑을 기억하셨다. "네가 나를 쫓았노라." 하나님은 이들의 삶과 세계의 중심이었고, 모든 것이었다. 이들 전체 삶의 동기는 하나님에게 인격적으로 헌신하는 것이었다. 그러나 지금은 모든 것이 사라져 버리고 자아와 물질이 그 자리를 대신 차지하고 있는 것이다. 주님만을 헌신적으로 사랑했던 것이 주님의 사업을 한다는 명목으로 전락하는 것은 그리 어려운 일이 아니다.

래몬 룰(Ramon Lull)은 대학 교수로서 19세기에 모슬렘의 복음화를 위해 헌신한 선교사였다. 그는 모슬렘 교도들에게 복음을 전하다 추방당하고 말았다. 같은 나라에서 두 번이나 추방된 적도 있었으며, 일년 반 동안 지하 감옥에서 갇힌 적도 있었다. 그의 말년에 우물 속에 던져져 돌에 맞아 죽었다. 죽는 순간에 그가 남긴 말은 "오직 예수만"이었다. 그는 죽기 전에 이렇게 말했다. "사랑하는 자는 결코 죽지 않는다. 주님과 더불어 사는 자는 결코 죽지 않는다." 그가 목사로 안수 받을 때 한 맹세는 "오 나의 주 나의 하나님, 내가 가진 모든 것, 내 자신, 아내, 자식을 당신께 바치나이다"였다. 이 고백대로 그는 죽기까지 주님에 대한 절대적인 사랑을 포기하지 않았다.

폴란드에 박해의 폭풍이 몰아칠 때 드 뮬러(Geleyn de Muler)도 목숨을 담보로 한 선택의 기로에 놓이게 되었다. 그는 성경 읽기를 포기하든지 아니면 화형을 당하든지 둘 중의 하나를 선택해야만 되었다. 그에게는 사랑하는 아내와 네 명의 자녀가 있었기 때문에 화형을 당하는 것을 선택한다는 것은 힘든 일이었다. 이러한 그의 처지를 이용해서 디텔만(Titelman)이 물었다. "당신은 아내와 자식을 사랑하는가?" 디텔만의 물음에 그는 이렇게 대답했다. "하나님만이 모든 것을 아신다. 하늘이 보석으로 되어 있고 땅이 금으로 만들어져 있고, 이 모든 것이 내 소유일지라도 내 가족을 위해서라면 이 모든 것을 즐겁게 포기할 수 있다. 설사 빵과 물만으로 연명하게 될지라도... 그러나 주님을 위해서는 결코 그 무엇도 포기할 수 없다." 결국 뮬러는 그의 선택대로 불에 타 죽고 말았다.

하나님은 이들의 희생적인 사랑을 잊지 않으셨다. "씨 뿌리지 못하는 땅, 광야에서 어떻게 나를 쫓았음을 내가 기억하노라." 처음에 이들의 사랑은 계산적이지 않았으며, 하나님을 위해서라면 생명까지 내줄 수 있는 모험적인 사랑이었다. 처음 사랑의 그 열정 속에서 이들은 하나님과 함께 할 수만 있다면 기꺼이 모든 것을 희생하였다. 이들에게 견딜 수 없는 것은 하나님과의 간격이었다. 혼자라는 외로움도, 살아가는 데 꼭 필요한 것들이 부족해 불편하고, 가난해서 먹을 것이 없을지라도 하나님과 함께 할 수만 있다면 능히 모든 것을 견딜 수 있었으며, 아무 것도 두렵지 않았다. 유혹과 시험의 땅인 광야에는 이들의 마음을 끌 만한 것들이 아무 것도 없었다. 말 그대로

"씨 뿌리지 못하는 땅"이었기 때문이다. 광야에는 안전함도, 삶의 기대도 없으며, 수확의 확실성도 없었고, 미래의 보장도 없었다. 이들은 이 모든 것에도 불구하고 이들은 가장 어려울 때, 힘든 곳에서 열정적으로 하나님을 사랑하였으며, 헌신적으로 하나님을 따랐다. 오직 하나님과 함께 하기 위해 세상의 사랑과 삶의 번영을 포기한 그 사랑을 하나님은 기쁨으로 기억하셨다.

주님은 이 땅의 교회가 자신의 메시지에 귀를 기울이고 회개하기를 바라신다(5절). 촛대가 옮기기 전에 마음과 태도와 행위에 변화가 있어야 한다. 마음으로부터 실패의 원인을 깨닫고 행동으로 이것을 옮겨야 한다. 주님이 에베소 교회에게 요구하신 것도 바로 이것이다. 에베소 교인들이 단지 처음 사랑을 잃어버린 것을 뉘우치는 것만으로 충분하지 않았다. 주님은 이들이 그 사랑을 새롭게 하기를 원하였다. "너희가 처음 사랑을 버렸느니라"는 말속에는 통찰해야 할 위기가 있다. 언제부터인가 믿음과 사랑과 소망을 잃어버리고 싸늘한 바람이 불기 시작한 그 시점이 포함되어 있었다. 깨닫고 회개하면 복이 되는 것이고 무시하고 잊어버리면 화가 된다. 순례자가 두루마리를 잃어버렸던 그 장소에서 다시 그것을 찾았던 것처럼 우리 역시 처음 사랑을 잃어버렸다면 영적인 순례를 생각해 보아야 한다.

처음에 자신의 메시지에 귀기울이기 원하시고, 두 번째로 회개하기를 바라신 주님이 이제 마지막으로 개혁을 요구하신다. "즉시 처음 행위를 가지라." 이것은 하나님의 명령으로서 지난날 행했던 것들을 다시 행하라는 명령이다. 이 말에는 주님을 향해 마음이 새롭게 변화되어 지난날 그 헌신적인 사랑 속에서 행했던 것들을 새롭게 할 수 있도록 마음에 사랑의 불을 다시 지펴야 한다는 뜻이 내포되어 있다. 사랑은 의지와 감정의 문제이다. 그러므로 올바르게 다루면 사랑의 불은 다시 타오르게 된다.

주님은 지금 철저하게 우리의 삶이 개혁되기를 원하신다. 이를 위해 주님은 더 엄중한 경고를 하심으로 그 당위성을 확고하게 하신다. "회개하여 처음 행위를 가지라 만일 그리하지 아니하고 회개치 아니하면 내가 네게 임하여 네 촛대를 그 자리에서 옮기리라"(5절). 하지만 슬프게도 에베소 교회는 주님의 이 경고를 진실하게 받아들이지 않아 일시적으로 교회에 사랑의 불이 붙었지만 오래가지 못하고 다시 식어지고 말았다. 에베소 교회는 이제 지난날의 영광을 잃어버린 초라한 모습만 지니고 있다. 주님이 친히 권면하시고 경고하신 기독교적 모습은 온데간데없고, 퇴락한 흔적만이 관광객의 발길을 맞는다. 트렌치는 말하기를 에베소 교회를 방문해 보면 단지 세 명의 그리스도인만 발견할 수 있다고 한다. 이들은 이 교회를 설립한 바울도, 이들에게 영적인 진리를 가르쳐 준 요한의 이름조차 모를 정도로 무지하다.

이 서신은 퇴락해 버린 에베소 교회를 향한 경고로 그치지 않는다. 오늘의 수많은 교회를 향한 주님의 경고이다. 주님에 대한 뜨거운 사랑을 버리고 주님의 이름을 빌려 수많은 일로 바쁜 이 땅의 교회를 향한 경고이다. 교회의 불빛은 많으나 사랑과 믿음과 소망을 잃어버리고 행위만 있고 그 사랑조차 잃어버린 것을 깨닫지 못하는 수많은 교회를 향하신 주님의 사랑의 경고이다. 촛대마저 옮겨 이름만 있을 뿐 죽은 교회가 되지 말고, 빨리 회개하여 개혁하라는 주님의 명령이다. 이것에 귀를 기울이는 교회에 복이 있을진저!

4. 보상

이 서신은 이렇게 부정적인 전언으로 끝을 맺지 않는다. 처음 칭찬으로 시작했던 것처럼 보상으로 끝을 맺는다. "이기는 그에게는 내가 하나님의 낙원에 있는 생명 나무의 열매를 주어 먹게 하리라"(7절).

이것은 주님의 경고와 훈계를 받아들이는 자에게 주어지는 영광의 약속이다. 이기는 자에게는 결코 꿈꿀 수조차 없는 큰 약속이 주어질 것이다. 에덴에서 아담에게 금지되었던 생명 나무에까지 갈 수 있는 자유가 주어진다. 이기는 자는 생명 나무의 열매를 먹게 될 것이다. 인간은 최초의 죄로 에덴 동산에서 쫓겨났지만 이기는 자를 통하여 영광 가운데 회복될 것이다. 이는 그리스도께서 친히 하신 약속이다.

■ 토론 문제 ■

1. 당신 삶에서 주께 헌신하지 못하도록 방해하는 조건은?

2. 그리스도를 위해 어떻게 자기 사랑을 새롭게 할 수 있는가?

그리스도와 성도의 삶

"한 사람이 범죄를 인하여 사망이 그 한 사람으로 말미암아
왕 노릇하였은즉 더욱 은혜와 의의 선물을
넘치게 받는 자들이 한 분 예수 그리스도로 말미암아
생명 안에서 왕 노릇하리로다."

(롬 5:17)

묵상 : 로마서 5:12-21

"왕 노릇하리로다." 바울은 그리스도인의 삶을 몇 마디의 말로 아주 매력적으로 표현하고 있다. 이 구절에서 바울이 말하는 왕은 오늘날 하나의 상징으로 존재하는 왕이나 여왕이 아니다. 오늘의 왕은 상대적 권력만 가지고 있고 실제 정치는 의회나 수상에게 있다. 이와는 달리 고대의 왕은 절대 권력을 가지고 있어 왕이 선하면 선정을, 악하면 폭정을 하였다. 바울이 말하는 개념은 이와 같은 절대적 권력을 지닌 왕이다. 하지만 대부분 그리스도인의 실제적 삶은 이러한 그리

스도인의 이상하고는 거리가 먼 것 같다.

1. 통치의 실상

로마서 5장에는 네 가지 통치가 언급되어 있다.

* 아담으로부터 모세까지... 사망이 왕 노릇하리로다(14절).
* 죄가 사망 안에서 왕 노릇한 것 같이(21절).
* 은혜도 또한 의로 말미암아 왕 노릇하여(21절).
* 그들은... 생명 안에서 왕 노릇하리로다(17절).

인간 영혼의 요새를 지배하는 두 세력이 있다. 하나는 죄와 사망의 세력이고, 다른 하나는 은혜와 의의 세력이다. 정확히 말하면 그리스도인은 이 두 세력 사이에 존재한다. 어느 쪽의 지배를 받을 것인가는 우리 자신의 선택에 달렸다. 고대 페르시아의 지배적 종교였던 조로아스터교는 우주를 선한 신 오무즈드와 악신인 아리만과의 싸움터로 보았다. 이 종교에 의하면 인간은 이 우주적 전쟁에서 자기가 어느 편에 설 것인지 결정해야 하며, 그 결정에 따라 자신의 운명이 결정된다.

하지만 우리는 우리의 신분과 위치에 대해 전혀 의심할 필요가 없다. 하나님의 목적과 섭리는 결코 변함이 없다. "그들은 생명 속에서 왕 노릇하리로다." "은혜도 또한 의로 말미암아 왕 노릇하여..." 우리를 향하신 하나님의 뜻은 무엇인가? 영적 전쟁의 패배인가? 아니면 승리인가? 하나님이 자녀들이 승리의 삶을 영위하기 원하신다. 바울은 하나님의 뜻을 이렇게 증거한다. "항상 우리를 그리스도 안에서 이기게 하시는 ... 하나님께 감사하노라"(고후 2:14). 전쟁에서 승리하고 입성하여 황제와 백성으로부터 영광을 받는 것이 왕의 모습이다.

2. 왕의 특권

일반적으로 왕의 개념은 무엇인가 바람직한 특성과 관련되어 있는데 이 특성에 나타난 영적 이미지는 그리스도인의 삶에 두드러지게 나타나야 한다. 영국의 상징적 존재인 여왕은 비록 바울이 말한 절대적 권력을 행사하지는 못하지만 우리는 그 여왕에게서 고귀한 성품을 기대한다. 실제로 그녀를 보면 엄격한 자기 훈련과 절제로 인하여 그의 높은 지위와 일치하는 위엄과 인내를 발견하게 된다. 보통 사람에게서 찾기 힘든 인격적 매력을 그녀는 가지고 있으며, 부자나 가난한 자나 동일하게 자비로운 관심과 염려를 나타내며, 순방 여행 중에는 아무리 피곤해도 매력과 미소를 잃지 않는다. 또한 그녀는 자기의 신분에 어울리는 권위를 가지고 있다. 애써 그렇게 가장하는 것이 아니라 아주 자연스럽게 권위가 몸에 배였다. 그녀를 만나는 사람들은 결코 함부로 대할 수 없는 어떤 힘을 느끼게 된다. 그녀는 원하는 것을 거의 다 소유할 수 있지만 이것이 결코 즐거움을 주지 못한다. 오히려 아직 소유하지 못한 많은 것들로 인해 괴로워한다. 이론적으로 어느 정도의 자유를 가지고 있다. 모든 영토가 여왕의 소유이며, 원하는 곳은 어디든지 갈 수 있으며, 하고 싶은 것은 무엇이든지 할 수 있다.

그리스도인의 삶의 진정한 모습은 인격의 고매함, 다른 사람을 끌어들이는 매력, 많은 사람들을 감동케 하는 권위, 결코 세상이 줄 수 없는 부, 그리고 자유가 어우러진 아름다운 형상이다. 하나님은 이러한 영적 특권을 당신의 자녀들이 기쁨으로 받아 누릴 수 있도록 우리를 초청하신다. 우리가 여전히 이상과 현실의 차이를 핑계삼아 이러한 특권을 누리지 못한다면 그것은 우리 스스로 이러한 특권을 거부하며 살기 때문이다. 하나님은 각양 좋은 은사와 선물을 후히 주신다. 만약 주는 것이 사랑이라면 그것은 "지식을 능가하는 사랑이며, 기쁨이라면 그것은 "형언하기 어려운 영광이 넘치는 기쁨"이며, 화평이라면, 그것은 "모든 것을 이해하는 화평"이다. 우리 하나님은 비할 데 없는 완벽한 분이다.

미국의 한 도시에서 있었던 일이다. 헤티 그린이라는 한 여인이 허름한 아파트에서 혼자 살았다. 그런데 그녀는 이천만 불이나 되는 철도 주식을 가지고 있는 부자였다. 하지만 그녀가 죽었을 때 그녀는 신문지로 만든 옷을 입고 있었다. 생전에 구두쇠 노릇하며 아끼고 아껴서 많은 돈을 모았지만 결국은 제대로 쓰지도 못하고 죽고 말았다. 과연 그녀가 가지고 있는 부를 제대로 누렸다고 말할 수 있는가!

우리는 혹시 이 여인처럼 하나님이 넘치도록 주시는 영적 특권을 사장시키고 있지는 않은가? 현실의 우리는 언제나 패배자이다. 우리 자신과 환경을 지배하는 대신, 거꾸로 이것들의 지배를 받으며 살아간다. 주님의 "죄가 너희를 다스리지 못할 것이다"라는 말씀을 절대적 확신을 가지고 동경하는 마음으로 읽으면서, 정작 현실에서는 얼굴에 당황한 빛을 띠고 "여호와 우리 하나님이여 주 외에 다른 주들이 우리를 관할하였사오나"라고 고백을 한다. "그리스도안에서 왕 노릇하리로다"라는 이 놀라운 약속은 현실에서는 한낱 우리들의 마음을 애태우는 신기루에 불과하며, 우리는 왕의 의복 대신 다 떨어진 신문으로 만든 옷을 입고 살아간다. 클로우(W. M Clow) 박사는 패배적 삶을 사는 그리스도인을 향하여 다음과 같이 말한다. "로마서 5장 17절의 약속은 모든 사람이 가질 수 없는 경험이다. 그것은 사람들이 감히 바랄 수 없으며, 얻을 수도 없는 복이다. 이 놀라운 것을 가지고 있으면서 우리는 너무 낮은 수준의 삶을 살고 있다."

3. 왕이 통치 영역

통치하기 위해서는 신하가 필요하다. 누가 신하인가? 죄와 사망은 사람을 능히 다스리는 힘의 통치를 한다면, 은혜와 의는 이 힘을 다스리는 인격으로 통치한다. "저희가 왕 노릇하리로다." 우리들은 왕으로서 이 어둠의 세력을 지배하는 왕권을 가지고 있다.

죄

"죄가 네 위에 왕 노릇하지 못하리라." 만일 우리가 여전히 죄의 지배를 받고 있다면 그것은 구원의 길을 몰라서도 아니며, 영혼의 깊은 곳에서 자유를 갈망하지 않기 때문도 아니다. 또한 그리스도의 죽으심과 부활 그리고 성령의 내주하심 속에서 구원을 위한 준비가 없어서도 아니다. 바울은 "죽음이 네 위에 더 이상 왕 노릇하지 못하며"(롬 6:9). "죄가 너희를 주관하지 못하리라"(롬 6:14)라고 말한다. 죄는 우리를 끊임없이 붙어다니며 영적인 삶을 꽉 쥐고 질식시키려고 한다. 하지만 우리는 왕으로서 어떠한 모양의 죄도 다스려야 한다. 더 이상 우리의 영적인 체험을 손상시키는 어리석은 죄를 범하지 말아야 한다.

환경

그리스도인은 환경이 우리를 다스리거나 우리가 환경을 지배하는 둘 중의 하나를 택해야 한다. 중간 노선은 없다. 환경의 지배를 받는 노리개가 될 것인가, 아니면 그들을 수하로 삼아 다스릴 것인가는 전적으로 우리의 선택의 문제이다. 로마서 8장의 마지막 부분에서 이 시대 지구 곳곳에서 발생하고 있는 최악의 환경을 언급하고 있다. 그것은 환난, 곤고, 핍박, 기근, 적신, 위험, 칼 등이다. "그러나 이 모든 일에 우리를 사랑하시는 이로 말미암아 우리가 넉넉히 이기느니라"

(롬 8:35, 37). 우리 안의 어떠한 자질로 환경을 이길 수 없다. 오직 그리스도께서 승리하셨기 때문에 가능하다. 이제 육체의 연약함이라는 핑계를 내세워 환경의 지배를 받아서는 안 된다.

좌절

이 말은 심리학의 전문 용어지만, 성경에서는 그리스도의 주권에 복종치 않고 무익한 삶을 영위한 사람들의 특성을 나타낸다. 하나님의 뜻을 삶의 규범으로 받아들이는 자는 좌절하지 않는다. 주님의 승리의 삶은 이 땅에 오시기 전 선지자에 의해 이미 예언되었다. "나의 하나님이여 내가 주의 뜻을 행하기를 즐기오니..."(사 40:8). 그리스도인에게 좌절이란 없다. 그리스도인이 하나님의 뜻을 행함을 삶의 최고 목적으로 삼을 때, 주님이 주시는 무한한 기쁨을 누리며 살 수 있다.

부족함

높은 데 오르지 않고, 가난한 마음으로 삶의 영적 예배에 대해 부족함을 느껴 하나님께 자복하는 삶을 사는 자들에게 부족함은 큰 축복이 된다. "심령이 가난한 자에게 복이 있나니." 주님은 부족함을 느끼는 자에게 복이 있다고 말씀하신다. 우리가 부족함을 느낄 때, 그리스도의 무한하신 풍요로 돌아갈 수 있다. 우리가 그리스도께 돌아갈 때 그것이 복이 된다. 하지만 모세처럼 자신의 부족함을 회피의 수단으로 삼아서는 안 된다. 이것은 하나님을 기쁘시게 할 수 없다. 하나님께서 어떠한 사명을 위해 우리를 부르신다면 그 소명을 능히 이루는 데 필요한 모든 능력도 함께 주신다. "내게 능력 주시는 자 안에서 내가 모든 것을 할 수 있느니라."

감정 상태

세상에서 가장 변덕스러운 것이 인간의 감정이다. 그 어떤 독재자도 인간의 감정만큼 변덕스럽지 않다. 함께 일하며 살아가는 사람들에게 감정은 이 관계를 파괴시키는 주범이다. 요사이 대두되는 가정의 위기를 조장하는 것도 바로 감정이다. 가정의 구성원 중 어떤 사람들은 자신의 감정을 다스리지 않아 가정을 자신만의 소 왕국으로 만들어 공포 분위기를 자아낸다. 가정의 다른 구성원은 눈치를 보며 혹시 오늘은 어떤 감정의 폭풍이 불 것인지, 기분은 어떤지 눈치 보기에 급급하다. 그러나 감정이란 결코 무책임한 것이 아니다. 감정은 우리 마음의 내적 상태를 반영하는 거울이다. 우리가 훈련되어 있지 않으면 감정 역시 그러하다. 우리가 중심에서 주님과 올바른 관계를 유지한다면, 주변과의 관계를 회복할 수 있다. 우리는 의지의 영역에서 거하면서 올바른 선택을 해야 한다. 우리가 무엇을 선택하든지 그것의 모든 책임은 우리에게 있다. 다스린다는 것은 감정의 상태가 아니다. 그것은 분명한 목적을 가지고 자신의 특권을 행사하는 것이다. 하나님이 원하시는 것은 우리가 보좌에 올라 우리의 감정을 다스리는 것이다.

공포

히브리서 기자는 "그들의 모든 생애가 공포로 인하여 ... 종노릇한다"고 말한다.

속박된 자들아! 정복자가 될지어다. 종들아 자유할지어다.

공포란 현실과 관련되어 있지만 시각으로 확인할 수 없는 무형의 것으로 사람의 정신을 지배하여 마비시키는 가공할 두려움이다. 죄가 이 세상에 유입 된 이후 인간은 모든 것을 두려워하게 되었다. 사람, 과거, 미래, 미지의 것들, 심지어 자신에게 주어진 일, 결단하는 것조차 두려워한다. "두려움에는 형벌이 있음이라"(요일 4:18). 그러나 우리는 왕으로서 이 모든 두려움을 지배할 수 있다. 주님께서 "내가 너희를 결코 떠나지 않으며 너희를 버리지 않겠노라"고 말씀하신다. 우리는 담대하게 "주는 나를 도우시는 자이시니 내가 두려워하지 않겠노라"고 말할 수 있어야 한다. 하나님은 우리의 친구가 되신다. 이것을 확신하고 의지적으로 확고한 결단을 내릴 때 우리는 공포를 다스릴 수 있다. 하나님은 우리를 도우시는 분이시며, 항상 함께 하시며, 우리의 의지를 강하게 해주신다.

4. 왕의 자원

우리가 산상수훈을 통해 깨닫는 것은 하나님이 주시는 모든 영적 축복은 우리의 뜻에 따라 오늘을 살아가는 데 꼭 필요하다는 것이다. 우리의 뜻대로 사용할 수 있는 영적 자원의 목록은 "하나님의 더욱 충만하신 은혜"와 "자유로운 의의 선물"이다. 우리는 지적으로는 하나님의 은혜가 우리가 필요로 하는 것 그 이상으로 충만하다는 신학적 진리에 동의한다. 하지만 경험적으로는 이 진리가 삶에서 그 능력을 발휘하지 못하고 있다. 지적으로 유용한 자원들이 실제에서 우리에게는 적절치 못한 이유는 무엇인가?

"왕 노릇하는 것"과 "생명 안에서 왕 노릇하는 것"은 그리스도 안에 있을 때만 가능하다. 바울은 이것을 분명하게 지적한다. "한 분 예수 그리스도 안에서 왕 노릇하리로다." 우리가 생명 안에서 모든 것을 통치할 수 있는 근거는 우리 안에 계신 주님 통치의 직접적 결과이며, 우리가 생명 안에서 왕 노릇할 수 있는 것은 주님이 우리 안에서 통치하시기 때문이다. 주님의 승리하심으로 주어진 이 영적 자원들은 오늘 왕의 신분인 우리의 손길을 기다리고 있다.

"하나님께서... 하늘에 속한 모든 신령한 복으로 우리에게 복 주시되..."(엡 1:3). "자기 아들을 아끼지 아니하시고 우리 모든 사람을 위하여 내어 주신 이가 어찌 그 아들과 함께 모든 것을 우리에게 은사로 주지 아니하시겠느뇨"(롬 8:32). "만물이 다 너희 것임이라... 너희는 그리스도의 것이요 그리스도는 하나님의 것이니라"(고전 3:21, 23). 하나님은 결코 편애하시는 분이 아니다. 위의 몇 구절은 이러한 진리를 명확히 보여준다. 그리스도인에게 주시는 하나님의 선물은 결코 차이가 없다. 그리스도인이라면 누구나 이 왕의 자원을 누릴 수 있다. 모든 사람에게 동등하게 주어진다. 차이가 있다면 받아들이는 우리에게 있다.

그리스도안에 있다면 누구나 이 자원을 이용할 수 있다. 그렇다면 왜 오늘의 그리스도인의 삶 속에서 이것을 소유하고 있다는 증거를 찾기가 어려운가? 머리는 꽉 차 있는데 마음은 텅 비어 있는가? 오늘의 그리스도인의 삶은 동맥경화증이라는 중병에 걸려 있다. 믿음은 영적 생명의 혈액이다. 믿음이 제 역할을 못하면 영적 동맥경화증에 걸려 궁핍해 질 수밖에 없다.

5. 왕의 비밀

"받아들이는 자들은... 다스릴 것이다." 받아들임과 다스림이 동시에 일어난다. 이 두 가지가 서로 떨어져 존재하지 않는다. 하나님이 연합하신 것을 사람이 갈라놓을 수 없다. 누구는 영적 거성이 되고 누구는 영적 난쟁이가 되는 것은, 하나님의 큰 은혜를 얼마만큼 받아들이느냐에 달렸다.

하나님의 은혜를 사용(私用)하는 것은 곧 하나님의 것을 취하여 우리의 경험의 요소로 변화시키는 것을 뜻한다. 이렇게 되기 위하여 우리는 하나님을 깊이 신뢰해야 한다. 하나님은 약속하신 것을 능히 이루시는 분이다. 우리는 불신앙으로 인해 하나님의 약속을 의심해서는 안 된다. 수많은 신앙의 위인들이 그랬던 것처럼 우리가 얼마나 하나님을 신뢰하느냐에 따라 비례해서 영적 자원을 소유할 수 있다. 우리가 생명 안에서 왕 노릇하며, 삶을 다스리기 위해서는 우리가 영적 자원을 의존해서 어느 정도 그것들을 경험의 요소로 변화시키는 정도에 달렸다. 탕자의 비유는 이것을 잘 나타내 준다. 이 비유에서 주님은 아버지의 소유를 나누어주시는 자비로운 하나님에 대해 분명하게 말씀하신다. 아버지는 두 아들에게 똑같이 재산을 나누어주었다. 이에 대해 큰아들은 불평을 하였고, 작은아들은 그것을 탕진하였다. 누가 아버지에게 감사를 하며 받았는가? 바로 작은아들이다. 문제의 핵심은 수용하는 양에 있는 것이 아니라 받아들이는 태도에 있다. 적어도 탕자는 받아들이는 데서 아버지에게 영광을 돌렸다.

우리가 영적인 축복을 향유하려면 그것들을 올바른 목적을 위해 사용해야 한다. 바로 이 정도에 따라 엄격하게 그것들이 제한된다. 우리가 영적 축복을 누리는 것은 희망한 대로, 추구한 대로 받아서 향유할 수 없다. 오직 우리가 받은 것만큼만 향유한다. 사람은 누구나 마음먹은 대로 삶을 지배하고 왕 노릇하기를 간절히 원한다. 그러나 그것은 "받아들이는 자만이 다스릴 것이다"라는 주님의 약속을 굳게 확신하는 자에게만 주어진다. 하나님은 이스라엘 백성에게 약속의 땅을 주셨다. 그러나 이들은 하나님이 주신 복을 향유할 수 없었다. 하나님이 이미 허락하신 땅을, 보름이면 들어갈 거리에 있는 땅을 이 백성이 직접 밟고, 누리기까지는 40년의 시간이 걸렸다.

우리는 은행을 신뢰한다. 그러기에 돈을 맡기는 것이다. 은행을 신뢰하게 해 달라고 행원에게 청원할 필요가 없다. 단지 청구서를 제출하고 맡긴 돈을 차기만 하면 된다. 성경에는 하나님이 당신의 자녀들에게 하신 삼만 가지의 약속이 있다. 이 약속들을 우리가 개인적으로 받아들이지 않는다면 그것은 흔한 신문 기사보다도 더 가치가 없다.

펜실베니아 주에 있는 필라델피아 시청을 가보면 그 건물의 탑에 이 주의 창설자인 윌리엄 펜의 동상을 볼 수 있다. 그는 퀘이커 교도로서 인디언들과 절친한 관계를 유지하고 있었다. 어느 날 인디언들이 그에게 약속을 하기를 그가 하루 동안에 걸을 수 있는 땅 만큼 주겠다고 제의를 하였다. 펜은 그들의 말을 받아들여 다음날 아침 일찍 일어나 하루 종일 걸어 돌아 왔을 때는 밤늦은 시각이었다. 돌아오는 그를 보고 인디언들은 얼굴에 조롱하는 기색을 띤 채 웃으며 말했다. "오 어리석은 백인이여! 하루 종일 걸어 얼마나 힘이 드는가?" 하지만 인디언들은 자기들의 약속을 지켰고, 펜은 지금의 필라델피아 시민들이 살고 있는 모든 땅을 얻게 되었다. 사람도 이러할진대 하나님이 우리에게 하신 약속에 충실하지 않으시겠는가?

사람의 약속은 눈에 보이는 현실적인 것이므로 믿을 수 있고, 영적 축복에 관한 약속은 손으로 만질 수 없고, 그것을 사유하기는 더 어렵기 때문에 믿기가 힘들다고 반박할 수 있다. 그렇지만 우리는 끊임없이 눈에 보이지 않는 것을 사유하며 살아가고 있지 않은가? 사랑은 눈에 보이는가? 우리가 사랑을 서로 나누기 위해서는 서로에 대해 믿음이라는 것이 전제되어야 한다. 용서도 마찬가지이다. 이것을 자유롭게 받아들이기 위해서는 믿고 받아들임이 필요하다. 이것이 없다면 진정한 용서는 불가능하다. "믿음대로 될지어다"라고 선언하시는 주님이 말씀을 마음에 담아 두어야 한다. 이것은 우리가 살아가는 데 필요한 영적 생활의 불변의 법칙이다. 오직 우리는 취한 것만 가질 수 있다.

메이어(F. B. Meyer) 박사는 아이들을 가르치다가 영적 축복을 사유하는 왕적 비밀을 깨닫게 되었다. 한번은 그가 많은 아이들을 가르치고 있는데 시간이 지남에 따라 아이들이 점점 제멋대로 변해가 도저히 통제가 불가능하였다. 그의 인내는 한계 상황까지 도달하였으며, 금방이라도 성질이 폭발할 것 같았다. 그때 그는 자신의 실패가 얼마나 부끄러운지 아무것도 할 수가 없었다. "오 주여 당신의 인내를 허락하소서"라고 절박한 심정으로 부르짖었다. 바로 그 순간에 주님의 인내가 방울이 되어 그의 가슴으로 떨어지는 것을 느낄 수 있었다. 그러자 온갖 분노와 번민은 완전히 사라졌고, 그는 아이들에게 복된 결론을 선물할 수 있었다.

우리의 경험은 이처럼 삶에 결정적인 영향을 미친다. 우리가 가치 있는 것을 발견했다는 것을 마음 깊은 곳에서 인지할 때 비로소 온전한 해방을 경험할 수 있다. 메이어 박사는 그 후에 언제나 같은 방법을 사용하였다. 그는 "주여 당신의… 을 주소서"라는 공식을 간직했다가 필요로 하는 것을 그 공식에 따라 구했다. 그는 고독을 느낄 때 "주여 당신이 함께 하시기를 비나이다"라고 기도했으며, 공포가 엄습할 때는 "주여 당신의 화평한 마음을 주소서"라고 기도했고, 부정한 마음이 일 때는 "주여 당신의 정한 마음을 주소서"라고 기도했으며, 남을 비난하는 마음이 일 때는 "주여 당신의 사랑을 주소서"라고 기도했다. 하나님은 이러한 그에게 살아가면서 경건을 유지하는 데 적합한 모든 것을 주셨으며, 그는 필요로 하는 것을 사유할 수 있었다. 그리스도는 필요한 모든 것을 채워 주시는 분이다. 분명히 구하는 신앙과 사유하는 신앙에 차이가 있다는 것을 메이어 박사는 증명했다. 오직 받은 자만이 삶에서 왕 노릇 할 수 있다.

■ 토론 문제 ■

1. 왜 성도들이 이용할 수 있는 영적 자원을 무시하며 살아가는가?

2. 그리스도에 대한 당신의 사랑을 높이기 위해 삶에서 제거해야 할 것은?

3. 이번 주 당신의 삶에서 그리스도를 닮기 위해 당신이 한 방법은?

성령 : 하나님의 호흡

"홀연히 하늘로부터 급하고 강한 바람 같은 소리가 있어... "
(행 2:2)

묵상 : **요한복음** 20:19-23, **사도행전** 2:1-4

부활절과 오순절 사이에 한 사건이 일어났다. 이 사건으로 인해 많은 그리스도인의 영적 상태를 진단할 수 있게 되었으며, 개인적으로 삶에 적용할 수 있게 되었다. 비록 우리가 주님이 약속하신 능력을 입지 못하고 있을지라도 성령이 우리를 위해 이 땅에 오셨다는 사실 하나만으로 기뻐할 수 있다. 그런데 어째서 초대 교회가 행한 온갖 영적 능력과 오늘의 교회가 행하는 영적 능력을 비교해 보면 현격한 불일치가 존재하는가? 그것은 우리가 심지 않았기 때문이다. 뿌리가 없기 때문에 열매가 없다. 초대 교회가 이룬 업적은 영적인 능력을 받은 결과이다. 우리도 초대 교회처럼 성령의 충만한 역사를 삶으로 체험하며 영적으로 성숙한 열매를 맺을 수 있다. 성경에서 그렇게 분명하게 가르치고 있다.

갈보리에서 주님이 이루신 것을 완성한 오순절의 성령 강림은 기독교 신앙과 체험이 하나의 타원처럼 축을 형성한다. 십자가 사건은 오순절 성령 강림으로 인해 목적하는 바를 이룰 수가 있었으며, 세상을 능히 구원할 수 있었다. 십자가 사건과 오순절 성령 강림은 값비싼 기계와 이것을 움직이게 하는 동력과 같다. 인류를 구속하기 위해 준비된 사건들 곧 주님의 동정녀 탄생, 고귀한 삶, 대속적 죽음, 사망을 이기시고 부활하심 등은 성령 강림 전에 이루어졌지만 그 이전에는 아무런 일도 일어나지 않았다. 오순절에 성령이 강림하시자 비로소 주님이 이루신 구속이 능력을 나타내기 시작했다.

오순절은 하나님의 주권적 목적과 이것을 맡아 성취할 사람들을 영적으로 준비케 하는 시발점이었다. 성령의 강림은 아주 오래 전에 있었다. 레위기 23장을 보면 성령 강림절은 유월절 40일 이후에 거행되었다. 오순절도 "유월절 어린 양 그리스도"가 우리를 위해 희생하신 후 50일 지나야 한다. 이렇게 시간이 지나자 온갖 부수적 축복이 일어났다.

죠나단 에드워드(Jonathan Edwards)와 찰스 피니(Charles G. Finney. Edwards)는 어려운 시대에 신앙의 부흥을 위해 자신을 불태운 사람들이다. 에드워드는 신앙의 부흥이 인간의 행위와 노력에 의해서는 불가능하며, 오직 하나님의 은혜에 의해서만 가능한 하나님의 최고 행위라고 주장하였으며, 피니는 하나님은 항상 신앙 부흥을 일으킬 준비가 되어 있으므로 인간이 그 대가를 지불할 준비가 되어 있다면 언제든지 부흥이 가능하다고 주장하였다. 오순절은 이 두 사람의 주장이 전부 맞고, 또 전부 틀리다는 것을 증명한다. "오순절 날이 이미 이르매"(행 2:1). 성령은 오순절 날에 강림하셨다. 이것은 제자들이 아무리 마음을 비우고 다른 날에 성령이 강림하게 해달라고 간구하였다 할지라도 불가능하다. 오순절의 성령 강림은 하나님의 주권적 행위와 제자들의 겸손과 자기 비하가 적절한 조화를 이루어 일어났기 때문이다. 성령은 남녀를 막론하고 준비가 되어 있지 않은 자에게는 임하지 않는다. 제자들이 열흘 동안 기도하며 한마음으로 "아버지의 약속하신 것"(눅 24:49)이 성취되기를 갈망했을 때, 하나님의 주권적 목적과 인간의 본질적인 준비가 성숙되었을 때, 비로소 하나님이 찾아오셨다. "홀연히 하늘로부터... 급하고 강한 바람 같은 소리가 있어." 세 가지 초자연적인 현상이 일어났다.

"홀연히 하늘로부터 급하고 강한 바람 같은 소리가 있어 저희 앉은 온 집에 가득하며"(행 2:2). 이것은 교회 전체의 체험으로 교회 안에서 성령의 신비로운 갱신과 정화를 의미하고 있다.

"불의 혀 같이 갈라지는 것이 저희에게 보여 각 사람 위에 임하여 있더니"(행 2:3). 이것은 개인적인 체험으로 성령께서 녹이시며, 데우시고, 정화를 의미하고 있다.

"저희가 다 성령의 충만함을 받고 성령이 말하게 하심을 따라 다른 방언으로 말하기를 시작하니라... 이 소리가 나매 큰 무리가 모여 각각 자기의 방언으로 제자들의 말하는 것을 듣고 소동하여 ..."(행 2:4, 6). 불의 혀로 하나님의 놀라운 역사를 말했다는 것은 사람들이 성령의 능력을 받은 결과를 증거하는 것으로 바벨탑 사건의 반대가 된다. 바벨탑 사건에서는 언어가 갈라져 당황하였으나, 지금은 언어가 하나로 통일되어 이들은 혼란을 느끼고 있다.

오순절 성령 강림은 두 가지 측면에서 볼 수 있다. 하나는 보다 큰 틀로서 섭리적이고 구속사적 관점으로 보는 것이고 다른 하나는 주님의 제자들과 그들의 증거를 통해 그리스도를 믿는 우리들에게 개인적이고 실천적인 의미를 갖는다(요 17:20). 마가의 다락방에 모인 사람들은 자신들에게 어떤 중요한 일이 일어났다는 것을 알았다. 이 놀라운 역사로 인해 이들은 "유대인들을 두려워하여" 문 뒤에 숨는 대신, 담대하게 하나님 말씀을 증거하였다. "기쁨과 순전한 마음으로 음식을

먹고 하나님을 찬미하며... 온 백성에게 칭송을 받으니..."(행 2:46, 47)

예루살렘에 모인 무리들은 제자들에게 불가해한 어떤 일이 일어났음을 알았다. 이 기적의 현장을 설명하려고 노력하자 이를 보고 "이들이 새 술에 취했구나"라고 조롱했다. 예루살렘 백성들은 그 누구보다도 진리에 곁에 있으면서도, 진리에 무지한 불행한 자들이었다. 이 무지한 자들을 향해 베드로는 "너희 생각과 같이 이 사람들이 취한 것이 아니라 이는 곧 선지자 요엘로 말씀하신 것이니 하나님이 가라사대 말세에 내가 내 영으로 모든 육체에게 부어 주리니..."(행 2:14-18)라고 말했다. 마가의 다락방에 모인 사람들을 취하게 만든 것은 사단이 아닌 하나님의 영이었다. 사람들은 삶이 절박한 위기에 봉착하면 이것을 극복하기 위해서 먼저 자신들의 무능력함을 의식해서 초자연적인 것을 의지하는 경향이 있다. 동일하게 제자들에게도 하나님의 사명을 이루기 위해 초자연적인 자극이 필요하였으며, 우리들의 머리카락까지 세시는 하나님께서는 이러한 보편적 필요를 위해 적절한 준비를 해 놓으셨다. 바울은 이렇게 권면 한다. "술 취하지 말라 이는 방탕한 것이니 오직 성령의 충만을 받으라"(엡 5:18). 성령이 하나님께서 우리를 위해 준비하신 자극제이다.

성령의 충만한 임재는 제자들에게 놀라운 변화를 일으켰다. 부활하신 그리스도는 이들에게 생생한 현실이 되었으며, 주님께서 자기들 옆에 계신 것처럼 능력의 말씀을 다른 사람들에게 전하였으며, 구약성경에 대해서도 새롭게 통찰을 가지고 한 절 한 절에 담긴 의미를 온전히 이해하여 확신을 가지고 설교할 수 있었다. "이것이 곧 선지자에 의해 말씀된 것이니라"(행 2:16). 이들의 설교는 예리하였고 권위가 있었으며 성령 충만한 역사로 인해 깊은 확신을 듣는 사람들에게 심어 주었다(행 2:37). 또한 이들은 청중의 마음에 구원을 각인시켜 놓았으며, 증거의 말씀을 두려움 없이 담대하게 전했다(행 4:31).

성령 강림으로 제자들에게 일어난 가장 중요한 변화는 이들이 스스로 복음을 전파하는 일에 헌신할 수 있게 되었다는 것이다. 오순절 성령 강림 전에 이들은 자리다툼과 차가운 가슴을 가진 패배자의 전형이었는데, 이제는 그리스도의 전파라는 하나의 목적을 위해 기꺼이 자신을 포기하는 제자들로 변하였다.

심프슨 박사는 이와 관련해서 도전적인 말을 한다. "모든 강이 바다로 흘러가는 것이 아니다. 대부분의 강은 다른 강으로 흘러간다. 가장 훌륭한 일꾼은 자신들의 명성에 걸맞은 영향력을 요구하는 사람들이 아니고 그들의 복된 물줄기가 다른 강(사람)으로 흘러 들어가도록 자신을 비우는 사람들이다."

성령의 강림으로 초대 교회에 일어난 변화는 심프슨 박사의 말과 같았다. 어떻게 하면 되는가? 우리의 삶 속에서 이러한 변화를 경험하기 위해서 어떻게 해야 하는가? 부활하신 주님이 제자들에게 하신 첫 메시지는 우리가 축복과 성령의 은혜에 개인적으로 참여하도록 빛을 밝혀 주신다.

"이날 곧 안식 후 첫날 저녁 때에 제자들이 유대인들을 두려워하여 모인 곳에 문들을 닫았더니 예수께서 오사 가운데 서서 가라사대 너희에게 평강이 있을지어다. 이 말씀을 하시고 손과 옆구리를 보이시니 제자들이 주를 보고 기뻐하더라 예수께서 또 가라사대 너희에게 평강이 있을지어다 아버지께서 나를 보내신 것같이 나도 너희를 보내노라 이 말씀을 하시고 저희를 향하여 숨을 내쉬며 가라사대 성령을 받으라"(요 20:19-22).

제자들을 향해 숨을 내쉰다. 더 정확하게 표현하면 숨을 제자들에게 불어넣는다는 것을 이해하기 위해서는 "성령"이라는 말이 라틴어 spiritus(숨, 호흡)에서 유래하였다는 사실에 주목해야 한다. 우리는 공기를 들이킬 때는 "숨을 들이쉬며", 밖으로 내쉴 때는 "숨을 내쉰다"로 표현한다. 성령을 의미하는 헬라어 프뉴마(pneuma) 역시 바람과 호흡을 의미하며, 히브리어 루아흐(ruach)도 같은 뜻을 가지고 있다.

욥은 히브리 시적 사상을 빌려서 "하나님의 신이 나를 지으셨고 전능자의 기운이 나를 살리느니라"(욥 33:4)고 했다. 욥은 이렇게 전능자의 기운(또는 호흡)과 하나님의 신(또는 영)을 동일시한다. 숨, 호흡은 성경에서 성령에 대해 일관되게 사용하고 있는 표현이며, 성령이 이렇게 불리는 것은 그가 하나님의 직접적인 내재하심과 하나님의 현존하심에 대한 현시이기 때문이다.

태초에 우주가 혼돈할 때 질서를 창조하셨던 분도 하나님의 생기였다(창 1;2). 인간이 생령이 된 것도 하나님께서 인간에게 생기(호흡)를 불어넣으셨기 때문이다(창 2:7). 에스겔은 죽은 시체들이 살아 있는 군대가 되었다고 증거했는데 이는 하나님의 명령에 따라 그가 기도하자 "생기가 사방에서부터 와서 이 사망을 당한 자에게 불어서 살게 하라"(겔 37:9)고 했다.

이런 의미를 마음에 담고 주님의 상징적 행동을 생각해 보면, 그 능력의 원천이 어디에서 연유하였는지 분명하게 알 수 있다. 제자들이 이러한 능력을 행할 수 있었던 데는 주님이 두 번이나 이들에게 평강을 부여해 주었기 때문이며(요 20:19, 21), 그 다음에는 선교 명령 시에(요 20:21), 마지막으로 성령을 선물로 주셨기 때문에(요 20:22) 능력을 행할 수 있었다.

제자들이 성령을 받지 않고는 맡은 사명을 감당할 수가 없었다. 그러므로 이것은 장차 있을 성령 강림에 대한 예시이다. "너희가 할 일은 숨을 들이쉬는 것이다. 너희가 이렇게 하는 것이 내가 주는 성령을 받는 길이다. 성령께서 너희에게 능력을 주어 내 임무를 감당하게 할 것이다." 주님의 말씀이다.

우리는 날마다 숨을 들이쉬고 내쉬므로 생명을 유지한다. 영적 생명도 동일하다. 숨을 들이쉬고 내쉰다는 이 단순한 방법을 통해 우리는 성령을 받는 방법을 알 수 있다. 제자들은 주님께서 내쉬는 숨을 들이마시므로 능력을 행할 수 있었다. 오순절에 하나님께서 숨을 내

쉬셨다. "홀연히 하늘로부터 급하고 강한 바람 같은 소리가 있어." 제자들은 숨을 들이쉬었고, 그 결과 이들은 성령의 충만함을 받았다. 숨을 들이쉰다는 것은 받는다는 뜻이다. 우리가 숨을 쉴 때 대기 속에 있는 것과 같은 생명의 요소가 우리 안에 있다. 우리가 숨을 쉴 때, 혹은 성령을 받을 때 주님은 우리를 특별하게 다루시며 우리와 연합하신다. 이는 마치 우리가 불 속에 쇠를 집어넣으면 불이 쇠의 성질의 변화에 동참하고, 쇠는 불의 독특한 성질에 참여하여 피차 원하는 것을 얻는 것과 같다.

자연이 생존하는 데 꼭 필요한 것이 공기이다. 공기가 없다면 인간을 포함하여 그 무엇도 생존할 수 없다. 우리가 숨을 내쉴 때는 진공 상태를 형성하고, 숨을 들이쉼으로 그 진공상태가 사라진다. 이것이 자연 법칙이다. 만일 우리가 성령 충만에 대해 처음 경험한다거나 혹은 새로운 경험을 하려면 먼저 숨을 내쉬어야 한다. 이것은 우리가 지금까지 의존하고 있던 모든 것을 버려야 한다는 것을 뜻한다. 그때 비로소 우리는 그의 능력을 사유할 수 있게 된다. 사유한다는 것은 숨을 들이쉰다는 것이다.

복음 전도자로서 유명한 윌버 채프만(J. Wilbur Chapman)박사는 동역자 찰스 알렉산더(Charles Alexander)와 함께 복음 사역에 헌신하였지만 초기 선교 결과가 별로 좋지 않자 깊은 회의에 빠지게 되었다. 그는 동료 사역자인 메이어 박사에게 답답함을 토로하면서 물었다. "도대체 어디에 문제가 있는 것이지. 이렇게 자주 실패하는 것을 보니 사역자로 나는 능력이 없단 말인가? 해답을 알고 싶어." "당신은 한번도 숨을 들이쉬지 않고 세 번이나 숨을 내쉬려고 하지 않았나요?" 메이어 박사는 조용한 음성으로 이같이 대꾸하였다. 채프만 박사에게 더 이상의 설명이 필요하지 않았다.

성령의 시대에 살고 있는 우리도 바울의 말을 빌려 "만일 너희 속에 그리스도의 영이 없으면 그리스도의 사람이 아니라"라는 이유를 내세워 성령을 받을 필요가 없다고 항변할 수 있다(롬 8:9). 물론 바울의 말은 사실임에 틀림없지만 문제는 모든 그리스도인들이 그가 성령을 받았다는 것과 그가 받은 성령을 모른다는 것이다(요 14:17). 바울이 에베소에서 어떤 제자를 만나게 되었을 때 "너희가 믿을 때 성령을 받았느냐?"고 물었다. 이들이 대답하기를 "가로되 아니라 우리는 성령이 있음도 듣지 못하였노라"(행 19:2). 만일 이 제자들이 참 성도였다면 당연히 성령께서 그들 속에서 거하셨을 것이며, 하지만 이들은 성령에 대해 무지하였으며, 그 결과 그들은 주님에게 더 많은 열매를 드릴 수 있는 기회를 그 만큼 상실한 것이다. 이들이 성령에 대해 안 것은 바울이 온 후였다. 이러한 무지 때문에 바울은 고린도 교인들에게 다음과 같은 편지를 썼다. "너희가 하나님의 성전인 것과 하나님의 성령이 너희 안에 거하시는 것을 알지 못하느뇨"(고전 3:16). 받는다는 말의 진정한 뜻에는 의식적인 의지를 담고 있다. 소유한다는 것과 의식적으로 수용한다는 것과는 차이가 있다.

만일 내가 천만 불 짜리 수표를 주머니 속에 넣고 다니면서 그 사실을 알지 못한다면 그것은 나에게 별 유익함을 주지 못할 것이다. 또한 알고 있다 할지라도 그 가치를 의식하지 못한다면 이도 마찬가지로 별 유익함을 주지 못할 것이다, 수표가 아니라 한낱 종이 조각에 불과할 것이다. 그것을 은행에 가서 지폐로 바꾸기까지는 가지고 있지 않는 것과 같다.

그러므로 우리는 숨을 내쉬어야 한다. 이것은 더럽고 가치 없는 것을 우리 삶에서 제거하는 것을 의미한다. 그리고 나서 우리는 숨을 들이쉬어야 한다. 이것은 성령을 의식적으로 소유하는 것을 뜻한다. 성령은 주님의 대리자로 우리에게 능력을 주며, 인도하며, 다스리기 위해 오셨다. 그러므로 성령을 받아들일 때, 무의식적으로 우리 안에 거하시는 성령은 이제 우리의 완전한 지식과 동의로 그 은혜로운 사역을 이루신다.

■ 토론 문제 ■

1. 당신이 겪은 것 중에서 가장 뜨거웠던 불은 무엇인가?(산불, 건물 화재, 용광로 등) 그 불의 힘을 묘사한다면?

2. 제자들이 성령의 임함으로 변화되는 데 어떤 특별한 방법이 있는가?

3. 영적 순례에서, 당신은 성령을 통하여 성도들에게 주어지는 능력을 어떻게 발견하겠는가?

성령의 변화 능력

"우리가 다 수건을 벗은 얼굴로 거울을 보는 것 같이
주의 영광을 보매 저와 같은 형상으로 화하여
영광으로 영광에 이르니 곧 주의 영으로 말미암음이니라."
(고후 3:18)

묵상 : 고린도후서 3:1-18

"우리가 어떻게 하면 그리스도를 닮을 수 있는가?" 그 누구도 이 간절한 질문에 쉽게 대답을 내리지 못한다. 이는 그리스도인의 경험이 다양하며, 성령이 주시는 충만한 능력을 받아 삶으로 나타내는 방식이 다양하기 때문이다. 하지만 우리는 그 질문에 대한 해답과 그리스도를 닮을 수 있는 큰 비밀을 바울이 고린도 교회에 보낸 서신을 통해 찾을 수 있다.

옛 언약인 율법과 새 언약인 은혜 사이의 현격한 차이가 있다. 옛 언약을 대표하는 모세의 율법이 베일에 가려진 것이었다면, 새 언약은 이 베일이 제거된 은혜에 기초하고 있다. 오늘의 성도들은 베일이 제거된 시대에 살고 있다. 옛 계약의 시대에 살고 있던 구약 성도들은 아무런 도움 없이 십계명을 규범으로 하나님의 거룩한 표준에 맞추어 살아야 했으며, 이 율법은 구약의 성도들을 필연적으로 깊은 절망으로 인도했다. 그러나 우리는 새 언약의 탁월한 계시의 시대에 살고 있다. 우리는 구약의 성도들처럼 고통스러운 노력을 통해 그리스도를 닮은 것이 아니라 우리 안에서 이루어지는 성령의 역사를 보고, 믿는 가운데 닮아 간다. 모세의 율법에 기초한 옛 언약은 사망과 정죄를 주는 직분이었다면, 그리스도의 죽으심을 근거로 한 새 언약은 의와 생명을 주는 직분이다. 옛 언약 아래서 모세는 자신의 소망을 "내가 당신을 간절히 사모하오니 당신의 영광을 보여 주소서"라는 기도 속에서 표현하였다. 새 언약 안에서 이 소망은 "우리가 다 수건을 벗은 얼굴로... 주의 영광을 보매 저와 같은 형상으로 변하여.."라는 말씀을 통해 실현된다.

1. 비전의 객관성

"우리가 다 수건을 벗은 얼굴로 거울을 보는 것 같이 주의 영광을 보매..." 우리가 그리스도를 닮기 위해서는 먼저 주관적인 자기 성찰이 아니라 주님의 영광스러운 비전을 객관적으로 보아야 한다. "예수는 하나님께로 나와서... 거룩함이 되셨으니..."(고전 1:30). 이렇게 매혹적인 비전을 어디에서 볼 수 있는가? 이 비전은 하늘에서 비추이는 것이 아닌 기록된 말씀을 통해서 우리의 마음에 비춰진다. 말씀은 주님의 온전한 인간성, 흠 없으신 성품, 탁월하신 인격, 중보 사역을 계시해 주는 거울이다. "성경을 상고하라... 이 성경이 곧 내게 대하여 증거하는 것이로다"(요 5:39). "하나님께서 예수 그리스도의 얼굴에 있는 하나님의 영광을 아는 빛을 우리 마음에 비춰셨느니라"(고후 4:6). 우리는 어디서 주님의 진정한 얼굴을 볼 수 있는가? 화가의 캔버스인가? 캔버스에 그려진 주님의 얼굴이 아무리 훌륭하다 할지라도 화가의 생각이 투영된 것이기에 진실한 그리스도의 얼굴이라고 할 수 없다. 주님의 진실한 얼굴은 성령의 감동으로 기록한 성경을 통해서만 볼 수 있다.

유대인들은 주님의 얼굴을 보았다. 하지만 이들은 온갖 편견과 증오와 불신앙의 베일로 마음을 가리고 주님을 보았기 때문에 그 영광을 볼 수 없었다(고후 3:7). 그리스도께서 친히 이 베일을 벗기셨으므로 우리는 주님의 영광을 볼 수 있다(고후 3:14). 이 땅의 모든 자들이 베일을 벗은 얼굴로 주님의 영광을 볼 수 있다. 그것은 성경에서 증거하는 주님의 탁월한 성품과 행위, 그리고 도덕적 영광이다.

2. 변화의 주관성

"저와 같은 형상으로 화하여." 객관적 비전을 깨달은 자들은 주님을 닮기 원하는 간절한 마음을 갖는다. 이것이 주관적 목적으로 객관적 비전이 모든 이에게 열려 있다면 이것은 깨달은 자에게만 해당된다. 하나님이 우리에게 원하시는 것은 있는 그대로 더럽고 추악한 모습이 아닌 주님을 닮은 변화된 모습이다. 주님이 아버지에게 기쁨의 대상이었듯이 우리도 그래야 된다. 객관적 비전을 통해 하나님의 뜻을 깨달아야 한다. 주님은 온전하게 하나님의 목적을 성취하였고, 그 기준에 도달하였다. 하나님은 모든 자녀들도 변화되도록, 혹은 말씀에 있는 대로 주님의 형상을 닮도록 계획하셨다. 주님이 제자들 앞에서 변화하셨을 때, 잠시 동안 그의 본질적인 영광을 가렸던 육의 베일을 벗으시고 변화된 자신의 모습을 제자들에게 보이셨다. 요한은 후예 이렇게 말하였다. "우리가 그의 영광을 보니 아버지의 독생자의 영광이요" 변화산에서 주님과 함께 있던 베드로도 "우리는 그의 위엄의 증인들이라"고 말했다. 우리는 주님처럼 본질적이고 고유한 영광을 가지고 있지도 않을뿐더러 누릴 수도 없다. 하나님의 목적은 외적인 닮음이 아니라 내적으로도 닮는 것이다. 그저 간헐적으로 있다 사라지는 변화가 아니다. 모세는 영광을 잃어버렸지만 우리의 영광은 지속적이다. "이스라엘 자손들이 모세의 얼굴의 없어질 영광을 위하여 그 얼굴을 주목하지 못하였거든..."(고후 3:7). "없어질 것도 영광으로 말미암은즉 길이 있을 것은 더욱 영광 가운데 있느니라"(고후 3:11).

그러면 변화의 방법이란 무엇인가? 그것은 "보는 것"이다. 이는 마음을 사로잡는 것과의 절망적인 싸움이 아니라 한결같이 그리스도를 응시하고 확신을 가지고 성령을 의존함으로 변화에 이르는 것이다.

"보는 것"이란 "거울 상 등을 반영하다"라는 말과 같은 뜻으로 우리는 그의 영광을 봄으로 그의 형상으로 변화되고, 변화됨으로 거울처럼 주님의 형상을 반영한다. 그러므로 반영한다는 것은 보는 것의 필연적 귀결이다.

우리가 지속적으로 응시하고 있는 사람을 닮는다는 것은 인생의 법칙이다. 우리 눈으로 반영되는 것들은 우리의 삶과 성격에 지대한 영향을 미친다. 아동 교육에서 시각적 교육을 중하게 여기는 것도 이 때문이다. 어린이의 인격은 그가 바라보는 사람의 행동과 습관을 따라 형성된다. 오늘의 젊은이들도 자신이 좋아하는 연예인들의 의상 스타일, 말, 행동을 그대로 따라 한다. 실제로 거리에 가면 인기 연예인처럼 멋을 부린 사람들을 쉽게 볼 수 있다. 이러한 것은 영화나 대중매체의 영향으로 자신이 좋아하는 사람을 계속해서 보는 가운데 자연적으로 그들을 닮게 된다. 우리도 우리가 동경하는 사람을 닮게 된다. 고대의 유명한 알렉산더 대왕은 호머의 일리아드를 탐독하면

영적 원리 16

서 세계를 정복의 꿈을 키워 마침내 세계를 정복하였으며, 유명한 시인 윌리엄 카우퍼(Willam Cowper)도 감수성이 예민한 젊은 시절에 자살에 관한 책을 즐겨 읽고, 젊은 시절에 사로잡았던 책의 영향으로 인생의 후반에 자살을 기도하였다. 영적인 영역에서도 아주 많은 유명한 설교자들이 존경하는 영적 지도자들을 책을 통하여 만남으로 그들을 닮아 간다.

작가 한 사람이 어느 날 외딴 곳에서 휴양하고 있었다. 주일이 되었는데, 그 날 주일 예배는 문맹의 구세군 농부가 인도하였다. 설교 본문은 고린도후서 3장 18절이었다. 그는 능변가도 아니었으며, 깊은 지식을 증거하지도 않았다. 또한 그가 전하는 말씀에는 의심이 가는 부분도 있었다. 그러나 그는 본문의 "보라 그리하면 변화되리라"는 네 마디의 말을 반복하므로 참석한 사람들 깊은 감동으로 인도하였다. 주 안에서 기뻐하면서 빛나는 그의 얼굴이 이 진리를 예증하고 있었다. "우리는 그리스도를 잠깐 보는 것만으로 구원을 받을 수 있다. 그러나 성화되기 위해서는 그분을 뚫어지게 응시하여야 한다"라고 로버트 맥케이니(Robert Murray McCheyne)는 말한다. 우리가 근본적으로 존재의 변화를 원한다면 그리스도를 지속적으로 응시해야 한다.

심프슨 박사는 성도를 하나님과 우리의 삶 속에 계시는 그분을 발전시키며 온전케 하시는 성령의 사진으로 보았다. 좋은 사진이 나오기 위해서는 먼저 피사체에 초점이 모아져야 하며, 베일이 제거되어야 한다. 사진이 다 찍힐 때까지 그는 움직이면 안 된다. 피사체의 상이 필름에 옮겨지게 되면, 사진사는 암실에 들어가서 산성약으로 필름을 현상을 한다. 즉 상을 가리는 모든 불순물을 약품으로 제거하는 과정이다. 이것이 성령이 하시는 일로 성령은 우리 안에서 그리스도를 가리는 모든 불순물을 제거하여 그리스도의 완전한 상을 우리에게 알려 준다.

모세가 하나님의 영광이 임재한 산에 40일 동안 머무른 후에 그것을 반영했던 것처럼 우리도 주의 영광을 반영할 수 있다. 성경의 거울을 통해 그리스도의 영광을 바라 볼 때 주님의 영광이 우리 위에 비쳐 우리를 통해 반사된다. 모세는 잠시 동안 영광의 빛을 희미하게 반사하였지만 우리는 그렇지 않다. 우리는 주위에 있는 세상의 모든 사람들에게 그리스도를 정확하게 반사하여 확신에 이르도록 하는 것이 우리의 지속적인 목적이다. 일그러진 거울을 통해 우리를 보면 비틀려 보이는 것처럼 전달 과정에서 우리 안에 있는 그리스도의 형상이 왜곡되거나 희미하게 전달될 수 있다. 그러므로 우리가 그리스도를 왜곡되게 전달해서는 안 된다. 또한 주님의 영광과 아름다움 대신 우리의 세속적인 태도를 보여서는 안 된다. 왜냐하면 믿지 않는 사람들은 우리를 통해서만 주님을 보기 때문이다. 그리스도를 믿지 않는 사람들이 우리 안에 반사된 그리스도를 보고 이들의 무관심과 적대감이 동경심과 신앙심으로 바뀔 수 있어야 한다.

3. 혁신적인 체험

"저와 같은 형상으로 화하여 영광으로 영광에 이르니..." 이 구절은 여러 가지로 번역이 가능하다. 하지만 이 구절에 내포된 한 가지는 발전의 사상이다. "영광의 계속적인 단계를 통하여", "영원히 증가하는 빛 속에서", "단순한 반사체에서 본래의 영광으로", "빛나는 거룩의 단계에서 다른 단계로." 여기에 분명한 사실이 한 가지 있다. 그리스도인의 경험은 결코 정적(靜的)이 되어서는 안 된다는 것이 하나님의 목적이다. 우리 앞에는 그리스도의 형상을 닮기까지 끝없는 성장의 가능성이 놓여 있다. 그리스도를 닮는 것은 단지 높고 거룩한 고양의 경지에서 일어나는 것이 아니다. 그것은 계속적으로 발전하는 경험이다. 성령은 우리 안에서 내적 변화를 일으키어 날마다 주님의 형상에 더 가까이 갈 수 있도록 한다. 날마다 마음의 새로워지므로 변화되는 것이다.

4. 변화의 대리자

"주의 영으로 말미암음이니라." "주의 영"은 원문에 의하면 독특한 구절로 신학적 문제를 야기한다. 바클레이(Barclay)는 이 구절을 "바울은 부활한 주님과 성령을 동일시했던 것처럼 보인다"고 주석 했다. 우리는 바울이 신학을 기술하는 것이 아니라 자신의 경험을 적어 둔 것임을 기억해야 한다. 또한 이것은 성령의 역사와 부활하신 주님의 역사는 하나요 같은 것이라는 것을 말하고 있으며, 그리스도인이 삶에서 겪는 경험임을 말해 주고 있다. 우리가 받는 힘, 빛, 인도는 성령과 부활하신 주님으로부터 동일하게 온다. 우리가 그것을 경험하는 한 그것을 어떻게 표현하는 것은 그리 중요한 문제가 아니다.

우리에게 필요한 것은 이러한 변화 가운데서 우리의 책임은 무엇이며, 성령의 사역은 무엇인지 아는 것이다. 그리스도의 형상으로 화하는 것은 자동적으로 되지 않는다. 그것은 도덕적인 노력과 행동을 포함하고 있다. 우리는 하나님의 일은 하나님이 하시도록 온전하게 맡겨야 하며, 우리 쪽에서 벗어버려야 할 것과 입어야 할 것을 구분해야 한다. 여기에 필요한 것이 새로운 것을 갈망하는 우리의 의지적 행동이다. 우리의 할 일은 그리스도에 대하여 백일몽을 꾸는 수동적인 태도가 아니라 능동적으로, 믿음을 바라며 "주의 영광을 바라보는 것"이다. 성령은 그리스도의 영광을 나타내고, 영광 가운데에 그리스도를 닮도록 우리 안에서 역사 하신다. 우리는 그를 바라보아야 하며, 성령께서 우리를 그리스도의 형상으로 변화시켜 주시리라는 것을 믿고 바라야 한다. 성령의 사역은 우리를 변화시키는 것이다. 성령은 우리에게 그리스도의 사역과 인격과 온갖 가치와 덕을 부여해 준다. 우리는 침묵 속에서 기대하는 마음으로 응시해야 한다. 이렇게 될 때 성령은 예수 안에서 본 것을 우리 삶의 틀에 짜 넣으신다.

성령은 이것을 이루시는 과정에서 두 가지 부정적이고 긍정적인 사역을 행하신다. 첫째로 성령은 우리의 삶과 성품 속에서 그리스도를 닮지 않은 것들을 비춰 주신다. 그리스도의 완전함과 조화되지 않은 모든 것들은 제거되어야 한다. 조화되지 않은 것들을 비춰 주시는 사역은 즐겁지가 않다. 오히려 파괴적이다. 이는 우리의 무가치성에 이의를 제기함에도 불구하고 우리는 우리가 좋아하는 쪽으로 심하게 기울어져 있기 때문이다. 우리 스스로 자신이 부족함에 대해서는 기꺼이 고백을 하지만 다른 사람들이 평가해 주는 것은 싫어한다. 그렇지만 우리가 진정으로 변화되기를 원한다면 우리 안에서 그리스도의 형상을 망치는 모든 것들과 결별해야만 한다. 하나님은 우리의 의지와 상관없이 우리 속에 있는 이러한 것들을 제거하지 않으신다. 그것은 우리의 고유 영역에 속하는 일이고, 또 우리가 해야 할 일이다. 바울은 우리가 그리스도를 닮으려고 할 때 버려야 될 것을 다음과 같이 지적한다. 그것은 "분과 악의와 훼방과 너희 입의 부끄러운 말"과 "서로 거짓말을 하는 것"(골 3:8-9)이다.

이처럼 성령은 우리에게 버려야 할 것을 가르쳐 줄뿐만 아니라 또한 버릴 수 있도록 도와주신다. "영으로써 몸의 행실을 죽이면 살리라"(롬 8:13). 옛 언약의 시대 사람들 같이 우리는 우리 자신의 노력만으로 주님을 닮고, 변화될 필요가 없다. 우리에게는 보혜사 성령이 있다. 우리가 성품과 행위로 그리스도를 닮아 가는 과정에서 한계에 놓일 때 성령께서 기쁨으로 우리를 도우신다.

둘째로 성령은 우리가 받아야만 되고 받을 수 있는 은혜와 축복을 알려 주시며, 또한 전유할 수 있도록 힘을 주신다. 오늘의 대부분의 그리스도인들이 삶에서 겪는 비극 중 하나는 무한한 특권에 비해 경험이 미흡하다는 것이다. 바울은 "우리 주 예수 그리스도의 아버지 하나님께 영광이 있을진대 그리스도 안에 있는 모든 영적 축복을 우리에게 축복해 주셨도다." "모든 것이 너희 것이니..." "그의 신적 힘을 따라 생명과 신성에 적합한 모든 것을 우리에게 주셨느니라"라고 말했다. 우리는 주님의 성품 속에서 보는 그 어떠한 은혜도 우리 속에서 그것을 열매를 맺으시는 성령의 인도를 받을 때 그것이 우리 것이 된다.

"보라 그리하면 우리는 변화되리라."

■ 토론 문제 ■

1. 우리의 삶이 성령의 능력으로 변화하기 위해서는 무엇을 해야 하는가?

2. 이 변화되는 과정에서 우리의 책임과 한계는?

3. 우리가 살아가면서 힘들고 기쁠 때 성령은 어떻게 역사하는가?

영적 원리 16

성령 : 정화의 불

"이에 여호와의 불이 내려서… "
(왕상 18:38)

묵상 : 열왕기상 18:1-40

구약성경에는 극적인 인상을 주는 기사가 많이 있다. 그 중의 대표적인 것 하나가 바로 엘리야에 관한 기사이다. 특별히 열왕기상 18장은 생생한 묘사, 대조적인 인물들, 상상을 불허하는 주장들, 영광스러운 결말로 유명하다.

엘리야는 이스라엘이 우상 숭배로 위기에 처하자 신적인 권리의 투사로 홀연히 나타났다가 회오리바람과 불 수레를 타고 사라지는 여호와의 고독한 예언자로서 잘 알려져 있다. 그는 이스라엘 역사에서 가장 비범한 인물 중 한 명이며, 구약의 예언자 중에서 신약성경에서 가장 많이 인용되고 있다. 무명인으로 출발한 그의 첫 공적인 행위는 아합 왕이 우상 숭배를 하자 이를 심판하기 위해 기도로 하늘을 움직여 삼 년 반 동안 비를 내리지 않게 하는 것이었다.

엘리야의 초기 삶은 알려지지 않았지만 이처럼 능력 있는 사역을 수행하기 위해서는 개인적인 준비가 필요하다는 사실과 하늘을 움직여 비를 내리지 않게 하는 것과 같은 능력은 오직 하나님과의 개인적인 만남을 통한 결과라는 사실이다. 그는 은밀한 가운데 예언자적 소명을 받았으며, 비밀리에 행해진 시험을 통해 하나님에 대해 절대적으로 확신을 갖게 되었다. 그는 하나님과의 은밀한 교제로 사람들에 대한 두려움에서 완전히 해방되었으며, 신체적으로는 햇볕에 그을린 피부, 다소 억세며 투박한 모습을 하고 있었으며, 도덕적으로 담대하며, 믿음과 열정을 지닌 사람이었다.

위기에 처했을 때 그의 진면목이 나타나는 것처럼 엘리야의 삶의 비밀도 그의 고백에 잘 요약되어 있다. "아브라함과 이삭과 이스라엘의 하나님 여호와여 주께서 이스라엘 중에서 하나님이 되심과 내가 주의 종이 됨과 내가 주의 말씀대로 이 모든 일을 행하는 것을 오늘날 알게 하옵소서"(왕상 18:36). 하나님과 끊임없이 교제하는 사람은 언제나 기도의 자리에 서 있다. 이러한 참된 사람에게는 세 가지 요소가 나타난다.

첫째로 그는 하나님의 영광을 위해 불타는 열정을 소유하고 있었다. "당신의 하나님 되심을... 알게 하소서." 이것이 그의 첫 번째 생각이었다. 그의 영혼은 하나님의 영광에 대한 거룩한 질투로 가득 차 있었다.

둘째로 그는 여호와의 종 됨에 만족하고 있었다. "내가 당신의 종 됨을 알게 하소서." 그는 하나님의 절대적 소유권을 인정하였다.

셋째로 그는 하나님의 명령에 절대적으로 순종하였다. "주의 말씀대로 이 모든 것을 행하였나이다."

이스라엘과 바알 선지자를 모으는 것은(19절) 명령이나 한 순간의 기도만 가지고 되는 일이 아니다. 결과로 판단해 보건대 엘리야는 하나님을 기다리고 우상 숭배자들과 대결하는 계획을 반기 위해 많은 시간을 보내지 않았다. 그는 하나님과 오랫동안 교제해 오면서 이러한 확신을 이미 소유하고 있었다. 이것은 자기 하나님을 아는 자들에게나 가능한 일이다.

엘리야가 백성들을 모으고 바알 선지자와 아세라 선지자에 도전을 하게 된 것은 왕부터 아래의 백성들에 이르기까지 우상을 숭배하여 나라 전체가 배교하자 이에 깊은 관심을 가지고 있는 데서 비롯되었다. 아합 왕은 역대 이스라엘 왕 가운데 가장 약하면서도 악한 왕으로 알려져 있다. 그는 결혼 이전에도 "아합이 그 전의 모든 사람보다 주님 보시기에 악하였더라"고 기록되었다. "여러보암이 죄를 따라 행하는 것을 오히려 가볍게 여기며... 가서 바알을 섬겨 숭배하고 사마리아에 건축한 바알의 사당 속에 바알을 위하여 단을 쌓으며 또 아세라 목상을 만들었으니 저는 그 전의 모든 이스라엘 왕보다 심히 이스라엘 하나님 여호와의 노를 격발하였더라"(왕상 16:30-33). 아합왕 때 이스라엘은 여호와를 경배하는 대신 바알을 숭배하였다. 엘리야가 이스라엘 역사 무대에 극적으로 등장했던 때가 참 종교와 도덕이 거의 땅에 떨어진 때였다.

1. 불의 도전

"불로 응답하시는 하나님." 여호와는 다른 신과 그 어떤 타협을 하지 않으신다. 여호와와 바알 사이에는 타협이란 있을 수 없으며, 함께 평화를 공존할 수도 없다. 하나님의 사람들이 여호와를 버리고 바알을 쫓았으므로 이스라엘에 위기가 닥쳤다. 위기 때마다 적절하게 사람을 보내시는 하나님은 비밀리에 그의 사람을 준비하여 위기의 때에 출현하게 하셨다. 우리는 기독교 역사를 통해 하나님의 증인을 확인할 수 있다. 이들이 루터, 칼빈, 웨슬리, 휫필드, 무디, 토레이, 빌리 그래함과 같은 사람들이다 .

엘리야의 성품이 가장 위대하게 표출된 곳은 바로 갈멜산에서 바알의 선지자들과의 대결이다. 열정의 선지자 엘리야는 비록 용기와 신앙에서는 연약한 모습을 보였지만, 마틴 루터가 당시의 종교적 부패에 분연히 항거하여 일어났던 것처럼 이 고독한 예언자도 하나님을 떠난 조국의 종교 세력과 담대하게 도전하였다. 그 시대의 언어로 그는 "내가 여기 서 있는 것 외에 달리할 수는 없다"고 선포하였다. 그는 하나님의 강함을 입증하기 위해 거짓 신들에 아주 공정한 방법으로 도전을 하였다. 그것은 불의 신 바알에게 불로 시험할 것을 제의하였다. "불로 응답하는 신 그가 하나님이 되게 하라." 이 명백한 주장에 바알 선지자 450명중 어느 한 사람도 반대를 제기하지 않았다. "여호와가 만일 하나님이면 그를 쫓고 바알이 만약 하나님이면 그를 쫓을지니라." 위기의 순간이 다가오고, 이제 백성들은 바알과 여호와 중에서 선택을 해야만 하였다.

2. 불의 의미

"주께서 불을 내리셨다." 이스라엘 백성들이라면 누구나 불 시험의 의미를 기억한다. 하나님은 이스라엘의 역사에서 불로 이들에게 응답하였으며, 이들에게 불은 곧 하나님의 존재의 현현이었다.

하나님은 떨기나무의 불 속에서 모세에게 자신을 나타내셨다. "여호와의 사자가 떨기나무 불꽃 가운데서 그에게 나타나시니라... 하나님이 떨기나무 가운데서 그를 불러..."(출 3:2, 4). 시내산에서 하나님은 불 가운데서 나타나셨다. "시내산에 연기가 자욱하니 여호와께서 불 가운데서 거기 강림하심이라"(출 19:18).

그의 백성 가운데서 하나님의 현존하심은 밤에 장막 위에 나타난 불로 상징되었다. "여호와의 영광이 성막에 충만하였음이며... 밤에는 불이 그 위에 있음을 이스라엘 온 족속이... 친히 보았더라"(출 40:35, 38). 성전을 봉헌할 때에도 이와 유사한 하나님의 현존의 나타나심이 있었다. "솔로몬이 기도를 마치매 불이 하늘에서부터 내려와서... 여호와의 영광이 그 전에 가득하니..."(대하 7:2). 불의 현현은 하나님의 현존의 증거였다.

구약성경에서 불의 의미가 하나님의 현존을 증거하였다면, 신약성경에서 불은 성령의 현존하심과 능력을 상징하였다. 세례요한은 메시아의 사명을 선포하면서 말하기를 "그는 성령과 불로 너희에게 세례를 주실 것이요"(마 3:11)라고 했다. 요한의 이 예언은 오순절에 성령께서 마가의 다락방에 모인 제자들에게 불과 능력으로 나타나심으로 성취되었다. "불의 혀같이 갈라지는 것이 저희에게 보여 각 사람 위에 임하여 있더니"(행 2:3). 이 불을 오늘의 우리들에게 적용할 때 그것은 성령의 능력과 현존하심을 의미한다.

갈멜산에서 이 거룩한 불은 번제물과 나무와 흙과 도랑의 물을 핥았지만 바알의 제단의 불은 아무런 응답이 없었다. 아무리 바알의 선지자들이 큰소리로 부르고, 규례를 따라 몸을 상하게 하며 그 신을 부를지라도 아무런 응답이 없었다. 이제 바알의 영광이 사라지고, 아무도 그 불을 붙일 수가 없었다. 나답과 아비후가 "주 앞에서 다른 불을 봉헌"했을 때 죽었던 것처럼 하나님의 참된 불을 대신할 어떤 것도 있을 수 없기 때문이다.

이 시대의 그리스도인과 교회에 제일 필요한 것이 바로 하나님의 불이다. 이는 곧 성령의 현존과 능력과 역사를 말한다. 우리는 세상 사람과 다르지 아니한가? 세상의 차원으로 어떻게 이러한 것을 설명할 수 있겠는가? 우리의 삶에는 하나님의 거룩한 불이 없다. 불나방이 불을 보고 끌려오듯이 우리 교회에는 사람들을 불가항력적으로 끌어 모으는 거룩한 불이 없다. 이 땅의 교회가 세상으로부터 매도당하고 커다란 영향력을 발휘하지 못하는 것은 하나님의 불을 가지고 있지 않기 때문이다. 오늘의 교회는 그 어느 때보다도 풍부한 인적 자원, 훌륭한 조직, 학식 있는 목사, 그리고 고도로 숙달된 기술까지 가지고 있지만 고통 속에 있는 세상의 문제를 해결하는 데는 너무 소극적이다. 오늘의 우리에게 가장 필요한 것은 무엇인가? 그것은 바로 기도이다. 나를 위한 기도가 아니라 "주여 불을 보내 주소서"라고 간절히 외쳐야 된다. 그밖에 더 무엇이 필요하겠는가?

3. 불의 내림

"이에 여호와의 불이 내려서..." 하늘에서 불이 내린 것은 갈멜산에서 일어난 사건의 절정이었다. 다른 모든 것은 이를 위한 준비 단계에 불과했다. 그 불이 내리기까지 선행된 것은 무엇인가? 이것을 살펴봄으로써 우리는 중요한 영적 교훈을 배울 수 있다. 만일 우리가 그 근본적인 요소를 발견할 수 있다면 우리는 이 시대를 일으킬 영적 부흥의 근원을 발견하게 될 것이다. "이에 여호와의 불이 내려서." 언제 불이 내렸는가? 여호와 예배는 땅에 떨어졌고, 온 나라가 바알 숭배에 빠졌을 때, 곧 이스라엘이 민족적으로 배교를 했을 때 하나님의 불이 내렸다. 온 땅이 영적 어둠으로 덮인 그때에 하나님은 축복을 내려 주셨다. 어둠이 가장 깊을 때 그것을 밝혀 줄 빛에 대한 열망도 그만큼 간절하다. 하지만 그 누가 시대의 어둠 가운데서 빛을 발할 수 있는가? 무형의 우상 숭배에 빠진 오늘의 시대도 그 시대와 견주어 조금도 뒤지지 않는다. 사단의 세력이 널리 퍼져 있고, 교회는 이미 빛을 잃어 이 땅에 아무런 영향력을 행사하지 못하는 이 시대나 바알의 숭배에 빠진 그 시대나 조금도 다를 바가 없다. 비록 바알에게 무릎 꿇지 않은 칠 천 명이 남아 있을지라도...

두 번째 불은 엘리야가 하나님께 지체없이 복종했을 때 내렸다. 하나님은 불을 내리기 전 엘리야에게 "너는 여기서 떠나 동으로 가서 요단 앞 그릿 시냇가에 숨고"라고 말씀하셨다. 그래서 엘리야는 여호와의 말씀과 같이 하였다(왕상 17:3, 5). 이제 하나님의 명령이 분명하게 임하였다. "너는 가서 아합에게 보이라 내가 비를 지면에 내리리라"(왕상 18:1). 엘리야가 자기에게 원한을 품고 3년 동안 목숨을 노린 아합 왕을 만나기를 꺼려했다는 것을 짐작하는 것은 그리 어려운 일이 아니다. 왜냐하면 이 땅에 비가 내리지 않아 가뭄이 덮친 것이 바로 엘리야의 기도 때문이었기 때문이다. 그러나 가장 먼저 필요한 것은 가뭄 해갈이 아니라 주의 말씀에 엘리야가 순종하는 것이었다.

엘리야는 시냇가에 숨으라는 말씀 때처럼 지체없이 복종하였다. "엘리야가 아합에게 보이려고 가니"(왕상 18:2). 불이 내리고 비가 온 것은 엘리야가 도덕적 영적인 악의 전형인 아합을 만나라는 여호와의 말씀에 지체없이 순종한 결과였다. 우리도 하나님의 불이 내리기를 원한다면 삶에서 하나님께 불순종한 영역이 있어서는 안 된다. 하나님이 우리에게 순종하고, 소유자에게 반환하고, 잘못한 사람에게 사과하고, 또는 증인이 될 것을 강권적으로 명령하실 때 거기에 우리의 희생이 전제가 된다면 그 명령에 순종하기를 꺼려한다. 그러나 어떠한 희생이 따르더라도 우리가 복종하기 전까지 하나님은 축복을 내리지 않으신다.

세 번째 불은 파괴된 제단이 수축(修築)된 다음에 내렸다. "저가 무너진 단을 수축하되..."(왕상 18:30). 제단이 파괴되었다는 사실은 의미하는 바가 크다. 제단은 예배를 상징하며, 갈멜은 하나님의 백성들이 성스런 회합의 장소였다. 그러나 제단은 사용할 수 없을 정도로 파괴되어 여호와께 드리는 예배가 중단되었다. 하나님의 불이 내리려면 먼저 제단이 수축되어야만 한다. 엘리야는 야곱의 12아들들의 지파의 수효대로 12개의 돌을 취하여 제단을 수축하였다. 엘리야는 갈라진 민족이 다시 하나로 통일되고 그 하나됨 가운데 하나님의 현존이 나타나기를 원하였다. 십자가의 온전한 의미와 십자가의 자리가 회복될 때 주님의 불이 내린다.

네 번째 불은 온전한 희생 제물이 제단에 바쳐졌을 때 내렸다. "또 나무를 벌이고 송아지의 각을 떠서 그 나무 위에 놓고..."(왕상 18:33). 하나님의 불은 빈 제단에는 임하지 않는다. 희생 제물을 각을 뜨는 것은 온 지체를 하나님께 드린다는 영적 의미가 담겨져 있다. 기쁨이 충만해 있을 때나 큰 결단의 순간에 전 생애를 제단에 바치는 것은 그리 어려운 일이 아니다. 그러나 하버겔(F. R Havergal)이 봉헌 찬송에서 아름답게 노래한 것처럼 봉헌은 한 순간이 아닌 일생을 함께 살아야 하는 몸의 지체를 드리는 것이다. 그 찬송은 "내 생명 받으소서"로 시작하여 "내 손과 내 발과... 나의 목소리... 나의 사랑을 받으소서"로 진행된다. 하나님께 처음 드리는 것은 가장 좋고, 정결하며, 아름다운 것으로 드려야 할뿐만 아니라 지속적인 순종의 행위가 따라야 한다. 하나님은 우리가 부분적으로 항복하는 것에 만족하지 않으신다. 아나니아와 삽비라는 하나님께 부분을 바치면서 마치 전체를 드리는 것처럼 가장을 했다. 그러나 그 대가는 그들의 비참한 죽음이었다. 아브라함은 자기 생애에서 가장 힘든 두 가지를 실행하라는 하나님의 명령을 받았다. 하나는 불신앙의 아들인 이스마엘을 포기하여 광야로 내보내는 것이고 다른 하나는 믿음의 소생인 이삭을 제단에 바치고 더 나아가 희생의 칼을 들어야만 했다. 아브라함이 이것을 실행했을 때 비로소 하나님의 불이 아브라함에게 임하였고, 하나님의 응답을 받게 되었다. "너의 자손을 통해 지상의 모든 나라가 축복을 받을 것이다. 이는 네가 내 말에 복종했음이라." 엘리야는 제단에 온전한 희생 제물이 드려지고 각을 떠 제단에 채워지면 하나님이 지체없이 응답해 주실 것을 알았다. 희생 제물의 마지막 조각을 제단에 올려놓았을 때 여호와의 불이 내렸다. 하나님은 희생의 마지막 것까지 제단에 바치기를 원하신다. 그 누가 하나님을 속이겠는가?

다섯 번째 불은 더러운 것이 제하여졌을 때 내렸다. "통 넷에 물을 채워다가 번제물과 나무 위에 부으라 하고... 물이 단으로 두루 흐르고 도랑에도 물이 가득하게 되었더라"(왕상 18:33, 35). 엘리야는 거짓된 불의 여지를 허락하지 않았다. 엘리야는 바알의 선지자들에게 세 번씩이나 "불을 놓지 말고"(23, 25절)를 조건으로 제시하였다. 송아지를 잡아 제단 위에 올려놓되 불을 붙이지도 말고, 어떠한 속임수를 쓰지 않아야 되며, 발화 물질을 몰래 넣어도 안되었다. 엘리야는 자신에게도 아주 엄격하게 이것을 적용하였다. 속임수를 막기 위한 온갖 주의가 기울여졌다. 엘리야는 제단에 내리는 불이 하늘에서 떨어진 것이라는 사실을 백성들이 분명하게 알도록 "나에게 가까이 오라"고 백성들에게 명했다. 바알의 선지자들과 백성들이 지켜보아도 아무런 두려움 없이 스스로 제시한 어려운 방법 가운데서도 하나님을 굳게 신뢰하였다. 만약 제단 위에 발화 물질이 숨겨져 있었다면 제단 위에 쏟아 부은 물로 그것은 못쓰게 되었을 것이다. 엘리야는 만인이 불가능하다고 단정하는 것을 가능으로 바꾸는 신앙의 소유자였다. 이 시대 어디서 이와 같은 신앙을 가진 사람을 찾을 수 있을까? 우리 같으면 하나님을 돕는답시고 불이 쉽게 붙도록 온갖 인간적인 방법을 동원하였을 것이다. 하지만 엘리야는 불을 내리신 분은 하나님이라는 사실이 증거되기를 원하였다. 우리도 엘리야를 본받아야 한다. 우리 주위에 만연되어 가는 왜곡된 것들을 경계하여야 한다. 영적인 것을 대신하기 위해 심리적 방법을 동원한다든지, 성령의 능력을 대신하기 위해 최면술을 사용하는 것으로부터 우리를 보호해야 한다.

여섯 번째 불은 엘리야가 신앙의 기도를 드린 후에 내렸다. "아브라함과 이삭과 이스라엘의 하나님 여호와여 주께서 이스라엘 중에서 하나님이 되심과 내가 주의 종이 됨과 내가 주의 말씀대로 이 모든 일을 행하는 것을 오늘날 알게 하소서 여호와여 내게 응답하옵소서 이 백성으로 주 여호와는 하나님이신 것과 주는 저희의 마음으로 돌이키게 하시는 것을 알게 하옵소서"(왕상 18:36-37).

제단을 돌며, 몸을 자해하며 열광하는 바알 선지자들에 비하여 엘리야의 모습은 얼마나 대조적인가? 이들은 대답 없는 신을 향해 소리를 지르며, 칼과 창으로 자신들의 몸을 상하여 피를 흘리기까지 열광하였다. 그러나 하늘로부터 어떤 불도 내리지 않았다. 하지만 아무리 외치고 열광을 해도 바알은 침묵했고 하늘에서는 아무런 불도 내리지 않았다. 이 침묵은 그들의 울부짖음이 아무런 소용없음을 여실히 증명되는 순간이었다. 엘리야는 믿음의 기도를 드리기 전 이들을 향해 믿음이 조소를 보낼 만큼 여호와의 응답을 확신했다. "엘리야가 저희를 조롱하여 가로되 큰소리로 부르라 저는 신인즉 묵상하고 있는지 혹 잠간 나갔는지 혹 길을 행하는지 혹 잠이 들어서 깨워야 할 것인지 … 하매"(왕상 18:27). 하나님은 결코 자기의 종을 넘어지게 하시는 분이 아님을 엘리야는 확신하고 있었기에 이와 같은 담대한 말을 할 수 있었던 것이다. 하나님은 이와 같은 확신을 나타내는 것을 기뻐하신다. 기도의 거장 E. M 바운즈(E. M. Bounds)박사의 놀라운 말을 들어 보라. "변절한 왕과 타락한 백성과 우상 숭배의 선지자들 앞에서 만들어진 엘리야의 불멸의 시험은 신앙과 기도의 놀라운 시위였다."

하나님은 자신의 종이 드린 이 간단한 기도와 봉헌에 이내 불로 응답하셨다. "그때 주의 불이 내리니." 그 불은 무대로 떨어진 것이 아니었다. 신앙의 기도는 즉시 하늘로부터 불이 떨어지게 하였다. 희생 제물, 장작, 돌, 물 등은 하늘의 불에 견딜 수 없었다. 엘리야의 마음의 열망이 실현된 것이다. 여호와의 우세함이 증명되었으며, 참되신 하나님의 현존하심과 능력이 다시 한번 그의 백성 가운데 분명하게 나타난 것이다. 하나님과 그의 종의 명예가 입증되었으며, 바알 숭배자들의 주장은 여지없이 무너지고 말았다. 우리의 기도가 "아버지가 아들 안에서 영광 받기를"바라는 마음으로 드려질 때, 우리 역시 불의 내림을 볼 수 있다.

4. 불이 성취한 것

하늘에서 불이 내림으로 이스라엘 모든 백성이 무릎을 꿇고 말았다. "모든 백성이 보고 엎드려 말하되 여호와 그는 하나님이시로다 여호와 그는 하나님이시로다 하니..."(왕상 18:39). 엘리야의 증거는 하나님께서 내리신 불로 입증되었다. 바알의 선지자들과 백성들은 자신들의 눈으로 목격한 증거를 부인할 수가 없었다. 하나님을 떠난 오늘의 이 세계는 하나님의 불, 곧 우리 가운데서 역사하시는 성령의 현존하심과 능력의 나타나심을 볼 때 비로소 우리의 증거에 주의를 기울이게 될 것이다.

두 번째로 불이 내림으로 거짓 선지자들은 멸망하게 되었다. 엘리야의 첫 번째 행동은 이스라엘 백성으로 하여금 바알 선지자들을 죽이는 것이었다. 참되신 하나님에 대항하는 모든 적들은 정복되어야만 한다. 진정한 불이 내림으로 바알의 제단의 거짓된 불이 제거되었다. 오직 하늘로부터 내린 불만이 엘리야에게 모든 것을 정화할 수 있는 도덕적 권위를 부여하였다.

셋째로 불의 내림은 불가능이 가능으로 바뀌었다. 돌이 타 버렸다는 것을 들은 적이 있는가? 그러나 그것은 실현되었다. 오순절에 임한 하나님의 불은 제자들의 삶 속에 불가능한 것을 성취시켰다. 비겁함이 담대함으로 변하였으며, 의심이 믿음으로, 자기 추구는 자기 부정과 그리스도의 영광을 위한 정열로 바뀌었다. 이전에는 갖지 못해 주목을 받던 이러한 성품들이 이제는 이들의 삶 속에서 풍성하게 열매를 맺게 된 것이다.

런던에 엄청난 흑사병이 창궐한 후 시내 대부분이 폐허로 변하는 대 화재가 발생하였다. 화재로 전소한 시내 곳곳에 전에는 볼 수 없었던 낯선 꽃들이 빈터에서 자라는 것을 볼 수 있었다. 이것은 추운 땅에서 오랫동안 휴지 상태로 있던 씨들이 불의 열기로 생명력을 얻어 싹을 트게 된 것이었다. 성도들 위에 떨어진 하나님의 불은 그가 십 년 동안에도 할 수 없었던 것을 단 십 분 만에 성취하였다.

> 오! 도저히 가능해 보이지 않던 그것이
> 내 안에서 이루어졌네
> 내가 죄의 권세에서 해방되었다오.
> 사람들은 그것이 사실일까 묻지만
> 불가능한 그것은 확실한 사실이라네
> 불가능한 모든 것이 그분 안에 있는 나에게는 가능하다오.
> - C. 웨슬리(C. Wesley)

넷째로 불의 내림은 재외에는 아무 것도 남기지 않았다. 모든 것이 타 버렸으며, 남은 것은 멸망되지 않을 것만 남았다. 불은 재를 남기는 것 외에는 아무 것도 할 수 없다. 하나님의 불은 육적이고 위선적인 모든 것을 태워 버린다. 오직 남는 것은 영원한 가치가 있는 것뿐이다. 재는 두 가지 특성이 있다. 제일 가벼운 미풍에도 날아갈 버릴 정도로 가볍다. 하나님의 불을 받은 생명은 이처럼 민감하여 성령에 잘 감동되며, 하나님의 뜻에 잘 따른다.

■ 토론 문제 ■

1. 하나님의 백성과 교회 위에 하나님의 불이 임하면 무엇이 일어
나는가?

2. 엘리야의 행동과 성격 중에서 당신에게 가장 격려가 되는 것은?

성령의 역동적인 힘

"권력으로 억제하여 그 역사를 그치게 하니."
(스 4:23)
"여호와께서 말씀하시되 이는 힘으로 되지 아니하며
능으로 되지 아니하고 오직 나의 신으로 되느니라."
(슥 4:6)

묵상 : 에스라 4:1-24, **스가랴** 4:1-10

고레스의 바벨론을 점령으로 이스라엘 남은 백성들이 예루살렘으로 귀환했다. 이들은 여호와의 전의 재건을 위임하는 고레스의 조서를 가지고 귀환하여 한마음이 되어 대 역사에 착수하였다. 하지만 그들의 앞에 놓여 있는 조직적인 반대로 인해 전의 건축을 진척시킬 수가 없었다. 적들은 간계와 모략으로 바사 왕 아닥사스다(주전 465-424)로부터 성전 재건의 역사를 멈추라는 반대 조서를 받아 내어 예루살렘으로 급히 가 유대인들에게 권력으로 그 역사를 그치게 하였다(스

4:20-24).

뜻하지 않은 이러한 반대에 부딪혀 절망과 실의에 빠진 유대인들은 이 역사의 성공을 약속하신 하나님께 간구하기는커녕 자포자기 심정으로 포기하고 말았다. "그리하여 다리우스 왕 즉위 2년에 하나님의 전의 역사가 그치게 되었다." 제 1라운드는 하나님과 이스라엘 대적들의 승리였다.

우리는 하나님의 전능하심을 잊어버리고 쉽게 절망과 실의에 빠진 이들을 정죄하기 쉽다. 하지만 우리도 복잡 미묘한 마음으로 상황에 따라 쉽게 하나님을 배신하는 우리의 속성을 모를 때, 또한 환경을 제대로 살피지 않을 때 틀림없이 이들과 대동소이한 판단을 하게 될 것이다.

1. 세 가지 불리한 상황들

성전 재건의 대 역사를 시작한 유대인들은 견디기 힘든 불리한 상황을 감당해야만 하였다. 그것은 이웃 족속의 노골적인 성전 재건의 반대였다. 적들은 변화하는 상황에 대처할 수 있는 다양한 전략을 가지고 자신들에게 유리한 상황을 이용하여 성전 재건을 멈추게 하는 데 전력하였다. 이들은 맨 처음 침투 방법을 사용하였다. "우리로 너희와 함께 건축하게 하라." 이것이 실패로 돌아가자 그들은 두 번째로 방해 공작을 시도하였다. "그들이 건축을 방해하니라." 그 다음에 협박의 방법을 사용하였다. "그들이 건축하는 것을 두려워하였다." 적들은 이와 같은 방법에 만족하지 않고 아예 성전 건축을 좌절시켜 버리려고 계획을 하였다. "의사들에게 뇌물을 주어 그 경영을 저희(沮戱)하였으며." 마지막으로 이들은 예루살렘 거민을 고소하였다(스 4:1-6).

오늘의 우리들에게 너무도 잘 알려진 적들의 이러한 전략은 비록 부수적인 것들은 변했을지라도 그 원형은 바뀌지 않고 지금까지 내려오면서 믿음의 증거를 지키려고 애를 쓰는 이 땅에 흩어져 있는 그리스도인들을 당시 유대인들이 무력했던 것과 같은 상황에 부딪히게 만들고 있다.

이러한 외적 상황과 더불어 성전 재건의 자원 부족이라는 또 다른 불리한 상황이 이들을 괴롭혔다. 고레스 왕은 성전 건축에 필요한 경비는 왕실에서 내리고 필요한 모든 것을 지원하라고 선포했지만(스 6:4), 아닥사스다 왕은 조서를 내려 이를 취소해 버렸다. 가장 큰 수입원이 막히자 성전 재건의 대 역사에 필요한 인적, 물질적 자원이 고갈되었고, 설상가상으로 이 역사의 원동력이 되었던 마음의 감동으로 인한 고상한 이상마저 쇠퇴해 버려 패배를 자인할 수밖에 없었다.

적들의 집요한 전략과 자원의 부족한 것보다 더 심각한 것은 지도자들의 무능력이었다. 이들의 지도자 스룹바벨은 왕족 가문의 출신이었지만 적들이 조직적으로 반대 운동을 펼치자 이에 겁을 집어먹고 꼬리를 내린 꺾어진 갈대였다. 2차 대전 당시 영국 수상이었던 윈스턴 처칠은 프랑스가 독일에 패하자 "여러분, 본인은 프랑스의 패전이 우리를 절망에 빠트리기보다는 힘을 돋우어 준다고 생각합니다"라고 각료들에게 용기를 심어 주었다. 스룹바벨에게 필요한 것은 윈스턴 처칠 같은 지도력이었지만 그는 처칠이 아니었다. 스룹바벨은 시작은 좋았지만 그의 능력을 오래 지속하지 못하고 절망에 빠진 백성들에게 감동을 심어 주는 데 실패하였다.

우리는 여호수아가 대제사장이요, 민족의 영적 지도자로서 한 시대를 책임 진 가장 거룩한 사람임을 의심하지 않는다. 그러나 스가랴 3장 3절 이하를 보면 그는 "더러운 옷을 입고" 하나님 앞에 서 있는데, 백성을 대신하여 하나님 앞에 서기에 부족한 자로 그려지고 있다. 백성들에게 가장 큰복은 참된 지도력을 겸비한 지도자 아래서 외적, 내적인 어려움을 하나 하나 해결해 나가는 것이다. 세상의 지도자, 특히 영적 지도자에게 중요한 것은 외적인 반대를 극복하는 영향력 있는 지도력을 갖추는 것이다.

2. 소망의 비전

아무런 소망이 없을 때 하나님은 스가랴에게 비전의 형태로 찾아오셨다. 천사가 비전을 통해 스가랴에게 말한 것이 에스라가 성전 재건이 멈추게 된 방법과 같다는 것은 단순한 우연의 일치인가? 아니면 하나님이 섭리에 의해서인가? 적들의 권력이나 힘에 의해서 하나님의 전의 역사가 멈춰졌단 말인가? 유대인들은 적들의 권력을 이용한 공격 때문에 낙담하지 않았다. "스룹바벨의 손이 이 전의 지대를 놓았은즉 그 손이 또한 그것을 마치리라"(슥 4:9). 성전 재건의 역사는 "힘으로 되지 아니하며 눈으로 되지 아니하고 오직 나의 신으로" 될 것이다. 적들이 집요하게 반대를 하고, 조서의 변경으로 자원이 고갈되고, 지도자의 무능력으로 실의와 절망의 벼랑에 몰렸을지라도 이들이 하나님의 전략에 순종하였다면 승리는 이들의 것이었다. 영적 승리는 스룹바벨이나 여호수아의 손에 있는 것이 아니다. 그 어떤 인간의 힘에 의존해서 이루어지는 것이 아니다. 오직 성령의 능력에 의존했을 때 이루어진다.

스가랴는 비전 속에서 순금 등대를 보았다. 그리고 그 꼭대기에 주발 같은 것이 있고, 그 등대에 일곱 등잔이 있으며, 등대 꼭대기에 등잔에는 일곱 관이 있고, 그 좌 우편에 서 있는 두 감람나무에서는 주발에 기름을 채우고 있었다(슥 4:2-3).

순금 등대는 성전을 밝혀 주는 귀중한 것이기에 유대인들은 비전에 나타난 그것의 의미를 소홀히 할 수 없었다. 하나님은 이스라엘을 세상의 빛으로 선택하였다. 하지만 이들은 참담하게 실패하였으며, 이제 그 증거의 빛은 꺼져 버렸다. 주님은 아시아의 일곱 교회에 보내는 편지에서 이스라엘이 성취하지 못한 그 빛의 역할을 감당할 자가 바로 교회임을 지적하였다. 스가랴에게 이상을 보이신 주님은 이 땅의 교회들에게 순금 등대의 의미를 넘겨주셨다. 세상의 집요한 반대와 내부의 적들의 방해 공작을 넘어 교회는 빛을 밝혀야 된다.

3. 교회의 기능

등대로 상징된 교회의 주요한 사명은 어둠에 덮여 있는 세상에 빛을 비추는 것이다. 등대가 다른 기능을 가지고 있는가? 빛에 반응하는 것은 우리의 책임이 아니다. 계시록을 보면 그리스도는 살아 있는 교회를 대표하는 일곱 등대 가운데 서서, 이들의 증거의 빛을 꼼꼼히 보시고 평가하신다(계 1:13, 20).

금 촛대가 성전을 조명하는 단순한 도구였던 것처럼 교회는 세상에 빛을 비추는 매개체에 지나지 않는다. 교회의 존재 이유는 빛을 비추는 것이다. 이 사명을 수행하지 못한다면 교회는 존재할 이유가 없어진다. 하나님은 다른 대책을 마련하지 않으셨다. "너희는 세상의 빛이다"라고 주님은 말씀하신다. 이 빛은 "나는 세상의 빛이다"라고 말씀하신 분에게서 반사된 빛이다. 오늘날 이 세상을 덮고 있는 어둠의 장막이 얼마나 심각한가? 우상 숭배, 미신, 잔인함, 고통, 각종 악과 범죄, 물질주의, 냉소주의 등 말로 다할 수 없는 어둠이 이 세상을 덮고 있다. 교회와 그리스도인들이 빛을 밝혀 이 어둠을 없애야 한다.

혼탁한 시대에 어떻게 교회가 이 사명을 감당할 수 있는가? 스가라에게 임한 이 비전이 해답이다. 교회 본연의 사명은 빛을 발하는 것이다. 등대는 빛을 비추이기만 할 뿐 그 자체로서 발광체가 아니다. 등대는 스스로 빛을 만들어 낼 수 없다. 외부의 어떤 근원으로부터 빛을 받아들여, 빛을 보유할 수 있을 뿐이다. 등대 위에는 기름을 넣어 두는 주발 같은 것이 있어서 항상 기름으로 충만해 있으며, 황금 관을 통해 정확하게 기름을 공급해 준다. 이 황금 기름은 올리브나무로부터 계속해서 주발에 채워진다.

기름은 "나의 신" 곧 성령이다. 교회는 오직 성령을 통해서만 빛을 발한다. 주발은 신적인 능력과 자원을 저장해 두는 그리스도를 상징한다. 그 안에는 신성의 모든 충만이 육체로 거하신다. 그러므로 성령의 충만은 주님의 영광스러운 본성 안에 가득 채워져 있다. 세상에 빛을 발하는 데 필요한 모든 요소가 그 안에 저장되어 있으며, 교회는 그 안에서 언제든지 빛을 발하는 데 필요한 기름을 공급받을 수 있다. 오순절 마가의 다락방에 모인 사람들에게 성령을 부어 주신 분이 바로 주님이시다. "그가 약속하신 성령을 아버지께 받아서 너희보고 듣는 이것을 부어 주셨느니라"(행 2:33). 오늘날 성령을 부어 주시는 분도 주님이시다.

4. 오직 성령의 능력으로

"힘으로도 아니고 능으로도 아니고…" 교회의 사명은 순수한 인간적 수단에 의해 성취되지 않는다. 능으로도, 힘으로도 안 된다. "힘으로도 되지 아니하며"는 군대의 힘, 사람들이나 수단과 같은 집합적인 힘에 의해 될 수 없다는 뜻이다. 이것은 또한 "부", 도덕적 의미로 "덕", "용기"를 뜻하기도 한다. 핵심은 그 어떤 인간적 수단으로 교회의 사명을 성취할 수 없다는 데 있다.

"능"은 힘, 집합적인 의미가 아닌 개인적인 용기나 힘을 의미한다. 이 두 구절이 강조하는 것은 교회의 사명 완수는 인간의 조직적인 힘이나 개인적인 힘에 달려 있지 않다는 사실이다. 그것은 온전히 성령의 힘에 의존해야 이루어진다. 이는 교회의 사명이 초자연적 성격을 띠고 있다는 사실과, 인적, 물적 자원이나 기술, 힘 등은 단지 인간적인 것에 불과하다는 것을 말해 주고 있다. 만약 교회의 사명이 세상에 수없이 생겨나는 조직을 창출하는 데 있다면, 이러한 것들은 유용하다. 그러나 교회는 세상의 것과는 근본이 다른 초자연적인 조직이며, 오직 영적 방편에 의해서만 살아가는 주님의 몸이다. 그래서 교회는 세상의 가시적인 조직을 능가하는 무한한 성격을 가지고 있다. 오늘의 교회가 직면한 제일 큰 위험은 훌륭한 계획을 수립하고, 그 방법을 개발하는 과정에서, 정작 사명을 완수하는 데 없어서는 안될 초자연적 요소를 잃어버리는 잘못을 범하는 것이다.

이 절대적 진리를 실천하는 데 평생을 헌신한 허드슨 테일러는 기록하기를 "선교 사역에 제일 필요한 것은 성령의 역사이다. 지구 곳곳 복음의 불모지에 성경이 배부되고, 선교사들이 땀을 흘리며 거의 날마다 복음을 선포하고 있는데 회심의 결실은 여전히 미미하다. 진정한 회심은 사라지고 인간적인 축복만 넘치고 있다. 천명을 쫓던 한 사람은 어디로 갔으며, 만 명을 도망가게 한 두 사람은 어디에 있는가?... 우리가 필요로 하는 것은 기계가 아니라 하나님의 능력이다. 우리가 매일 접촉하는 수십, 수백 명의 사람들이 그리스도에게 설복하지 않는다면 기계로 두 배의 사람들을 접촉한들 무슨 소용이 있겠는가?"

성벽을 재건할 사명을 위임 맡은 유대 지도자들은 성공이 적들의 반대가 없고, 자원이 풍부하고, 유능한 지도력에 있는 것이 아니라 오직 성령의 능력의 역사에 있다는 것을 배워야만 했다.

5. 하나님이 정하신 방법

"나의 신으로 되느니라." 우리가 전기 불의 혜택을 누리기를 원하면 전기의 법칙을 따르면 된다. 그 법칙을 따를 때 우리는 많은 힘의 혜택을 누릴 수 있다. 동일한 원리가 믿음의 세계에도 적용된다. 성령의 힘을 체험하기를 원한다면 우리는 의존하는 모든 것을 버리고 성령의 법칙을 따르면 된다. 어둠에 덮여 있는 세상을 비추기 위해서는 먼저 우리 자신이 황금 기름에 젖어야 한다. 성령의 불이 우리 삶의 심지에 불을 당길 때 우리는 세상이 필요로 한 하나님의 불을 밝히는 사람이 될 수 있다.

이 비전에서, 비록 언급하고 있지 않지만 빛을 밝히는 데 가장 주요한 한 가지는 심지이다. 이것이 없다면 황금 기름으로 젖어도 불을 밝힐 수 없다. 기름과 불이 하나가 될 수 없다. 심지는 소모되기 위해서 존재한다. 그 자체를 소모하지 않는다면 빛을 발할 수 없다. 그리스도인이 세상에 빛을 비추이기 위해서는 자신의 삶을 소모해야 한다. 예수님도 병자를 치유하실 적마다 자신에게서 어떤 힘이 나가는 것을 느끼셨다고 했다. "당신의 집에 대한 열심이 나를 삼켰나이다." 우리 자신의 삶을 희생하지 않고는 결코 세례요한처럼 세상을 비추는 빛이 될 수 없다. 우리 자신을 쏟아 붓는 희생이 필요하다. 자신을 바친 자들에게 주님은 이러한 보상을 약속하신다. "겉 사람은 날로 부패하나 속 사람은 날로 새롭도다."

빛을 발하는 힘은 심지 자체에 있지 않다. 심지는 조명할 힘을 가지고 있지는 않다. 그 자체로는 단지 매운 연기와 검정 그을음만 낼 뿐이다. 심지는 기름과 불꽃 사이를 연결하는 매개이다. 스스로 공급을 충당할 수 없으며, 항상 누군가에 의존해야 한다. 그렇지 않으면 고갈 상태를 면치 못하며, 기름의 공급이 끊기면 빛은 어둠으로 화한다.

구약성경 시대에 제사장들이 하는 일 중 하나가 타 버린 심지를 금 가위로 잘라 내는 것이었는데 이는 선명하게 빛을 발하게 하기 위해서였다. 때때로 우리의 대제사장이신 주님도 선명한 빛을 방해하는 이물질을 우리의 삶에서 자르기 위해 금 가위를 사용하신다. 주님은 성령께서 말씀을 통해 마음에 힘을 주시므로 이 사역을 수행하신다. 고통이 따를지라도 우리는 이 사역을 마음에 깊이 간직해야 한다.

교회가 사명을 감당하기 위해 필요한 것은 지식, 돈, 열정이 아니다. 오직 성령의 능력을 받는 것이다. 광고를 하고, 조직을 갖추고, 교회를 화려하게 장식을 하는 것이 결코 성령을 대체할 수는 없다. 새로운 기술, 지금보다 더 나은 방법들도 필요하다. 그러나 이것들이 성령의 역동적인 필요를 채워 주지 못한다. 성령이 우리의 길을 예비해 주실 때 교회가 이 사회에서 제 역할을 할 수 있다. 교회가 제 역할을 하는 곳에, 선교의 열매가 풍성하게 맺는 곳에는 언제나 심령이 갈급해지고, 복음을 고대하고, 자신들의 종교에 대해 각성을 하고, 부족한 빛의 역할을 각성케 하는 성령의 증거가 있다. 이렇게 성령의 역사가 있은 다음에 심지인 선교사, 목사와 같은 하나님의 종들이 오는 것이다.

"나의 신으로만." 이 말은 무엇을 뜻하고 있는가? 이것은 교회와 그리스도인들이 빛을 발하는 데 제일 중요한 것이 초자연적 요소라는 것을 뜻한다. 물론 이것은 인간을 통해서 역사한다. 그러나 심지가 성령의 황금 기름으로 적셔지는 것처럼 우리도 하나님에 의해 온전히 사로잡혀야 된다. 우리가 사람을 회심시켜 그리스도께 인도하고, 믿음을 자라게 하기 위해서는 우리 자신의 논리나 지식, 경험에 의존해서는 안 된다. 우리 앞에 놓인 환경을 다스리고, 장애물을 극복하기 위해서는 성령에 의존해야 한다. 우리에게 주어진 사명을 감당하기 위해서는 성령을 고대해야 한다.

우리의 가진 바 특권이 무엇인가? 어두워져 가는 세상을 비추는 하나님의 불꽃이 되어 우리를 소모하는 것이다. 성경 번역자 헨리 마틴의 말을 들어 보라. "자 이제 하나님을 위해 우리 자신을 불태웁시다." 그는 짧은 6년 동안 하나님을 위해 자신을 불태운 결과 성경 번역의 위업을 이룩하였다.

> 내 삶이 타 들어가는 것이 어찌 그리 기쁜지요.
> 내 생명의 등불이 당신 위해 타오르나니
> 수고도 돈도 관심이 없다네
> 죄인 한 사람이 구원을 받을 수 있다면
> 험한 길도 상관치 않네
> 사랑하는 주님 내 길 인도하시니
> 내 삶이 타 들어가는 것이 어찌 그리 기쁜지요
> 내 생명의 등불 당신 위해 타오르나니.

■ 토론 문제 ■

1. "소비하는" 사역과 "타 버리는"사역의 차이는?

2. 교회가 힘이나 권세에 의지 않는 것이 중요한 이유는? 이렇게 하기가 어려운 이유는 무엇인가?

3. 이번 주 당신이 성령의 능력을 온전히 의지할 수 있도록 행할 한 가지 혹은 한 분야는?

선교의 열정을 품으라

"오직 성령이 너희에게 임하시면 너희가 권능을 받고
예루살렘과 온 유대와 사마리아와
땅 끝까지 이르러 내 증인이 되리라."
(행1:8)

묵상 : 사도행전 13:1-13, 16:6-10

성령은 주님의 선교 명령을 수행하시며, 관리하신다. 신약성경의 대 선교 편람인 사도 행전을 보면 거의 매 장마다 이러한 성령의 활동이 기록되어 있는데, 이것은 성령께서 교회를 통하여 끊임없이 역사하는 것을 나타낸다.

주님은 고별에 앞서, 제자들에게 사역의 열매를 맺게 해주며, 조언을 해줄 보혜사를 보내 주시겠다고 약속하셨다. "내가 떠나가는 것이 너희에게 유익이라 내가 떠나가지 아니하면 보혜사가 너희에게로 오시지 아니할 것이요 가면 내가 그를 너희에게로 보내리니"(요 16:7).

제자들은 오순절에 주님의 약속대로 편재하신 성령과 동행할 수 있도록 영적으로 변화되었다. 성령이 임재하신 후부터, 이 땅에서 주님이 고난 당하시며 씨를 뿌린 중요한 일들이 성취되기 시작했다. 제자들에게 성령이 임하자 제자들은 말씀대로 그리스도의 증거하였다(행 1:8). 제자들을 통한 성취는 아주 구체적이었으며, 그들의 설교는 청중들에게 큰 영향을 끼쳤다. "제자들은 성령이 말하게 하심을 따라 말하기 시작했다."

제자들과 교회들의 선교 사역에는 사람의 힘으로는 도저히 설명이 불가능한 일들이 도처에서 일어났는데 이는 신적인 역사가 있었기에 가능하였다. 이들의 사역에서 주 행위자는 성령이며, 제자들은 단지 하나님의 목적을 성취하는 도구였다. 처음부터 끝까지 성령이 주동자이며, 중요한 일꾼이었다.

오순절의 성령 강림은 기독교의 확산에 중요한 두 가지 분수령을 제공하였다. 첫째는 성령은 위로자와 수여자라는 이중 직분을 가지고 이 땅에 오셨다. 보혜사로서 성령은 부활하신 그리스도께서 두려움과 슬픔에 젖어 있는 제자들에게 숨을 쉬며 가라사대 "성령을 받으라"(요 16:7)고 한 약속을 이루시기 위해 오신 것이다(요 20:22) 아들이 약속하신 것이 바로 보혜사로 오시는 성령이었다.

하나님은 당신의 백성들에게 능력을 부여하는 성령을 주시겠다고 약속하였다. 이 약속 역시 오순절 성령 강림으로 성취되었다. "볼지어다 내가 내 아버지의 약속하신 것을 너희에게 보내리니 너희는 위로부터 능력을 입히울 때까지 이 성에 유하라 하시니라"(눅 24:49). "저희가 다 성령의 충만함을 받고"(행 2:4). 제자들은 막중한 사명을 성취할 능력이 부족함을 절감하고 기도하기 시작했다. 바벨과는 반대인 이 놀라운 날 제자들은 성령의 충만한 역사를 체험하였다. 바벨에서는 언어가 갈라져서 혼란이 왔다면, 이제는 언어가 통일되었기 때문에 많은 사람이 기이하게 여기게 되었다. 그러므로 오순절 성령 강림은 이 땅에 실제적인 선교 사역의 꽃을 피운 역사적인 사건이었다. 하루만에 20여 나라에 복음이 전파되고, 각각 자기의 방언으로 제자들의 말하는 것을 듣게 되었다.

성령 강림이 제공한 또 하나의 분수령은 주님의 신비적인 몸이며, 살아 있는 불가항력적 유기체인 교회가 이 땅에 그 모습을 드러나게 되었다는 것이다. 주님은 이 땅에 육체로 계실 때에 이 세상에 하나님의 목적을 성취할 수 있는 성령의 완전한 매개체였다. 그러나 이제 주님의 영광된 몸은 아버지에게 올라가시고, 주님의 신비적인 몸인 교회가 성령의 도구가 되었다. 주님께서 지상에 계실 때 성령의 능력으로 행한 모든 일이 이제 교회를 통해 이루어진다. 성령 세례를 통하여 믿는 자라면 누구나 그리스도의 신비적인 몸 안에서 하나가 된다. "성령으로 세례를 받아 한 몸이 되었고"(고전 12:13). 주님의 몸 된 교회는 온 세상에 구원의 복음을 증거해야 한다. 이것이 교회의 사명이다. "이 천국 복음이 모든 민족에게 증거되기 위하여 온 세상에 전파되리니"(마 24:14). 제자들은 성령의 능력을 받음으로 온 민족에게 복음을 증거 할 수 있게 되었다.

1. 선교의 주체

승천하시기 전, 주님은 제자들이 온 세상에 증인의 사명을 감당할 수 있도록 성령을 약속하였다. "오직 성령이 너희에게 임하시면 너희가 권능을 받고 예루살렘과 온 유대와 사마리아와 땅 끝까지 이르러 내 증인이 되리라"(행 1:8). 주님의 이 말씀은 "경건한 사람들이 천하 각국으로부터 와서" 성령의 증거를 들었을 때 이루어졌다. 오순절은 그 이후 일어난 모든 선교의 모형이다.

주님은 그것이 어떠한 방법으로 성취될 것도 분명하게 말씀하셨다. "저희가 다 성령의 충만함을 받고." 성령 충만은 오순절 운동의 전유물도 아니며, 이 천년 전에 일어난 일회적인 사건은 더욱 아니다. 사도행전 4장 8절과 31절의 말씀대로 베드로는 연이어 성령 충만을 경험하였으며, 사도행전 전체에서 성령 충만을 강조하는 것도 초대 교회가 위로부터 능력을 받아 땅 끝까지 주님의 증인이 되라는 선교 명령을 얼마나 신실하게 받아들였나를 여실히 증명하고 있다. 오늘의 선교에서도 가장 중요한 것이 위로부터 능력을 받는 것이다. 선교의 주체는 사람이나 교회가 아니다. 바로 성령이다.

"성령 충만"은 인간의 인격이 깡그리 무시되거나 사장되고, 오직 하나님의 명령이 우리를 지배하는 것과 같은 수동적인 태도를 의미하지 않는다. 제자들은 성령 충만했을 때 결코 수동적이지 않았다. 오히려 이들은 증인되게 하는 성령의 다스리심을 기꺼이 받아들였으며, 그 결과 내재된 능력을 온전하게 발휘하여 증인된 사명을 감당할 수 있었다.

그러나 "충만"이라는 말이 성경에서 종종 "지배를 받다"(행 2:4, 엡 5:18)라는 뜻으로 사용된다는 사실에 주목해야 한다. 성경의 용례를 보면 중풍 병자를 고치시는 주님을 보고 군중들이 "심히 두려워하여 가로되"(눅 5:26)라고 하였으며, 주님이 "내가 이 말을 하므로 너희 마음에 근심이 가득(충만)하였도다"(요 16:6)라는 하였다. 이들은 두려움과 슬픔에 사로잡히거나 지배를 받았다. 데이어는 그의 원어 사전에서 "마음을 소유한다는 것은 그것을 채우는 것이다"라고 설명하였다. 성령 충만이란 성령이 우리의 전 인격을 소유하고 다스리도록 우리 스스로 허락하는 것이며, 그리스도의 주권 아래 우리의 전 인격을 맡기는 것이다. 성령께서 우리의 내적 삶을 채우실 때, 우리 인격의 중심에서 거하시는 성령이 우리를 다스리신다. 성령께서 끊임없이 우리의 지성을 밝혀 주실 때, 우리가 그리스도 예수 안에 있는 진리를 깨달아 사유할 수 있으며, 우리의 감정을 정결케 하시고 견고케 하실 때 그리스도에게 온전히 붙잡힐 수 있다. 또한 성령은 우리가 그리스도의 명령에 순종할 수 있도록 우리의 의지를 강하게 하신다. 그는 우리의 인격에 강제적으로 의무를 지우는 것이 아니라 오히려 의무에서 해방시켜 순종의 자유를 깨닫게 한다. 제자들이 막중한 책임을 능히 감당할 수 있었던 것은 제자들의 삶 속에 새로운 삶과 능력을 부어 주시는 성령이 계시기 때문이다.

선교를 준비하는 데 있어 첫째는 성령과 동행하는 것이다. 이것은 선교의 규범이요, 본질이다. 이 세상에 존재하는 그 어떤 것도 이것을 대신하지 못한다.

2. 선교의 집행자

성령은 주님의 선교 명령을 수행하시어 땅 끝까지 복음이 전파되게 하신다. 초대 교회가 주님의 선교 명령에 충실해서 많은 열매를 맺을 수 있었던 중심에는 선교의 수행자요, 관리자인 성령이 계시기 때문에 가능하였다. 성령은 결코 선교의 방관자가 아니다. 명령만 하고 멀리서 지켜보시는 분이 아니라 주도적으로 선교 사역을 수행하시면서 말할 수 없는 권위로 우리를 다스리신다. 성령을 속인 아나니아와 삽비라를 기이한 방법으로 심판하시어 죽음이라는 형벌을 내리신 데서 복음 전파의 주체가 성령임을 충분히 알 수 있다. "어찌하여 사단이 네 마음에 가득하여 네가 성령을 속이고... 사람에게 거짓말한 것이 아니요 하나님께로다"(행 5:3, 4). 하나님은 아나니아와 삽비라 사건을 통해 사람들이 성령을 속이는 것은 결코 사소한 일이 아니며, 성령은 하나님의 목적을 이 땅에서 집행하시는 대리자라는 것을 깨닫게 되기를 원하셨다. 이방인 선교 역사의 최초의 말이 "성령이 가라사대... 따로 세우라"(행 13:2)고 한 것은 의미가 있다.

성령이 선교 명령을 수행하시기 위해 무엇을 하는가?

첫째로 성령은 선교사에게 소명을 주신다. 선교사를 부르는 것은 사람이나 교회가 아니라 성령이다. 바나바와 바울이 선교 여행을 떠나게 된 것도 성령의 부름에 순종한 결과이다(행 13:1-4). "내가 불러 시키는 일을 위하여 바나바와 사울을 따로 세우라." 교회와 선교사가 주님의 명령을 수행하기 위해서는 하나님의 부르심이 있어야 한다. 교회의 책임은 하나님의 부름을 받은 선교사들이 성령의 부름을 깨닫고 그 명령을 수행하는 것이다. 우리가 간과해서 안 되는 것은 성령이 하나님의 목적에 적합한 인물을 택하신다는 사실과 교회가 이러한 질서에 항변하지 않았다는 것이다. 선교사의 책임은 성령의 부름에 응답하는 것이며, 그 목적을 수행하는 데 적합성 여부는 오직 성령께서 판단하신다. 이것은 교회 지도자들의 권한이 아니다. 교회 지도자들은 성령의 인도하심에 귀를 기울여 그 명령에 순종해야 한다. 초대 교회는 선교사를 선출하기 위해서 투표하지도 않았으며, 후보생들은 증명 서류를 제출할 필요도 없었다. 이들은 오직 기도와 자기를 부인하는 태도로 주님을 섬기며 영적 지도력을 개발하는 데 주력하였다. 그러나 현대로 접어들면서 교회가 영적인 면에 소홀히 하게 되고, 성령의 음성에 무관심하면서, 조금씩 이러한 면에서 벗어나기 시작했다. 이런 가운데서도 성령은 선교사들을 부르시고 그들의 마음에 열정을 불어넣으셨다. 그 대표적인 선교사가 라몬 룰과 윌리엄 케리이다.

둘째로 성령은 선교사를 교회의 동역자로 파송한다. "이에 금식하고 기도하고 두 사람에게 안수하여 보내니라. 두 사람이 성령의 보내심을 받아 실루기아로 내려가... "(행 13:3, 4). 교회는 선교사를 파송하기 위해 안수를 하는 것이 하나의 상징으로 되었지만, 권위를 주시는 분은 선교사를 부르시고 깨닫게 하시는 성령이다. 교회의 사명은 성령께서 미리 성별한 자들을 임명하여 봉헌하는 것이다. 사람에게 안수 받기 이전에 성령께서 성별하여 부르시는 것이 선행되어야 한다.

셋째로 성령은 사역의 분야를 선택하신다. 선교사나 교회의 자의에 따라 원하는 분야를 선택하는 것이 아니고 추수에 대한 주님의 전략을 아시는 성령께서 선택하신다. 이것은 성령의 고유 권한이다. 바울의 세 차례의 전도 여행은 이 사실을 명백하게 증명하고 있다. 바울이 바나바와 함께 처음 전도 여행을 할 때 성령은 이들을 구브로로, 그리고 바다를 통해 아시아와 로마 세계로 인도하였다. 바울이 두 번째 전도 여행 때에도 성령은 바울을 인도하였다. "부르기아와 갈라디아 땅으로 다녀가 무시아 앞에 이르러 비두니아로 가기를 애쓰되 예수의 영이 허락하지 아니하시는지라"(행 16:6-7). 선교 전략의 중심지가 어디인지, 그곳에서 사역하기에 적합한 자가 누구인지 성령만이 알고 있다. 윌리엄 케리는 남태평양에서 선교하기를 원했지만 성령은 그를 인도로 보냈으며, 바나도(Barnardo)는 중국 선교를 희망하였지만 성령은 그를 영국으로 파송하였으며, 져드슨(Judson's)은 인도 선교를 목표로 삼았지만 성령은 그를 미얀마로 보냈다. 선교에서 무엇보다 중요한 일은 성령의 인도하심을 받는 것이다.

아시아와 비두니아도 복음을 받아들일 수 있었지만 하나님이 뜻은 서유럽에 복음이 씨를 뿌리고 열매를 맺어 온 세상으로 퍼지는 것이었다. 유럽은 하나님의 뜻대로 복음의 열매를 맺어 아시아와 각 대륙으로 복음을 전파하는 복음의 중심지가 되었다. 앵글로색슨족은 선교의 개척자가 되었으며, 당시 선교 사역의 대부분이 그들의 지원으로 이루어졌다. 중요한 것은 바울처럼 성령의 음성을 들을 수 있도록 영적으로 깨어 있어야 한다는 사실이다. 자신의 뜻을 내세우지 않고 기도를 통해 하나님이 보내실 곳을 알기 위해 노력한 바울처럼, 오늘의 우리에게도 이러한 태도가 필요하다. 오늘날 이처럼 교회가 성장하고 땅 끝까지 퍼지게 된 것은 결코 선교사들의 노력이나 계획이 홀

류해서가 아니다. 그 이전에 성령이 이들을 온전히 다스리고, 이들이 성령의 세미한 음성에 귀를 기울여 그대로 행한 결과이다.

넷째로 성령은 선교 계획의 때를 결정한다. 간혹, 하나님이 매우 느리게 보일 적이 있다. 기독교의 토대가 되는 사건을 완성하시고 대선교 명령을 온전하게 시작하기까지 왜 17년의 시간을 하나님은 기다리셨는가? 왜 많은 사람을 보내지 않으시고 유럽 선교에 두 사람만 보내셨는가? 이들은 로마군의 무시무시한 박해에 그렇게 무기력하게 온 몸으로 당해야만 하였나? 그러나 하나님의 생각은 우리 위에 있다. 우리는 성령의 막으심을 깨달을 수 있도록 영적으로 깨어 있어야 하며, 적당한 때의 계시를 기다려야 한다. 또한 우리는 성령에게도 때가 있음을 알아야 한다. 성령은 정확한 예정표대로 우리의 책임 영역에서 일하신다. 이 때문에 우리가 성령께서 주시는 때를 놓치거나 무시하게 되면, 우리는 영적으로 무력해져 삶의 큰 손실을 가져온다.

다섯 번째로 성령은 동역자를 임명하신다. 동역자를 정하는 것은 사람이 아닌 성령의 특권이다. 이 때문에 바울은 스스로 동역자를 선택하지 않고 성령의 음성에 순종하였다. 비록 바울이 학식이 깊고 신실하였지만 바울보다 영적으로 강하고 경험이 많은 연장자를 성령은 바울의 동역자로 주셨다. 바울과 바나바가 동역자가 된 것은 결코 우연한 일이 아니다. 바나바는 영적으로 성숙한 사람으로 "위로의 아들"이었다. 성령은 바나바의 인자한 성품과 하나님의 학교에서 오랫동안 학문을 닦은 바울의 탁월한 지성과 열심과 강함과 조급한 성격을 더하여 완벽한 조화를 이루게 하였다. 이처럼 영적으로 완벽한 조화를 이룬 팀조차도 후에 바나바의 조카 요한과 마가의 동행 문제로 갈라섰다(행 15:39). 하지만 성령은 이와 같은 불행한 일 조차도 지배하심으로 두 사람이 중심이 된 전도팀을 만들게 하였다.

여섯째로 성령은 전략적 차원에서 선교사를 인도한다. 이에 대한 훌륭한 예는 빌립을 들 수 있다. 성령은 사마리아에서 중요한 역할을 하고 있는 빌립을 불러 "가사로 내려가라"고 하였다. 우리의 눈에는 이것이 정상적인 판단과는 거리가 멀어 보이겠지만, 빌립이 성령의 음성에 복종하여 가사에 도착하였을 때 그곳에서 구원을 열망하여 그리스도를 찾은 큰 권세 있는 사람과 조우하게 되었다(행 8:29). 빌립이 무조건적으로 순종하므로 그 사람에게 복음을 설명할 수 있었고, 그 결과 그는 그리스도를 영접할 수 있었다. 오직 한 사람 에디오피아 재상의 내시의 회심을 통해 복음이 그 나라에 전파되었다. 성령의 인도하심이 없었더라면 빌립은 가사에 가지도 않았을 뿐더러 에디오피아도 복음을 영접하지 못했을 것이다. 이처럼 어제나 오늘이나 동일하게 모든 선교사를 인도하여 복음의 불씨를 지피시는 분은 바로 성령이다.

선교사들이 부딪히는 수많은 어려움 중에서 무엇보다 심각한 것은 어둠의 세력들의 강한 저항이다. 때때로 이 저항의 힘은 선교사들이 견디기 힘들 정도로 강하지만 이 때도 성령은 역사해서 사단의 반대를 물리칠 수 있는 힘을 준다. 박수 엘루마는 바울과 바나바를 대적하여 총독 서기오 바울이 예수를 믿지 못하도록 온갖 힘을 썼다. "바울이 성령 충만하여... 가로되 모든 궤계와 악행이 가득한 자요 마귀의 자식이요 모든 의의 원수여 주의 바른 길을 굽게 하기를 그치지 아니하겠느냐... 네가 소경이 되어..."(행 13:9-11). 사단의 세력이 집요한 반대 속에서도 성령은 바울과 함께 하였다. 성령은 먼저 바울에게 방해의 근원을 분별할 수 있도록 영적 통찰력을 주었고, 그리고 이를 다스릴 수 있는 영적 권위를 주었다. 이에 바울은 담대하게 방해하는 세력의 정체와 기원과 영과 엘루마가 반대하는 목적을 파헤쳐 엄중하게 하나님의 심판을 내렸다.

일곱 째로 성령은 또한 반대와 좌절에 빠진 선교사들을 지탱해 준다. 예수를 적대하는 유대인들이 바울과 바나바를 자기들의 고장에서 내쫓았지만 제자들은 오히려 기쁨이 충만하였다고 성경은 말한다

(행 13:52). 그들은 시련 중에서도 기뻐하므로 어려운 환경을 이길 수 있었으며, 성령이 하나님이 보내신 위로자임을 알게 되었다.

여덟 째로 성령은 교회의 지도자를 세우시고, 교회를 다스리신다. 다수결 투표에 의해서 지도자가 세워지는 것이 아니라 성령의 다스리심 아래서 이루어진다. "삼가라... 성령이 저들 가운데 너희로 감독자로 삼고..."(행 20:28). 성령은 또한 목자를 세워 양떼를 돌보게 하신다. 목자를 세우고, 교회를 다스리시는 것은 그것이 아무리 작은 것이라 할지라도 성령의 특권이지 결코 교회 임직들의 권한이 아니었다. 그러므로 교회 안에서 행하여지는 아주 작은 봉사라 할지라도 그것은 성령에 의해 인도되어야 한다(행 6:3).

예루살렘 공회에서도 성령은 이들과 함께 하였다. 공회 지도자들은 회의를 주관하시는 분은 자기들이 아닌 성령이라는 것을 인식하고 있었으며, 어려운 문제를 해결하는 데도 결정적 역할을 하는 것은 성령의 음성이었다. 의장은 성령의 대리인으로 공회의 결정 사항을 발표하였다. "... 이 성령과 우리에게... 가한 줄 아노니..."(행 15:28). 공회의 제일 중요한 자리에 성령이 계셨다.

초대 교회 선교사들은 이방인을 회심시키고, 성도들에게 임무를 부여할 때 제일 중요하게 여긴 것이 그들과 함께 하는 성령의 역사였다. 바울이 에베소에 있는 제자들의 열매 없음을 보고 성령 충만에 대한 그들의 무지를 지적하였다(행 19:2-6). 이것이야말로 회심자들을 가르치는 가장 강력한 예가 아닌가?

땅끝까지 이르러 주님의 증인이 되라는 선교 명령을 온전하게 이 땅에서 성취하기 위해서는 교회와 선교사들의 모든 계획과 활동의 중심에 성령을 모시는 것이다. 이렇게 될 때 세계 선교에 놀라운 발전이 이루어질 것이다. 성령의 특권을 전적으로 무시하지 않으면서도, 성령의 능력이 나타날 수 있는 기회를 부여하지 않는 교회들이 많다는 것이 문제이다.

한국과 중국의 신앙 부흥 운동에 결정적 영향을 준 조나단 고우훨스(Jonathan Goforth)는 신앙 부흥은 성령의 역사로만 가능하다는 사실에 깊은 관심을 가지고 있었다. 그는 성령에 대해 열심히 공부를 하는 동시에 삶에서 배운 대로 실천하려고 노력하였다. 어느 날 그가 초대받은 한 기독교 모임에서 배운 대로 복음을 선포하였을 때 모인 사람들이 죄에 대한 진실한 고백과 회심의 역사가 따랐고, 수많은 개종자들이 나왔다.

고우훨스가 중국의 한 도시에서 거리를 가득 메운 이교도 청중을 향하여 복음을 선포하는 동안 그는 결코 전에 본적이 없는 현상이 사람들의 마음에서 일어나는 것을 목격하였다. 그가 "그리스도는 십자가에서 우리 죄를 위해 못 박히셨습니다"라고 말했을 때 사람들의 얼굴에 죄에 대한 자각의 빛이 일어났으며, 그가 결단을 요구했을 때 모든 사람들이 자리에서 일어났다. 그가 자리로 가려고 등을 돌려 동행했던 열 명의 전도자 중 한 명을 찾았을 때, 그곳에 모인 사람들의 얼굴에는 그리스도를 향한 경외감으로 충만해 있었다. 누군가가 조용하게 말하기를 "형제여, 우리가 그렇게 오랫동안 기도해 왔던 분이 오늘 밤 이 곳에 계십니다." 고우훨스 일행이 가는 곳마다 수많은 영혼들이 구원을 받는 역사가 일어났다. 이들의 선교 중심에는 언제나 성령이 계셨으며, 성령은 이들과 함께 하면서 놀라운 기적을 베푸셨다.

아마 선교사에서 영원히 잊지 못할 성령의 역사는 인도 언고울(Ongole)의 론 스타(Lone Star)선교일 것이다. 침례교 선교 연합회는 15년 동안 이 지역에서 희생적인 봉사를 했지만 얻은 것은 단지 10명의 개종자뿐이었다. 막중한 적자와 무력감으로 인해 마침내 이 선교 연합회는 1853년에 그 지역에서 철수하는 문제를 심각하게 생각하기 시작했다. 콜버(Colver) 박사는 이 작은 교회를 위해 재정을 허락해 줄 것을 간절히 호소하였고, 비서인 에드윈 브라이트(Edwin Bright)박사는 이렇게 자기 심정을 토로했다. "누가 열 명의 성도들에게 복음을 전해 주며, 우리 미국 침례교가 그들을 포기했다는 말을 전하러 가겠습니까? 누가 그 편지를 쓰겠습니까?"

그날 밤 "나의 조국, 인도"의 저자 사무엘 스미스 박사는 잠을 이룰 수가 없었다. 벽에 매달린 지도에는 선교지들이 별표로 표시되어 있었다. 미얀마에는 굵은 못이 박혀 있었고, 인도에는 오직 넬로우만 표시되어 있었다. 일전에 누군가 그 외로운 별 표시에 대해 말한 것이 생각이 났다. 스미스(Smith)박사는 종이와 연필을 가져다가 성령의 감동으로 한 편의 시를 적어 내려가기 시작했다.

> 외로운 별아! 빛을 발하라
> 온 동녘 하늘 너머로 그대의 광채를 비추어라
> 어둠과 밤을 깨트리고 여명이 밝아 온다
> 순례자의 눈을 비추고 축복하여라
> 외로운 별아! 빛을 발하라
> 희미하게 비춰 오는 그 미광을 어둡게 하지 않으리라
> 베들레헴의 외로운 별도 찬란한 영광의 날을 맞이했나니
> 외로운 별아! 빛을 발하라
> 슬픔의 눈물과 역경을 정하게 하여
> 너의 이웃을 비추어라
> 하늘의 외로운 별 멸시받지 않으리라
> 외로운 별아! 빛을 발하라
> 누가 손을 들어 저 밝게 빛나는 보석을 땅으로 던지며
> 밤의 왕관의 빛 속에 있다 길 잃은 묘성을 땅으로 던지겠는가
> 외로운 별아! 빛을 발하라
> 그 날이 가까이 오나니
> 아무도 너보다 더 아름답게 빛을 발할 수 없으리라
> 너, 의혹과 공포 가운데서 태어나 번민했을지라도
> 임마누엘의 사랑을 받으리라

영적 원리 19

외로운 별아! 빛을 발하라
땅이 구속될 때까지, 티끌 속에서 우상을 멸하라
너의 광채가 온 나라에 발할 때
모든 이의 구세주 영광 받으시리.

아침 식사 때 연합 선교회 회장 조지 해리스(Judge Harris)가 스미스 박사에게 의견을 구하자 스미스 박사는 의견 대신 밤에 써 놓은 시를 해리스에게 건네주었다. 해리스는 모임에서 그 시를 감동 받은 대로 읽어 내려갔을 때 청중들은 마음에 감동을 받아 눈물을 흘리기 시작하였다. 소망의 비전이 여명처럼 밝아 오고 있었다.

결과는 어떠했을까? 성령은 그들의 믿음에 영적 부흥으로 응답하였다. 단 하루만에 2,222건의 세례식이 베풀어졌다. 30년 후 언고울 교회는 15,000명이 출석하는 세계에서 가장 큰 침례교회가 되었다.

■ 토론 문제 ■

1. 우리가 매일 기본적으로 사용하는 힘에는 무엇이 있는가?(전기, 가스, 핵, 물, 바람, 디젤... 등) 이 중에서 우리에게 가장 유익을 주는 것은?

2. 선교에서 성령의 역할은?

영적 은사의 참된 의미를 알라

"저희가 다 성령의 충만함을 받고 성령의 말하게 하심을 따라
방언으로 말하기를 시작하니라."
(행 2:4)
"다 방언을 말하는 자겠느냐?"
(고전 12:30)

묵상 : 고린도전서 12:6-11, 28-31, 14:1-33

오순절 성령 강림에 수반된 현상은 새로운 영적 능력이 이 땅에 임하고, 새 시대가 밝아 온다는 것을 증거한다. 천하 각국에서 온 사람들은 사도들이 방언으로 말하는 것을 보고 놀라면서도 모든 사람이 자기 자신의 언어로 그들이 말하는 것을 듣는다는 사실에 깊은 감동을 받았다.

오순절 성령 강림 후 가이사랴와 에베소의 이방인들도 성령의 부어 주심으로 방언을 말하게 되었다. 이러한 사실을 토대로 오늘 우리

가 알고 있는 오순절 운동이 세워지게 되었다. 오순절 운동은 성령 세례와 성령을 받으면 방언으로 말하게 된다고 주장한다. 이 운동은 지난 반세기 동안 눈부신 성장을 보여 주었으며, 미국에 있는 그 어떠한 교파보다도 더 빠른 성장을 하였다. 그렇다면 이 운동이 주장하는 것은 성경의 진리와 일치하는가? 우리는 마땅히 이러한 질문을 해야 한다. 만일 하나님께서 우리에게 주신 어떠한 축복을 놓치고 있다면 우리는 그것을 알아야 하며, 만일 이 운동이 잘못 강조하고 있는 요소가 있다면 이것 또한 우리는 알아야 하기 때문이다.

오순절 운동은 이단이 아니다. 이들은 복음주의적 기독교 교리를 부인하지 않으며, 참 믿음을 주장한다. 비록 우리가 오순절 운동의 관점에 동의하지 않더라도, 이들은 그리스도의 몸을 이루는 같은 지체들이며, 이 운동을 주장하는 사람들이 어떤 점에서는 잘못된 길을 걷고 있지만 이들 중 대부분은 매우 신실한 그리스도인이라는 것을 기억해야 한다. 오순절 운동을 단적으로 표현한다면 지나친 영적 열광을 들 수 있겠다. 이러한 영적 열광에 사로잡힌 사람들은 결코 냉철한 논리적 대응으로는 상대할 수 없다. 이미 감정에 젖어 있는 사람들에게, 논리적 냄새가 풀풀 풍기는 가르침으로, 설령 그것이 아무리 적절한 성경 말씀이라 할지라도, 그것만 가지고는 이들과는 거의 대화가 통하지 않는다. 오히려 이들은 자신들이 항복하지 않는다는 사실에 대단히 만족해한다. 이들은 많은 복음주의적 교회의 교리들을 가슴을 차갑게 만든다는 이유로 만족해하지 않는다.

문제는 영적으로 갈급한 그리스도인들과 새롭게 회심하는 사람들이 이 운동에 쉽게 빠져든다는 데 있다. 이것은 그들이 우리들의 교회에서 체험했던 기독교의 모습보다 이 운동이 더 생명력 있고, 역동적이며, 더 만족스러운 약속들을 제공하기 때문이 아닐까? 그들이 초대 교회의 뜨겁고 성령 충만했던 모습과 오늘날 대부분의 교회의 차지도 덥지도 않은 태도를 비교해서 교회의 능력을 드러내는 약속을 따르는 데 어떤 근거를 가지고 있는 것은 아닐까? 상대적으로 우리의 가르침에 부적합하며 불완전한 요소가 있는 것은 아닌가? 이들은 가정 사역과 해외 선교의 기치를 들고 세계 곳곳에 씨를 뿌리고 있다. 이들의 이러한 신앙적 태도는 우리에게 큰 도전으로 다가오고 있다.

1. 성령의 은사

주님은 제자들에게 '아버지의 약속'을 받을 때까지 예루살렘에 유하라고 명하셨다. 이 약속은 무엇을 뜻하는가? 이것은 방언 은사가 아니라 위로부터 능력을 입는 것을 뜻한다. 방언 은사와 위로부터 능력을 입는 것은 전혀 별개의 것이다(눅 24:49). 위로부터 능력을 입은 자는 많은 사람들에게 그 증거를 분명하게 드러낸다. 주님은 사도행전 1장 8절에서 그 약속을 상세하게 설명하시면서 성령이 임하면 제자들은 부활하신 그리스도를 능히 담대하게 증거 할 수 있는 능력을 갖게 될 것이라고 말씀하셨다. "오직 성령이 너희에게 임하시면 너희가 권능을 받고 예루살렘과 온 유대와 사마리아와 땅 끝까지 이르러 내 증인이 되리라." 위로부터 능력을 입으면 방언 은사가 수반된다(행 2:4). 그렇지만 오순절 교파에서 주장하는 것처럼 방언으로 말하는 것은 성령 은사의 본질도 아니며, 성령이 임한 절대적 증거도 아니다.

2. 다른 방언과 알아들을 수 없는 방언

이 문제를 정확히 규명하기 위해서 몇 가지 예비적 질문에 답해야 한다.

오순절의 "다른 방언"과 고린도전서 14장의 "알아들을 수 없는 방언"은 같은 것인가? 고린도전서 14장의 방언과 관련된 "알아들을 수 없는"은 헬라어 성경에는 없는 말이다. 미국 표준역(ASV)은 이것을 "방언"으로 정확하게 번역한다. "다른 방언"은 오직 사도행전 2장 4절에만 나타난다. 사도행전 10장 46절과 19장 6절에는 단지 "방언도 하고 예언도 하니"라고 번역되어 오순절의 성령 강림의 상태에서 한 말과 사도들의 가르침 사이에 차이가 있음을 나타내고 있다.

이에 대해 폴람포트르(E. H. Plumptre)는 주장하기를 방언은 "단지 알아들을 수 없는 언어로 말하는 능력이 아니라 무아지경에서 기쁨으로 말하는 것이다." 그의 이러한 주장은 많은 성경적 지지를 받는다.

* 오순절에 저희가 다 방언으로 말하였다(행 2:4). 이것은 고린도 교회 성도들이 말한 방언과는 다른 것이다(고전 12:30).
* 오순절에 저희가 다 그 방언을 알아들었다(행 2:6). 고린도 교회에서는 아무도 방언을 알아듣지 못했다(고전 14:2, 9).
* 오순절에 이들은 사람들에게 방언으로 말하였다(행 2:11, 17). 고린도 교회 성도들은 하나님에게 말하였다(고전 14:2).
* 오순절에는 방언을 해석할 필요가 없었다(행 2:6). 고린도 교회에서는 해석하는 자가 그 자리에 없으면 방언하는 것이 금지되었다(고전 14:23, 28).
* 오순절에 방언을 말하는 것은 이들에게 하나의 표적이나 신임장 역할을 하였다(행 11:15). 고린도에서는 믿지 않는 자들을 위한 표적이었다(고전 14:22).
* 오순절에서 방언을 말하는 것은 다른 사람들에게 구원을 가져왔다(고전 2:41). 고린도 교회에서 방언을 말하는 자는 자기의 덕을 세웠다(고전 14:4).
* 오순절에서는 낯선 사람들이 두려움과 경이로움으로 가득 찼다(2:7, 8). 그러나 고린도 교회에서는 온 교회가 함께 모여 방언으로 말하면 믿지 않는 자들이 미쳤다고 말할 것을 경고했다(고

전 14:23).

* 오순절에는 완전한 조화가 있었다(행 2:1). 고린도 교회에는 혼
  돈이 있었다(고전 14:33).

오순절과 고린도 교회에서 방언으로 말하는 것 사이에 이처럼 현
저한 차이가 있기 때문에 두 사건의 동질성 위에 교리 체계를 세우는
것이 쉽지 않다. 분명, 고린도전서 14장의 방언과 사도행전 2장의 방
언은 동일한 것이 아니다. 어떤 점이 다른가? 오순절 성령 강림으로
말한 방언은 그들의 모국어와는 다른 언어였다. "각 사람들이 배우지
않은 언어로 말하기 시작했고, 이들이 말하는 것을 천하 각국에서 온
사람들이 알아들을 수 있는 실제적 언어였다." 그러나 고린도전서 14
장의 방언은 무아지경에서 유성음으로 발음하였다. 이것은 열정적이
면서 황홀한 종교적 표현이다. 고린도전서 14장의 방언은 통역의 은
사를 받은 자가 없으면 말하는 자나 듣는 자가 알 수 없었다.

바클레이(William Barclay)는 그의 주석에서 다음과 같이 말한다.
"이러한 현상은 초대 교회에서 매우 흔한 것이다. 사람들은 방언을
하면서 점차 황홀한 상태로 서서히 빠져들어 억제할 수 없는 상태에
서 알아들을 수 없는 언어를 쏟아 부었다. 이러한 방언은 통역하는
자가 없으면 그 누구도 그것이 무엇을 의미하는지 알지 못했다. 역설
적으로 초대 교회에서 가장 사모하는 은사가 바로 방언 은사였다. 그
러나 이것은 정말 위험한 은사이다. 왜냐하면 방언 은사는 특별한 영
역에 속한 것이었고, 좀 특별한 대상으로 보였으며, 사모의 대상이었
기 때문이었다. 그 은사를 소유한 사람은 영적 교만이라는 유혹에 빠
지기 쉬운 위험이 도사리고 있었다. 또한 상대적으로 방언 은사를 받
지 못한 사람들 중에는 이것을 소유하기를 간절히 원해 일종의 자기
암시와 병적 흥분에 빠져들어 거짓되고, 미혹되어 혀만 굴려 방언하
는 것처럼 가장하는 이도 있었다."

이 방언은 오순절 운동의 전유물이 아니다. 이슬람교나 힌두교에도 이것과 흡사한 것이 있으며, 몰몬교나 강신술에도 이와 흡사한 것이 있다. 그러므로 방언으로 말하는 것이 성령 세례나 성령의 능력을 옷입는 유일한 증거이며 필수적이라는 주장은 성령 강림의 한 면만을 극대화한 것에 지나지 않는다. "거의 모든 종교에서 처음의 열정이 시간이 지나면서 광신적으로 변해 간다는 공통점이 있다"고 한 작가의 말은 시사하는 바가 크다. 방언으로 말하는 것도 진리의 영의 역사와 마찬가지로 미혹의 영의 역사일 수도 있다는 것을 명심해야 한다.

3. 오늘날도 참된 방언이 있을 수 있는가?

이에 대해 두 가지 견해가 있다. 첫째는 로버트 앤더슨(Robert Anderson)경의 확신에 찬 말에 잘 나타난다. "사도행전 설화와 사도들이 활동하던 시대에 기록된 서신서의 가르침에 나타난 오순절 은사와 성령 강림을 증거하는 기적들이 후대의 서신서에서 침묵했다는 이유만으로 그것의 진위 여부는 중요하지 않다. 오순절에 있었던 은사와 기적은 단회적 사건이다. 바울의 옥중 서신을 통해 우리는 이것을 확인할 수 있다."

켐벨 몰간(G. Campbell Morgan)박사도 앤더슨의 견해에 공감을 표한다. "우리는 오순절의 표적들이 단회적인 것이며, 완전하지 않은 것임을 기억해야 한다. 이것들은 궁극적 결과를 낳지 못했으며, 이것들은 예루살렘의 주의를 끄는 데 필요하였다. 이 표적들은 신적이고, 직접적이며 의문의 여지가 없는 확실한 것이지만 일시적인 것이었기 때문에 반복되지 않았다."

결정적 확증은 아니지만, 성경에서 이 견해를 지지하는 교훈을 발견할 수 있다. 고린도전서 13장은 12장의 영적 은사의 목록을 14장의 이 은사들을 합당하게 사용하는 교훈과 구별시키고 있다. "예언도 폐하고 방언도 그치고 지식도 폐하리라 우리가 부분적으로 알고 부분적으로 예언하니 온전한 것이 올 때에는 부분적으로 하던 것이 폐하리라"(고전 13:8-10).

오순절 은사와 성령 강림을 증거하는 기적들이 단회적이라는 견해를 지지하는 사람들은 고린도전서 13장 10절 말씀이 궁극적인 성취가 아니라, 바울 서신에서 나타내고자 했던 하나님 진리를 온전히 계시한다고 주장한다. 영적 은사에 대해 마지막으로 다룬 에베소서 4장 8-16절에는 기적에 관한 은사들이 생략되었다. 또한 언급된 은사들에서도 사도들과 예언자들도 빠졌다. 성숙함과 온전함이 도래함으로 세 가지 은사, 곧 지식과 예언과 방언의 은사들은 그쳤다. 왜냐하면 이들은 계시가 불완전할 동안만 필요했기 때문이다(히 2:3, 4). 이 은사들은 바울이 말한 대로 영적으로 성숙을 이끄는 데 필요한 부속물이다. "장성한 사람이 되어서는 어린아이의 일을 버렸노라."

오순절 운동의 주장은 분명한 성경적 진술에 토대를 두기보다는 오히려 일련의 합리적인 추론에 근거하고 있다. 많은 사람들이 오순절 운동이 내세우는 견해에 매료되어 그것의 정당성을 주장하였지만 그러나 그 누구도 성공을 거두지는 못했다. 역으로 우리의 주장이 옳다는 것을 명백하게 증명할 절대적인 성경적 진술도 없다. 다만 몇 가지 명료한 성경적 진술을 토대로 정답에 가깝게 접근할 수 있다.

* 방언 말하기를 금하지 말라(고전 14:39).
* 나는 너희가 다 방언 말하기를 원하노라(고전 14:5).
* 내가 너희 모든 사람보다 방언을 더 말하므로...(고전 14:18).

이 명료한 성경적 진술에도 불구하고 오늘날 세계 전역에서 사용되는 방언을 겉치레나, 뜻을 알 수 없는 말 혹은 병적 흥분에 지나지 않은 것으로 보는 것은 오히려 바울의 영감 받은 글을 통해 성령의 음성을 듣는 성도들의 확신을 여지없이 무너뜨리는 것에 불과하다.

물론 오늘날 방언을 하는 사람 중에 단지 뜻을 알 수 없는 말을 횡설수설하며, 병적 흥분의 상태에서 광신적 태도를 보이는 사람들이 분명히 있다. 어떻게 참과 거짓을 구분할 수 있는가? 거짓된 자들은 성령의 중요한 열매를 입증하지 못한다. 이들의 방언을 통역해 보면 그 내용이 아주 미숙하며, 성경에서 진술한 것 이상은 아무것도 아니다. 오순절 운동의 초기 발달을 깊이 연구한 토레이(R. A. Torrey)박사는 오늘날 방언의 대부분이 겉치레에 지나지 않지만 그러나 "오늘날 하나님이 인간에게 방언의 은사를 주시는 가능성을 부인하지는 않는다"라고 말하였다. 오순절 운동이 막 궤도에 오를 무렵, 권위 있는 성경 해석자인 조지. W 솔토우(W. Soltau)목사는 이 점에 관하여 말하기를 "그렇다면 방언에는 이러한 것이 없는가? 참된 방언을 받은 사람은 아주 명확하게 이러한 것들을 증거한다. 방언은 기대하지도 않았으며, 구하지도 않았는데 은밀하게 주어진 진실한 축복으로 영혼의 승리나 자기 과시를 위한 것이 아니라 하나님을 찬양하고 경배할 목적으로 주어진 것이다. 공적인 집회에서 방언 은사가 주어지면 거기에는 반드시 온화하고 겸손하며, 온건한 영과 사랑이 수반된다."

솔토우 목사의 말대로 오순절 성령 강림에 수반된 방언 은사가 그곳에 모인 사람들에게 임했을 때 그들이 나타낸 것은 자기 과시가 아니라 하나님께 드린 찬양과 경배였다. 그리고 이러한 능력이 몇 번 되풀이 된 후 다시는 일어나지 않았다.

4. 성령 세례의 증거

대부분의 오순절 주의자들은 성령 세례나 성령을 받은 본질적인 증거로 방언을 내세운다. 이들은 방언을 하지 못하면 성령 세례를 받지 못했거나 성령 충만을 체험하지 못했으며, 단지 어느 정도의 성령의 임재와 능력만 있을 뿐이라고 주장한다. 이러한 주장은 성령 강림절에 예루살렘에 모인 자들 위에, 가이사랴에 있는 고넬료의 집에 모인 이방인들 위에, 그리고 에베소 교회에 모인 성도들에게 임한 성령 세례에 방언이 항상 수반하였다는 사실에 기인한다(행 2:4; 10:46; 19:6). 더욱 흥미로운 것은 사도행전은 성령이 임할 때 이러한 증거를 수반하는 체험에 대하여 아무런 이의를 제기하지 않았다는 사실이다.

위에서 언급한 세 사건(행 2:4; 10:46; 19:6)을 연구해 보면 오순절과 고넬료의 집에, 그리고 에베소 교회에 방언 은사가 주어진 중요한 이유를 알 수 있다.

오순절에 방언 은사가 주어진 것은 그 긴박성과 위급성 때문이다. 이날에는 천하 각국에 흩어져 있는 유대인들이 성령 강림절 축제를 즐기기 위해 고향으로 돌아온다. 복음의 뼈대를 이루는 그리스도의 십자가에서 죽으심, 부활, 승천이 성령 강림을 통하여 이들의 삶에 현재가 되어야 했다. 예루살렘에 모인 천하 각국에서 온 유대인들은 성령 강림의 확연한 표징에 대단한 충격을 받았다. 방언 은사를 통해 언어가 제각기 다른 열 다섯 나라에서 온 사람들에게 복음의 기초적 사실들은 이들의 삶에서 현재가 되었다. 이 때문에 성령은 이 민족의 복음화라는 하나님의 목적이 성취될 수 있도록 주권적 의지를 행사하였다. 만일 천하 각국에서 온 사람들을 복음화시키기 위해서, 그리고 이 중요한 성령 강림 사건을 그들에게 이해시키기 위해서 방언 은사가 주어졌다면, 바로 오늘도 이 원리가 적용될 것이다. 하지만 사도행전 2장 이후 그 어디서도 오순절 성령 강림과 동일한 역사가 반복되었다는 기록이 없다.

가이사랴에서 방언이 주어진 것은 오순절의 경우와는 다르다. 이 방인 고넬료에게 복음을 전하라는 주님의 명령에 순종하는 것을 꺼려하는 베드로 때문에 방언 은사가 필요하였다. 베드로의 이러한 태도는 정확하게 예루살렘 교회를 대표하였다. 하나님은 베드로와 예루살렘 교회를 확신시키기 위해서 유대인에게 주었던 것과 똑같은 은사를 이방인에게 주었으며, 예루살렘 교회에도 그 표징을 반복해서 나타내셨다. 하지만 이때 주어진 방언은 오순절과는 달리 복음적 암시도 없었으며, 각 나라 사람들이 알아들을 수 있도록 수 개 국어로 되지 않았다.

에베소에 있던 유대 형제들은 세례요한과 더불어 시작되었으며, 그들도 참여한 성령 운동의 역사와 죄사함과 성령 은사에 대해 아무 것도 듣지 못했다. 그러나 이들은 바울의 가르침을 통하여 예루살렘 교회와 같은 방언 은사를 받을 수 있었으며, 가이사랴에서 일어났던 것과 같은 방언 은사에 의해 이방인 사이의 첫 열매가 된 것을 알았다. 그러나 오순절 성령 강림에 수반되었던 역사는 다시 되풀이되지 않았다.

이 세 사건에 나타난 방언 은사의 목적은 성령 충만이나 은사를 증거하기 위해서가 아니라 이 사건들에 주어진 축복이 무엇인지 알려주는 데 있다. 예루살렘, 가이사랴, 에베소에서 공통된 것은 찾거나 기대하지 않았던 은사가 주어졌다는 것이다. 오늘날 오순절 교회들이 주장하는 "머물러서 성령 받기를 구하는 모임"과 같은 것은 이 사건들에서는 찾아 볼 수 없다. 예루살렘에서도, 가이사랴와 에베소에서도 은사는 모인 모든 사람들 위에 임하였으며, 선택되어 특별히 준비된 어떤 개인에게 임하지 않았다.

그러므로 이 구절들을 근거로 방언을 하는 것이 성령 세례와 성령을 받은 유일한 증거라고 주장하는 것은 분명히 잘못이다. 만일 방언을 하는 것이 성령 세례나 성령을 받은 유일한 증거라면, 방언의 실제적인 효과는 모든 영적 은사 중에서 가장 중요한 위치를 차지하고 있을 것이며, 또한 다른 모든 은사보다 우선적으로 찾아졌을 것이다.

하지만 바울이 강조하는 것은 이것과 정반대이다. 예언은 어디서나 방언 위에 선행하며, 바울 자신도 방언 은사를 그다지 중요하게 생각하지 않았다. 바울은 고린도 교인들에게 "열렬히 큰 은사를 사모하라"고 권면하였지, 방언 은사를 사모하라고 권면하지 않았다. 이는 영적인 은사들 중에서 상대적으로 다른 것보다 더 사모해야 할 것이 있음을 가리키고 있다. 바울은 고린도 교인들에게 예언하기를 열렬히 사모하라고 단호히 촉구하는 반면에, 방언에 관해서는 몇 번이고 신중해야 할 것을 말한다. 바울은 방언 은사에 대해 남용해서는 안되며, 다른 은사는 어떠한 규정이나 제한에 얽매일 필요가 없다고 지적한다. "그러나 교회에서 네가 남을 가르치기 위하여 깨달은 마음으로 다섯 마디 말을 하는 것이 일만 마디 방언으로 말하는 것보다 나으니라"(고전 14:19).

5. 방언의 목적

성경에서 이렇게 엄격하게 규제의 말을 하는 이유는 방언 은사가 남용과 위선의 가능성이 다분하며, 그것의 진정한 가치에 대해 의견이 분분하기 때문이다. 그러나 방언은 본래 순수한 것이며, 하나님의 거룩한 제한 속에서 사용될 때 불필요하거나 무용한 것이 아니다. 방언을 주신 분은 성령이다. 그렇기 때문에 방언 통역의 은사의 정당성에 대해 우리가 왈가왈부할 이유가 없다.

방언 은사는 새 시대의 시작을 입증하며, 신약성경이 기록되지 않았을 때 영감을 받아 구두로 말하는 말씀의 권위를 확증하는 중요한 기능을 담당하였다. "하나님도 표적들과 기사들과 여러 가지 능력과 및 자기 뜻을 따라 성령의 나누어진 것으로써 저희와 함께 증거하셨느니라"(히 2:4). 방언은 헌신과 사모함의 참된 표현일 수도 있고 말씀에 있는 대로 유익한 목적에 사용될 수 있다. 우리는 방언 은사를 다른 은사들보다 지나치게 열등한 것으로 보아 그것을 주시는 성령의 지혜를 배척하지 않도록 주의하여야 한다.

6. 은사 지배 법칙

바울은 은사를 다스린다는 이 매혹적인 말에 무작정 고무될 필요도 없지만 그렇다고 잊어서는 더욱 안 된다는 것을 지적하면서 규정을 세워 은사의 남용을 제한한다. 바울의 이러한 태도는 그가 은사의 실제에 대해 의심하는 것이 아니라 은사의 위험성을 익히 알고 있는 데서 기인한다. 이는 영적 열광과 병적 흥분 그리고 자기 최면의 상태를 식별하기가 매우 어렵기 때문이다. 만일 오늘날도 방언이 진정한 것임이 인정된다면 방언의 진실성은 성경의 요구에 부합하여 입증된 결과로 받아들여야 한다. 그리고 모든 것을 "적당하게 질서대로 하라"는 성경의 제한적 규정을 이해해야 한다. 은사를 다스리기 위한 바울의 교훈은 다음과 같다.

* 이 모든 일은 같은 한 성령이 행하사 그 뜻대로 각 사람에게 나누어 준다(고전 12:11). 그러므로 은사는 우리가 당연히 요구할 수 있는 권리가 아니다. 우리가 어떤 영적 은사를 가질 것인지 성령에게 지시할 수 없다.
* 우리는 교회의 덕을 세우기 위해서 더 큰 은사를 열심히 사모해야 한다(고전 12:11). 고린도 교회는 이 권면을 소홀히 하여 외적인 것을 자랑하다가 혼돈과 영적 손실을 초래하였다.
* 어떠한 은사든지 주시는 첫째 목적은 교회의 덕을 세우는 데 있다(고전 14:12). 만일 어떤 은사에 대해 공적으로 고백된 표

징대로 행하지 않는다면 이는 가짜이며 남용하는 것이다.

* 만일 공적 집회에서 방언으로 말하기를 원하는 자는 먼저 그것이 통역될 수 있는지 확인해야 한다(고전 14:28).
* 교회에서 방언으로 말하려면 두 세 사람이 차서에 따라 해야 한다. 결코 한 번에 해서는 안 된다. 그렇지 않으면 교회에서 잠잠해야 한다(고전 14:27).
* 만일 영적 은사를 사용함으로 질서보다 혼돈이 생긴다면, 하나님은 질서의 하나님이기 때문에 그것은 가짜라는 첫 번째 증거이다(고전 14:33).

7. 왜 영적 은사의 사용에 주의해야 하는가?

우리는 영적 은사에 대해 이러한 견해를 가지고 있는 자들은 우리의 동역자요, 경건한 그리스도인이라는 것을 알아야 한다. 하지만 우리는 그 열매와 위험성에 비추어 그 운동을 평가해야 한다. 방언 은사의 가장 큰 위험 중 하나는 본질을 무시하고 부수적인 것에 더 관심이 많다는 것이다. 자칫하면 외적인 열광적인 기쁨과 흥분에 사로잡혀 기독교의 위대한 주요 진리를 주관적인 영적 표징과 체험 아래에 종속시키기가 아주 쉽다. 이러한 것을 행하게 하는 가르침이 있다면 일단 그것을 의심해 보아야 한다.

이러한 가르침은 몇 가지 위험성을 가지고 있다.

영적 바리새파

모든 그리스도인의 모임이 이 위험에 빠질 수 있지만, 특별한 진리를 소유했다고 주장하는 운동에서 이러한 모습을 발견할 수 있다. 오순절 주의자들은 방언 은사가 성령 세례나 성령 충만의 필수적인 증거이며, 다른 교회보다도 자기들의 집회에서 방언 은사가 더 많이 역사한다고 주장한다. 그러나 이들의 주장 속에는 은연중에 자기들의 우월함을 과시하는 색채가 강하게 배여 있다. 오순절 교회에 다니는 사람의 말을 들어보면 이것을 더욱 확실히 느낄 수 있다. "우리는 물론 당신들이 하는 것보다 더 고상한 계획을 품고 살아갑니다." 이것은 사실일 수도 있으며, 반대할 이유가 전혀 없다. 하지만 다른 사람의 입에서 이 말이 나왔으면 더 좋았을 것이다.

위선에 대한 개방

모든 영적 은사 중에서 방언 은사가 가장 남용하기 쉽고 모조하기 쉽다. 이단이나 이방 종교도 이러한 현상을 체험한다는 사실은 방언은 천국과 지옥 모두에서 나온다는 것을 확실하게 알려주고 있다. 사단은 선하고 거룩한 모든 것을 모방해서 그것을 자기 자신의 전략으로 이용한다. 육체적인 영역과 영적인 영역은 서로 밀접하게 관련되어 있어 쌍방을 가름하기가 매우 어렵다. 이 때문에 많은 사람들이 육체적인 열광과 흥분을 종종 영적 열정으로 오해한다.

불화를 일으키는 요소들

오순절 운동의 역사를 아는 사람들에게 이것을 상세하게 설명할 필요는 없지만 선교지에서 또한 오순절 운동의 발생지에서 이러 저러한 이유로 끊임없이 분리의 역사가 오순절 운동 내에서, 또한 무수한 복음주의적 집회를 통해 계속되고 있다. 더 안타까운 것은 이러한 분리를 성령의 역사로 치부하여 훌륭한 모델로 여긴다는 데 있다. 이들은 하나되게 하는 성령의 특성을 무시하고 오히려 분리되는 경향을 강조한다. 이러한 경향에 대해 바울이 로마에 있는 성도들에게 한 충고는 아주 적절하다. "너희 교훈을 거스려 분쟁을 일으키고 거치게 하는 자들을 살피고 저희에게서 떠나가라"(롬 16:17).

감정의 무절제

만일 종교적 규범들이 신앙의 감정 요소들을 과도하게 억압한다면 위에서 언급한 것과는 정반대의 위험을 초래한다. 이에 대해 F. W 로버트슨은 "성령은 세 가지 면에서 우리와 화합한다. 육체로 성령과 화합할 때는 소위 기적을 경험하고, 영으로는 감정이 고양되어 방언을 하게 되고, 지성으로는 예언을 하게 된다. 방언을 할 때 인간은 논리정연하게 그 감정을 표현 할 수 없다. 인간의 명확한 통찰력은 무아지경 속으로 사라진다."

영적 충만을 체험하는 사람은 그 기쁨을 도저히 주체할 수 없어 이것이 다른 사람들에게 찬양과 경쟁심을 유발시킨다. 바로 고린도 교회도 오늘날 오순절 교파의 병폐처럼, 본질은 외면한 채 부수적인 것을 구하는 것이 제일의 목적이 되었다. 이들은 지속적으로 선행을 베푸는 대신, 그들의 시간 대부분을 열정적인 감정을 사람들에게 나타내는 데 허비하였다. 그리고 이 무절제한 종교적 감정은 이성과 감성을 지배하여 고린도 교회는 이제 본능적이고 동물적인 감정이 영적 열병처럼 퍼져 나갔다. 동일한 현상이 오늘날 오순절 운동에 내재되어 여기 저기서 무절제한 모습이 불거져 나오고 있다.

오순절 운동의 진행 과정과 특성을 철저하게 조사한 고(古) A. T 피어선 박사(Arthur T. Pierson)는 은사의 올바른 사용에 대한 해법을 다음과 같이 요약하였다.

* 오류가 없는 성경과 인간의 체험을 초월하는 것은 궁극적 호소의 과정이 될 수 있다.
* 오늘날 가장 많이 사모해야 할 은사는 덕을 세우는 은사이다.
* 참된 영적 은사는 평화와 조화를 증진한다. 참된 영적 능력을 받게 되면 성격이 겸손해지고 유순해진다. 자신을 위하거나 자기 영광을 구하는 은사는 모두 잘못된 것이고 함정이다. 온당치

못한 인간의 영향력은 지고하신 하나님의 영과 조화를 이루지 못한다. 억지로 분리시키고 원심성의 경향을 가지고 있는 것은 무엇이든지 큰 의심을 면할 수 없다.

8. 성령에 대한 확고한 가르침

아직 해결하지 못한 한 가지 문제가 남아 있다. 이런 가르침에 사로잡힌 사람들을 어떻게 최선을 다해 도울 수 있으며, 다른 사람들이 그것을 받아들이지 못하도록 막을 수 있는가?

우리가 보살펴 줄 책임이 있는 모든 그리스도인들에게 성령의 역사는 확고하며 완전하다는 것과 성령 강림의 의미와 개인적으로 어떻게 성령 충만을 누릴 수 있는지 일찍부터 가르쳐야 한다. 우리는 이들이 성령을 체험하여 그리스도에게로 돌아올 수 있는 가장 빠른 기회를 포착해야 한다. 이렇게 중요한 가르침은 더 성숙될 때까지 기다려서는 안 된다. 성령을 체험케 하는 것이 이들을 성숙케 하는 길이다. 젊은 회심자들은 놀라울 정도로 영적 진리를 잘 받아들인다. 만약 이 시대의 교회가 이런 방법을 교회 교육의 기초로 삼았다면 영적으로 퇴보도 줄어들 것이며 거룩함 속에서 더욱 빠르게 성장할 것이다.

오순절 운동에 빠졌거나 매혹되는 성도에게는 육체적 무기가 아니라 영적인 방법으로 그 상황에 대처해야 한다. 정면 공격으로 이들에게 대항하다가 자칫하면 이들을 구하는 대신 그 운동 속으로 빠져들게 하기 쉽다. 필자도 이전에 그 문제에 빠져 혼란을 겪고 있는 교회에서 설교를 할 수 있는 기회가 있었다. 그 교회에서 설교할 때, 나는 오순절 운동을 직접적으로 언급하지도 않았으며, 그 운동에 대해 간접적으로 공격하지도 않았다. 대신 나는 성령에 대해 명료하고 확실한 가르침을 그들에게 전했고, 어떻게 성령께서 그들의 거룩한 생활과 효력 있는 봉사를 위하여 모든 필요한 것에 역사 하는지를 그들에게 가르쳤다. 성령께서 친히 말씀에 따라 증거하셨고 그 결과 잘못된 상태에 머물러 있는 사람은 단 한 명도 없었다.

만일 누군가가 성령 충만하면 많은 능력을 행사할 수 있다는 약속에 미혹되고 있다면 성경에서 말하고 있는 것을 보여 주는 동시에 성령께서 우리의 삶을 지배하실 때 거기에는 거룩함과 기쁨과 능력이 함께 있다는 것을 개인적 체험으로 증거 해야 한다. 만일 우리가 성령의 충만함을 누리지 못하고 있다면, 우선적으로 해야 할 일은 성령을 소유하는 것이다. 우리가 성령을 소유할 때 바울이 우리에게 "더 좋은 길"이라고 칭한 교훈을 실제적으로 증거할 수 있을 것이다.

바울은 이 위대한 서신을 아무런 목적 없이 우연하게 고린도 교회에 보내지 않았다. 구체적인 계획 아래서 그 서신을 고린도 교회에 보냈으며, 그 서신을 보내는 분명한 목적도 명확하게 서술하였다. "너희는 더 큰 은사를 사모하라 내가 또한 제일 좋은 길을 너희에게 보이리라." 바울은 외적인 영적 열광을 조장하는 은사에 대해 말하는 것이 아니라 그리스도인의 사랑의 길을 말하고 있다. 아무리 귀한 은사라 할지라도, 순수한 사랑의 마음이 동기 없이 행하는 은사는 영적으로 전혀 가치가 없다. 시간을 초월하여 바울은 더 큰 은사를 사모하는 모든 그리스도인들에게 간절히 호소한다. "당신의 목적을 사랑하십시오. 그리고 진지하게 영적 은사를 구하십시오. 그러나 사랑이 없으면 안됩니다. 이것이 가장 좋은 길입니다."

1. 오순절 혹은 은혜 운동에 대한 당신의 관점은?

2. 오늘날 은사 중에서 어떤 것은 멈추었으며, 어떤 것은 여전히 역사 한다는 견해에 대한 당신의 생각은 어떠한가? 그 이유는?

3. 본문에서 언급한 네 가지 위험 중에서 당신이 가장 유의해야 되는 것은?

4. 교회에서 분리가 심각한 위협이 되는 이유는?

에필로그

신약성경은 세 가지 유형의 그리스도인을 구별하고 있다. 첫째 유형은 영적으로 성숙된 그리스도인이며, 둘째 유형은 영적으로 미숙한 그리스도인이며, 셋째 유형은 영적으로 타락한 그리스도인이다. 성도는 영적으로 성숙함에 이르지 못할 수도 있으며, 또한 성숙한 상태에 있다가 비참하게 타락할 수도 있다. 성경은 이러한 실패의 원인을 정확하게 진단하고 그것을 치료할 수 있는 처방을 제시한다. 앞의 각 장들은 세 부류의 그리스도인들의 필요한 것을 단계적으로 제시하였으며, 하나님과 밀접한 교제를 통해 갖게 되는 모든 열망에 대한 만족할 만한 해답은 성 삼위일체에 대해 올바른 정립 속에서만 발견될 수 있다는 것을 보여 주고 있다.

영적으로 미성숙한 그리스도인은 하나님의 진리에 대한 초보적인 관심에서 벗어나 그리스도 안에서 하나님을 완전하면서도 깊게 체험하는 단계로 변화하므로 성숙해질 수 있다. 영적 퇴보에 대한 만병통치약은 실패로 이끈 근원을 더듬어 보다 충만한 하나님의 은혜를 새롭게 소유하였다는 것을 발견하는 것이다. 진정한 영적 성숙은 많은 것을 성취했다는 의미가 아니라 계속적으로 성숙하려는 열정의 목적을 마음속에 불러일으키는 것이다.

우리는 말씀을 통해 죄를 미워하시며, 거룩하신 하나님을 두려워하는 법을 알게 되었다. 우리는 하나님의 섭리와 은혜와 훈계에 대한 통찰력을 새롭게 깨달았으며, 무한하신 하나님의 인내로 온전한 그리스도인의 성품 속에서 낮아졌으며, 시련 중에도 강하게 하신다는 하나님의 약속 안에서 낮아졌다. 우리가 하나님에 대해 이러한 태도를 견지하는 한 우리는 하나님께서 우리 삶을 끝까지 보호하시며 다스리신다는 위로의 확신과 거룩한 경외와 확고한 신뢰를 유지할 수 있다.

우리는 예수의 영광과 위엄, 그리고 그분의 삶의 숭고함과 죽음에 대한 승리를 희미하게 볼 수 있었다. 십자가에 달리신 예수님을 보았으며, 하늘 보좌에 높이 앉으신 모습도 보았다. 우리는 그리스도의 절박했던 종의 도리에 대해 들었으며, 그를 통하여 통치될 삶의 가능성도 마음에 그릴 수 있었다. 이제 우리는 진심으로 그분의 발 앞에 머리를 숙여 경배하며 복종해야 한다.

성령의 가장 중요한 사역이 무엇인지 우리는 개괄하였다. 성령의 영감과 변화시키는 능력, 정결케 하며 깨끗케 하시는 활동, 불가항력적 힘과 선교에 대한 열정 등은 우리를 성숙으로 인도하려는 목적 안에서 아버지와 아들과 하나인 것을 보증해 준다. 영적으로 성숙하는 삶은 거룩하게 하시는 축복의 하나님의 뜻을 거스르지 않고 순복하는 것이다.

에필로그

■ 토론 문제 ■

1. "지속적으로 영적 성숙"에 대한 열정을 어떻게 회복할 수 있는가?

2. 당신이 이 책에서 제일 도움이 된 장은 무엇인가? 즉 아버지, 아들, 성령 중에서 어느 장인가?

3. "축복의 하나님"의 거룩하신 영향력에 순복해야 할 당신의 삶의 영역은?

4. 당신이 정규적으로 더욱 온전하게 성령의 능력을 얻기 위해서 기억해야 할 것은?

5. 이 책에서 당신의 영적 성숙을 향상시킨 것에 대한 응답 중에서 당신이 취해야 할 가장 중요한 단계는 무엇인가?

평신도 사역자의 성장을 위한 **20**가지 영적원리

지은이 ■ J. 오스왈드 샌더스　옮긴이 ■ 김성일　펴낸이 ■ 정지홍
처음 찍은날 ■ 1998년 6월 24일
펴낸곳 하늘사다리 (등록번호 제 21-630호, 1994. 8. 11.)
서울특별시 은평구 녹번동 100-39 전화 / 352-1018 팩시밀리 / 383-9484
총판처㈜기독교출판유통 Tel. 0344-906-9161 ~ 4 Fax. 080-456-2580

ⓒ1998 하늘사다리 ISBN 89-86367-47-5 03230　한권 값 7,500원